어떻게 나로 살 것인가

Maybe It's You

있 는 그 대 로 의 나 를 인 정 하 는 기 술

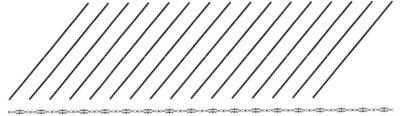

어떻게 나로 살 것인가
Maybe It's You

로렌 헨델 젠더 지음 | 마니 헨델 니어 공저 | 김인수 옮김

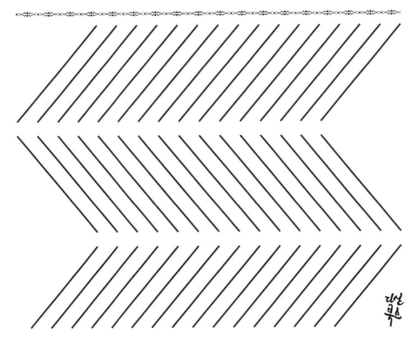

로렌은 인간이라는 존재에 대해 특별한 통찰력을 지닌 독특한 능력의 소유자다. 나는 지난 13년 동안 MIT에서 로렌이 자신만의 방식으로 수십 명의 학생과 학교 관계자를 변화시키는 모습을 보아왔다. 이제 그녀의 방식은 전 세계의 독자들을 변화시킬 것이다.

– 데이비드 민델(MIT 항공공학과 교수)

로렌이 내 대학 생활을 구했다. 그녀는 내가 오래된 상처를 치유하도록 돕고, 삶의 다른 길로 나를 데려갔다. 13년이 지난 지금도 나는 로렌에게 코칭을 받고 있다. 그녀의 놀라운 통찰력이 담긴 헨델 메소드가 모든 사람이 접근할 수 있는 책으로 나왔다는 사실에 놀랄 뿐이다. 이 책을 읽고 사랑하는 사람과 나누길 바란다. 당신은 변할 수 있다.

– 윌헬미나 월드먼(MIT 졸업생, 미국동물학대방지협회 부의장)

이 책은 당신을 웃기고 울릴 것이다. 그러나 정말 중요한 건 당신이 이 책을 진지하게 받아들인다면 이 책이 당신을 진정으로 변화시킬 거라는 사실이다. 읽고 나서 소중한 가족과 친구에게 이 책을 권하는 자신을 발견하게 될 것이다.

– 마크 웨이즈(뉴욕대학교 부총장)

로렌은 내게 내면과 외면이 온전히 일치하는 삶, 가장 성공적인 삶, 가장 즐거운 삶을 살기 위해 필요한 것이 무엇인지를 가르쳐주었다. 로렌은 나 자신을 거듭해서 바라보고 또 바라보도록 했다. 내가 행복해질 때까지.

— 미키 아그라월(띵스 창업주)

변화에는 노력이 필요하다. 이 말을 직설적으로 피력하는 책을 보니 너무나도 반갑다. 이 책은 변할 준비가 된 사람, 자신을 막아서는 모든 것을 직시할 준비가 된 사람을 위한 것이다. 변화가 필요한 사람은 당신만이 아니다. 나역시 변화의 길을 걷고 있는 중이다.

— 미셸 윌리엄스(데스티니스 차일드 멤버)

현실적이고 용기를 북돋는 책이다. 이 책은 자신의 착오와 결점을 인정하고 솔직하게 고백하는 행동이야말로 힘을 얻는 길이라는 사실을 보여준다.

—《석세스 매거진》

로렌과 헨델 메소드는 내가 스스로를 들여다보고 거짓말과 변명을 없애도록 도와주었다. 이 책 덕분에 나는 내가 늘 꿈꾸던 이상적인 엄마, 딸, 자매, 교사가 되었다.

— 엘레나 브라우어(《Art of Attention》저자)

이 책의 핵심인 헨델 메소드는 특정한 철학을 내세우는 대신 오랜 시간의 대화와 소통을 기반으로 한다. 개인별 상황과 특성에 맞춘 코칭을 통해 스스로를 억압하는 모든 문제를 풀어내고, 가면을 쓰지 않은 진정한 자신으로 살아갈 수 있다.

—《비즈니스 인사이더》

내 인생을 바꾼 라이프 코칭

- 마크 하이먼Mark Hyman
(베스트셀러 작가, 빌 클린턴 · 힐러리 클린턴 의학자문 의사)

솔직히 말하겠다. 나는 종종 스스로 문제를 일으켜 곤란에 빠지곤 한다. 누구에게나 취약점이 있을 것이다. 모든 사람에게 인간관계, 일, 건강, 돈, 가족 등 고민거리 한두 가지는 있으니까.

당신은 이런 부분들에 어떻게 대처하는가? 당신도 나와 같다면, 똑같은 상황이 발생할 때마다 똑같은 실수를 반복하고, 곤경에서 빠져나오지 못해 속상해하고, 결국엔 불행해지는 일종의 패턴이 문제라고 느낄 것이다. 우리가 곤경에 빠지는 이유는 사고방식 때문일 수도 있고, 과거의 트라우마나 스트레스 또는 어렸을 때 형성된 어떤 행동 양식 때문일 수도 있다.

이유가 무엇이든, 당신에게는 두 개의 선택지가 있다. 하나는 그렇게 살면서 계속 불행해하는 것이고, 다른 하나는 거울 앞에 서서 자신의 모습을 진지하게 보는 것이다. 만약 당신이 후자를 선택했다면 가장 귀 기울여 들어야 할 단어는 '거울'이다. 거울이 없으면 결점을 볼 수 없기 때문이다. 나도 후자를 선택했으며, 로렌이 나의 거울 역할을 해주었다.

로렌은 라이프 코치로서 사람의 정신적, 감정적 운영체제를 잘 이해하고 있다. 그녀는 그런 운영체제들이 우리의 현실과 꿈을 분리하고, 심지어 우리가 희망을 갖는 것조차 방해함으로써 삶을 엉망으로 만든다는 사실을 알고 있다. 로렌과 그녀의 팀은 헨델 메소드(Handel Method)라는 이름의 라이프 코칭 방법을 개발했다. 나는 헨델 메소드를 어떤 사람의 운영체제에 존재하는 오류를 찾아내 제거하고, 소중하고 진정한 삶을 방해하는 믿음·태도·행동을 깨끗이 청소해주는 과정이라고 생각한다. 여기에는 자신을 되돌아보고, 행복을 되찾게 하는 기술이 곳곳에 담겨 있다.

가끔 내 환자들에게 심리 치료를 권할 때가 있다. 그들이 어떤 상황에 갇혀서 뭘 해야 하는지 알면서도 어찌하지 못할 때다. 나 역시 의사소통하는 법을 배우기 위해, 중요한 것에만 집중하기 위해, 걱정과 불안을 멈추기 위해 여러 가지를 시도했다. 하지만 결과는 늘 시원찮았고, 로렌과 함께하면서 비로소 변화를 느낄 수 있었다. 마치 물리치료사처럼, 로렌은 내 마음을 교정해주었다. 물론 그 과정에 아품과 불편함이 동반되었지만, 그 또한 즐거운 통증이었다. 뭉친 근육을 풀어주듯 마음을 풀어주자 즐거움이 찾아왔다.

라이프 코칭은 일반적인 심리 치료와 좀 다르다. 대화보다는 변화에 더 중점을 두고 있다. 불평을 늘어놓지 못하도록 나를 제지하는 것이 아니라, 문제를 새로운 시각으로 바라보도록 한다.

내가 로렌을 처음 만난 건 5년 전쯤 뉴욕에서 열린 어떤 회의에서였다. 우리 두 사람을 알고 있던 친구가 둘이 함께 작업하면 좋겠다며 소개해준 것이다. 로렌과 내가 함께 차를 타고 이동하는 동안, 로렌은 내 결혼 생활과 커리어 등 내가 어려움을 겪고 있던 영역에 깊은 관심을 보였다. 뉴욕에서 돌아온 후, 도움을 주고 싶다며 로렌이 연락을 해왔다. 처음에 나는 그녀에게서 멀리 도망치려 했다. 그 제안을 받아들였다가는 제대로 굴러가지 않는 내 삶의 영역들을 직시해야 한다는 걸 알았으니까. 달리 말하면, 나 자신을 마주해야 한다는 걸 알았으니까. 통합적이고 행복한 삶을 가로막는 장애물은 결국 나 자신이었으니 말이다.

사실 나는 진실을 마주하고 싶지 않았다. 진실을 마주한다는 건 나의 인간관계와 그간 애써 외면해왔던 일들을 들쑤셔야 한다는 뜻이었다. 나는 중요한 것들로부터 멀어지는 삶에 갇혀 있었다. 그러면서도 스스로 그런 사실을 보지 못했다. 나는 인생의 여러 영역에서 성공을 거뒀다. 물론 혼란과 고통의 영역도 있었다. 뭐, 다들 그렇지 않은가. 삶이 완벽히 만족스러운 건 아니지만 그렇다고 달리 뭔가를 할 생각은 없었다. 뭔가를 한다 해서 달라질 것도 아닐 테니. 그래서 로렌의 전화를 시큰둥하게 받으면서 6개월을 보냈다.

그러다가 결국 결혼 생활이 무너지고 나서야 그동안 외면하고 있던 것들을 마주할 마음의 준비를 하고 로렌에게 연락했다. 그녀는 차를 몰고 와서 하루 동안 머물며 내 삶의 모든 영역들을 분석했다. 로렌은 감성이 풍부한 학자다. 그녀는 내 행복을 가로막는, 꿈을 달성하지 못하도록 방해하는 나의 사고방식을 바로 꿰뚫어 봤다.

그때부터 지금까지 로렌은 내가 예전의 방식에서 벗어나 유머와 지혜를 갖고 어려운 일들을 직시하도록 이끌었다. 또 어려움을 겪던 영역을 회피하지 않고 오히려 더 파고들어 결국엔 평화와 행복을 찾을 수 있도록 지지해주었다.

몇 년 전에 로렌 가족과 저녁을 먹은 적이 있다. 당시 아홉 살이던 로렌의 딸 키야가 나를 보곤 물었다. "아저씨는 누구이고, 무슨 일을 하세요?" 나는 아이가 잘 이해할 수 있도록 "응, 나는 사람들이 문제의 뿌리에 다가갈 수 있도록 도와주는 일을 한단다." 하고 답했다. 그러자 키야가 말했다. "우리 엄마랑 같은 일 하시네요?"

만약 당신이 뭔가 제대로 돌아가지 않는다고 느끼거나, 어딘가에 갇혀서 옴짝달싹하지 못하고 있거나, 삶에서 자신이나 다른 사람에게 사실대로 말하지 못하는 어떤 영역을 변화시키고 싶다면 이 책이 지도가 되어줄 것이다. 그리고 마침내 문제의 뿌리에 이르게 해줄 것이다.

Maybe It's You

경고

그렇다. 나는 말투가 거칠고 직설적일 뿐만 아니라 때때로 당신이 처음 듣는 이상한 단어를 사용할 것이다. 또 당신이 별로 듣고 싶어 하지 않을 잔소리 비슷한 말을 생각보다 많이 듣게 될 것이다. 하지만 내가 어릴 때부터 이 세상을 조금 더 나은 곳으로 만들고 싶어서 나 자신은 물론 세상과 대립하며 살아온 사람이라는 것을 꼭 말해주고 싶다.

내가 기억하는 한, 나는 늘 사람들에게 맞서고 논쟁을 일으키며 사람들의 삶과 꿈에 관해서 귀찮게 들러붙는 존재였다. 나는 부모님이 잘못한 일에 대해 공개적인 설명을 요구했고, 내 형제자매가 지금보다는 괜찮은 사람이 되기를 바라며 쓴소리를 해대는 성가신 사람이었다. 그리고 나 자신을 위해서 과거로 돌아가 내가 그동안 했던 모든 거짓말을 청소했다. 지금 당신에게 제시하는 헨델 메소드의 모든 단계를 스스로에게 가장 먼저 시도했다고 보면 된다. 그리고 더 많은 사람들을 만나고 그들의 문제를 다루는 과정에서 그들이 나와 똑같은 방식을 사용하도록 부추겼다. 그래서 길을 잃은 사람들이 길을 찾도록, 뛰어난 사람들이 더욱 성장하도록 도울 수 있었다.

나는 당신이 인생에서 원하는 모든 것을 가질 수 있도록 도와줄 수 있는 사람이다. 그렇다, 당신이 원하는 모든 것을.

차례

1장. 다시 꿈을 꿔야 할 시간

2장. 어쩌면 당신 때문이다

3장. 어떻게 나와 약속하고 지킬 것인가

4장. 내면의 목소리 장악하기

당신의 인생을 디자인하라

만약 당신이 찾는 상대가 그저 당신의 이야기를 들어주고 눈물을 글썽이며 동정해줄 사람이라면 번지수가 틀렸다. 나는 그런 사람이 아니다. 이 책도 그런 책이 아니다. 하지만 이제까지의 삶이 지긋지긋하다면, 더는 자기계발서 따위는 읽고 싶지 않은 사람이라면 제대로 찾아왔다. 환영한다. 당신은 충분히 준비되어 있고, 의지가 있고, 능력도 갖춘 사람이다.

사실 우리는 늘 기쁘고 만족한 상태로 살아가지 못한다. 그런 상태를 끊임없이 소망할 뿐이다. 그래서 온갖 책을 찾아 읽고, 관련된 프로그램을 보고, 이를 악물고 다이어트를 한다. 그럼에도 변화는 잠깐일 뿐 어느새 제자리로 돌아가고 만다. 왜 그런 걸까? 내가 발견한 바로는 올바른 질문을 던지지 않기 때문이다. 가치 있는 삶을 사는 방법에 대해 누구도 진정으로 묻지 않는다. 우리 모두는 인생에 대처하느라 급급하고, 나중에 기억도 하지 못할 수백 권의 책을 읽느라 정신이 없고, 일 때문에 너무 바쁘다. 누가 설계했는지 모를 꿈같은 삶을 달성하느라 늘 시간에 쫓긴다. 사실 우리는 이보다 훨씬 더 대단하고 능력도 있는 사람이다. 그런데도 내면의 목소리를 듣고 참된 자아를 발견하려 하지 않는다.

이 책은 당신 삶의 모든 영역을 뒤집는 첫걸음이 될 것이다. 이 책을 읽기 전과 후는 분명히 다를 것이다. 약속하건대, 이 책의 내용을 진심으로 받아들이고 사례들을 읽으며 미션을 따라 하면 당신의 인생은 예전과 완전히 달라질 것이다. 내가 당신을 완전히 바꿔놓을 테니까.

나는 25년 동안 나 자신을 재정비하면서 헨델 메소드를 만들어 발전시키고 실험하고 증명해왔다. 헨델 메소드는 한 사람의 인생 전체를 다루는 단계별 코칭 방법이다. 사람들에게 어떻게 꿈을 꾸고, 그 모든 꿈을 어떻게 현실화할 수 있는지 알려줌으로써 자랑스러운 삶을 살 수 있도록 돕는다. 이 방법은 실제로 수만 명의 개인과 기업의 앞길을 바꿔주었다.

2005년에 나는 MIT의 저명한 교수인 데이비드 민델(David Mindell)을 코치한 적이 있다. 내 코칭 방식에 깊은 인상을 받은 그는 그 방법론을 바로 MIT에 도입했다. 그리고 1년 후, 데이비드와 나는 열다섯 명의 학생에게 헨델 메소드를 기본으로 하는 3일짜리 시험 강의를 했다. 그 강의는 2006년 학부생, 대학원생, 박사 취득 연구생, 졸업생, 교수진을 포함한 강의로 확대되면서 큰 성공을 거뒀다. 그 강의는 '당신의 인생을 디자인하라(Design Your Life)'라는 이름으로 현재까지 매해 개설되고 있다. 강의 평가에서 학생들은 "내 인생을 바꾸었다", "지금까지 들었던 수업 중 가장 중요한 수업 중 하나다"라고 했다. 93.2퍼센트의 수강자가 가족이나 동료에게 그 강의를 추천하고 싶다고 말했다.

당신도 짐작하겠지만, MIT 학생들이 그리 쉬운 고객은 아니다. 전 세계에서 모여든 똑똑한 인재들이니 말이다. 그렇게 10년이 흐르고 500명이 넘는 MIT 학생들을 가르치는 동안 강의는 인기 수업으로 완전히 자리 잡았다. 하지만 우리는 거기서 멈추지 않았다. '당신의 인생을 디자인하라' 강의는 전국에 걸쳐 35개의 교육 프로그램과 대학, 학습센터 등에 융화됐다. 그중에는 스탠퍼드 경영대학원, 스탠퍼드 의과대학, 뉴욕대학교, 컬럼비아대학교, 예일 드라마스쿨, 웨슬리안대학교, 뉴욕시 공립학교 시스템도 있다. 우리는 현재 이 강의를 중학교, 고등학교, 박사 후 과정 프로그램에서 실시하고 있을 뿐만 아니라 북미 전역의 학교 선생님, 교수, 행정 직원들을 대상으로도 하고 있다.

솔직히 헨델 메소드가 이전까지 세상에 존재하지 않던 완전히 새로운 코칭 방법인 것은 아니다. 그렇지만 세상에 존재하던 어떤 방법과도 같지 않을 것이다. 내가 인생의 어려움에 대한 충분한 이해와 정직함과 용기를 가지고 당신이 안고 있는 문제의 뿌리를 정확히 짚어낸다는 점이 특히 그렇다.

헨델 메소드가 효과를 거두는 이유는 다른 프로그램에서 어떤 아이디어, 철학, 개념, 사고방식을 내세우는 것과 달리 말 그대로 방법을 보여주기 때문이다. 헨델 메소드는 따라 할 수 있는 체계적인 절차를 담고 있다. 이 책은 수만 명을 코칭하며 얻은 경험을 바탕으로 한 열 개의 세션으로 나뉘어 있고, 각 장의 끝에는 당신 삶에서 가장 중요한 분야를 해결해줄 수 있도록 고안된 미션이 있다. 또 이 책에서 나는 나에게 코칭을 받은 사람 중 네 명의 사례를 소개하고자 한다. 각 사례는 그들이 수행한 과제와 그들이 이뤄낸 점진적인 변화를 고스란히 보여준다.

지금부터 당신은 나와 함께 일종의 장거리 자동차 여행을 떠날 것이다. 운전자는 당연히 당신이다. 다른 사람이 당신 차를 운전할 수는 없다. 나는 당신 옆에 딱 붙어서 소리치고 잔소리를 해댈 것이다. 나를 내비게이션이라 생각하면 된다. 우리가 도착할 목적지에는 당신의 행복이 기다리고 있다.

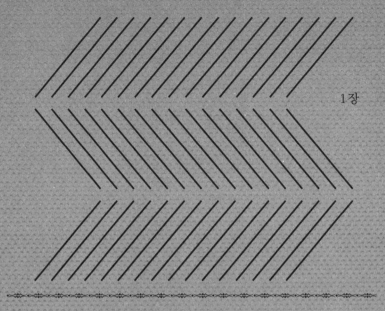

1장

다시 꿈을 꿔야 할 시간

"사람들은 분노, 상처, 실망 그리고 현실적 판단이 꿈 안으로 천천히 스며들도록 내버려 둔다. 그러다가 결국 자신의 꿈이 무엇인지 글로 적지도 못하는 상태에 이른다. 꿈을 적지 않으면 우리가 간절히 원하는 변화를 위해 어떤 행동을 해야 하는지도 알 수 없다."

인생에 자동운전 기능은 없다

· · · · · · · · · · · ·

　누구에게나 꿈꾸는 이상적인 삶이 있다. 그리고 그 삶으로 이어지는 길이 있다. 하지만 그 여정에서 어떤 일이 일어나는가? 셀 수도 없이 많은 방해물, 예를 들면 실직, 건강 위기, 난임, 이혼 등이 등장한다. 그러다가 조금씩 경로를 벗어나거나 심지어 목적지가 어디인지조차 기억하지 못하는 자신과 맞닥뜨리게 된다.

　이 책에서 당신과 나는 정확한 길로 나아갈 것이다. 이상적인 삶을 향해 전속력으로 달려갈 것이다. 당신의 절실한 바람 중 그저 한두 개가 아니라 원하는 모든 것을 이루기 위해 총알처럼 내달릴 것이다. 나는 조수석에 앉는다. 당신이 제대로 운전하도록 잔소리도 하고 응원도 하면서 당신의 꿈을 위해 당신보다 더 많은 것을 투자할 것이다. 운전은 당신이 한다. 우리가 탄 차에 자동운전 기능은 없다. 그러니 당신이 직접 운전하는 수밖에 없다.

　당신의 꿈을 주도할 사람이 당신 자신이 아니면 누구겠는가. 직장을 옮기고 맛있는 음식을 먹고 데이트를 하고 사랑에 빠지고 사랑을 키워가는 일을 당신이 하지 않는다면 누가 하겠는가. 아무도 대신 해줄 수 없다. 분명히 말하건대, 그런 일이 있어서도 안 된다. 결국 이 모든 것은 당신의 꿈이기 때문이다.

여기서 우리와 함께 여정에 오를 네 명의 친구를 만나보자. 이들이 나를 찾은 이유는 각기 다르지만, 몇 년 전과는 완전히 다른 사람이 되었다는 점에서는 모두 같다. 네 사람은 자신에 관한 이야기를 이 책에서 소개할 수 있도록 허락해주었다. 이름을 비롯해 일부 구체적인 사항은 사생활 보호를 위해 변경했는데 한 사람, 케이티는 이제 다시는 감추고 숨는 삶을 살지 않게 된 것을 자축하는 의미에서 실명을 비롯한 모든 것을 있는 그대로 밝혀달라고 말했다.

도나(45세) 시카고에 살며, 세 아이의 다정한 어머니다. 겉으로는 행복에 겨운 여자처럼 행동하지만 속은 그렇지 못하다. 도나가 과민성 대장 증후군에 시달리는 것과 상심하고 있다는 사실은 누구도 알지 못한다. 알고 보면, 도나의 삶은 안팎으로 망가진 상태다.

스테파니(40세) 유행에 밝고 스마트하며, 성공적인 커리어를 쌓고 있다. 높은 연봉을 받으며 은퇴 후를 위한 연금 계획도 완벽하다. 뉴욕 맨해튼의 좋은 아파트에 살며 친구도 많다. 모든 것을 갖춘 셈이다. 그런데도 그녀는 삶이 슬프다. 그녀는 사랑하는 연인, 30세만큼 건강한 자궁, 미워하지 않아도 되는 직장 동료, 현재의 엄마와는 다른 엄마를 가지길 바란다.

이선(35세) 코네티컷 출신으로, 흔히 말하는 좋은 사람이다. 훌륭한 아버지, 성실한 남편, 충실한 회사원으로 살아가고 있다. 그에게는 조울증을 앓는 어머니, 한 번도 본 적 없는 생부와 비웃기를 좋아하는 계부, 저승사자 같은 상사, 그리고 외모는 매력적이지만 속은 냉담한 아내가 있다. 이런 상황이라면 자기비하적인 성격이 되는 게 당연할 것도 같다.

케이티(38세) LA 출신의 시나리오 작가이며 2005년에 개봉한 〈더 퍼펙트 맨〉이 그녀의 첫 작품이다. 그런데 실제로 대박이 난 건 영화가 아니라 그녀의 몸무게로, 영화가 개봉할 때쯤 120킬로그램에 달했다. 그녀의 남편은 신경 쓰지 않는다고 했지만 거짓말이었다. 남편의 거짓말은 그뿐만이 아니었다. 그는 동성애자였다. 케이티는 언니 집으로 가서 치를 떨며 이혼 수속을 밟고 있다.

이들 중에 당신과 비슷한 사람이 있는가? 어쩌면 너무나 다르다고 생각할 수도 있고, 어떤 부분은 좀 비슷하다고 여겨지기도 할 것이다. 당신의 인생과 닮은 점을 끝까지 찾아보라. 예를 들면, 다음과 같이 생각해볼 수 있다.

당신은 행복한 결혼 생활을 하고 있고 자녀들도 잘 자라고 있다. 하지만 출산 이후로 원하는 몸매를 되찾지 못하고 있다. 또는 스테파니처럼 당신은 미혼이다. 일에서는 성공했지만 사랑은 여전히 어렵다.

그리고 이선처럼 직장이 썩 마음에 드는 건 아니지만 월급은 괜찮다고 생각한다. 어느새 좋은 음식, 퇴직연금, 건강보험에 의존하는 태도를 갖게 됐다. 당신 남편이 케이티의 남편처럼 동성애자는 아니지만 마지막으로 부부관계를 가졌던 때가 언제인지 기억나지 않는다.

이제 무슨 말인지 이해가 될 것이다. 이들 중 한 명 또는 네 명 모두에게서 당신의 모습을 찾아내라. 앞으로 여러 장에 걸쳐서 이 네 명이 자신의 바꾸고 싶은 점을 어떻게 알아냈는지, 그리고 그 변화를 어떻게 행동으로 옮겼는지를 소개할 것이다. 그러니 다시 한 번 앞으로 돌아가 네 친구에게서 자신의 모습을 발견해보라. 완전히 똑같지 않아도 괜찮다. 이 네 명의 변화를 살펴본 다음에는 당신 차례가 온다. 이들이 했던 것과 똑같은 과제를 당신도 하게 될 것이다. 나는 처음부터 끝까지 당신과 함께할 것이다.

당신은 어느 순간부터 꿈을 잊고 살았다

· · · · · · · · · · ·

내가 항상 사람들에게 주는 첫 번째 과제는 꿈을 꾸라는 것이다. 당신이 얼굴을 찌푸리며 한숨을 쉬는 모습이 훤히 보인다. 대부분의 사람은 본능적인 거부감을 느낀다. 하지만 이 과정은 절대 건너뛸 수 없다. 그것도 한두 개가 아니라 당신의 커리어와 금전적 상황과 사랑에 대해, 또 오랫동안 생각지도 못했을 모험과 정신에 이르기까지 열두 가지 영역의 바람에 대해 모두 적어야 한다.

　대부분의 사람은 스스로에게 충분히 꿈꾸는 것을 허락하지 않는다. 열두 가지 영역의 꿈을 구체적으로 적으라는 요청을 살면서 몇 번이나 받아보겠는가. 만약 당신이 다음과 같은 질문을 받는다면 금방 대답할 수 있을까? '당신이 바라는 이상적인 신체는 어떤 모습인가요?', '당신이 꿈꾸는 공동체는 어떤 형태인가요?' 같은 질문 말이다. 당신은 입을 떡 벌리고 질문자를 볼 것이다. 기껏 해봐야 하기 싫은 것이 무엇인지 혹은 좋은 것이 무엇인지 말하는 정도일 것이다.

　당신이 이렇게 된 이유는 어느 순간부터 꿈꾸기를 멈췄기 때문이다. 누군가 당신에게 현실을 직시하고 철이 들 때가 됐다고 말해주었을 것이다. 아니면 이뤄지지 않는 꿈 때문에 상처받고 실망하면서 두 발을 땅에 딛자고 다짐했을 수도 있다. 그렇게 나이가 들면서, 자신이 열렬히 소망하는 것보다는 얻을 수 있는 것을 원하는 것이 더 현명하다는 결정을 내렸을 것이다. 쉽게 얻을 수 있는 작은 것에 만족하는 경험을 반복했을 것이다. 다시 말해, 이상을 포기한 것이다.

　그래서, 오늘의 당신에 만족하는가? 아마도 스스로 만들어온 상황이니 견딜 수밖에 없다고 생각하며 살아가고 있을 것이다. 하지만 그렇게 해서는 나아질 수 없다. 더 나은 상황을 맞이하려면 그저 참고 살기보다 자신의 꿈에 맞는 변화를 만들어내야만 한다.

　만약 꿈이 있다는 걸 인정하고, 원하는 것과 현재 가지고 있는 것 사이에 존재하는 괴리에 정면으로 맞선다면 어떻게 될까? 꿈은 우리

의 자아를 일깨워준다. 올바른 싸움으로 이끌어준다. 꿈은 내면의 내
비게이션 역할을 하면서 가고 싶은 곳이 어디인지를 알려주고, 교통
체증이 어디서 벌어지고 있는지 보여준다. 당신이 자신의 모든 것을
바치고 있다는 걸 알 때, 삶의 열두 가지 영역에서 균형을 이루었을
때 진정한 행복이 찾아온다.

다음 표에 제시한 삶의 열두 가지 영역에서 자신이 아주 잘하고
있다고 느끼는 것이 있는가? 또는 특별히 가슴 아프게 생각하는 것
이 있는가?

삶의 열두 가지 영역	
자신	당신 자신, 성격의 특징, 습관에 대한 생각
신체	건강, 체중, 외모
사랑	연애, 결혼, 성적 만족도, 로맨스
정신	정신적 균형과 건강
커리어	사업, 일, 학교생활
돈	수입, 저축, 대출, 자산관리
시간	할 일, 모든 것과 관련된 시간, 시간 관리
가정	당신이 사는 곳, 당신의 공간
가족	직계 가족과의 관계, 사촌이나 배우자의 가족들, 육아
친구	오랜 친구, 새로 사귄 친구
재미와 모험	취미생활, 여가, 휴가, 부가 활동
공동체와 기여	공동체를 위한 활동

안타까운 사실은, 당신이 인생에서 부족하다고 느끼는 부분이 몇 개에 불과하더라도 그것이 모든 분야에 영향을 미친다는 점이다. 급기야는 당신이 아주 잘하고 있다고 생각하는 부분까지 위태롭게 할 수 있다. 예를 들어 당신이 신체 영역에서 만족하지 않는다고 치자. 만약 당신이 별로 마음에 들지 않는 상대와 데이트하고 있다면, 자신의 신체에 만족하지 못하는 당신의 마음이 그런 행동을 이끌었을 가능성이 있다. '내가 이런데 얼마나 좋은 사람을 만나겠어?' 하는 식이다. 한 영역의 불만족이 나머지 영역에서도 만족을 방해한다. 결국 우리 삶의 모든 영역은 서로 밀접하게 얽혀 있으니까.

삶에서 이상을 포기한 부분이 하나라도 있다면 행복의 전체적인 수준도 낮아진다. 하지만 우리는 살면서 누구나 한두 번은 꿈을 이룬 적이 있다. 담배를 끊었고, 잘못된 관계를 청산하고 진정한 인연을 찾았으며, 형편없는 직장을 그만두고 이직에 성공했다. 마라톤 코스를 완주했고, 흥미로운 것들이 많은 새로운 도시로 이사해 새 친구들을 사귀며 잘 적응했다. 의식적이든 무의식적이든, 우리는 놀라운 일들을 해내면서 인생을 만들어간다.

당신은 특정한 꿈을 현실로 만들었다. 지금 이 순간 그 꿈을 머릿속에 지니고 있는가? 당신이 무엇인가를 성취했다는 사실은 당신에게 꿈을 이룰 능력이 있다는 증거다. 그 꿈을 이루기 위해 취했던 조치들이 앞으로도 성공을 위한 바탕이 되어줄 것이다. 한 영역에서 꿈을 이뤘다면 다른 영역에서도 할 수 있다.

당신이 살면서 성취한 것을 적어도 세 가지 이상 적어보라. 그리고 내면의 목소리가 다음과 같은 말을 하는지 잘 살펴라.

'네가 성취했다고 생각하는 것들은 실제로는 별거 아니야. 여기에 적을 거리도 되지 못해.'
'너는 한 가지도 생각나는 게 없을 거야. 살면서 뭘 성취한 적이 한 번도 없다는 걸 스스로 잘 알잖아.'
'너는 열성적으로 많은 일을 하지만 자신이 한 일에 대해 만족한 적은 한 번도 없고 늘 부족하다고 느끼지. 다른 사람이 한 일에 대해서는 항상 대단하다고 하면서.'

만약 이런 목소리가 머리에서 떠나지 않거든 친구에게 물어보라. 그 목소리의 주장이 맞는지. 가까운 친구는 당신이 한 일을 당신 자신보다 더 잘 알고 있으니 옳은 판단을 해줄 것이다.

꿈과 현실의 간극을 좁히는 5가지 원칙

. . . .

우리가 꿈꾸는 방법을 모르는 이유는 지금까지 꿈속에 살지 않고, 그냥 살았기 때문이다.

만약 내년에 마라톤 대회에서 완주하는 것을 신체 영역의 꿈으로 결정했다면, 지금 당장 분명한 행동을 취해야 한다. 단계별 훈련 방법을 알아보고, 장거리 달리기에 적합한 신발을 구입하고, 적절한 음식을 섭취하고, 체육관에 가서 몸도 풀고 달리기 연습도 해야 한다. 꿈을 적은 이후로는 아침에 알람을 끄고 이불을 다시 뒤집어쓸 때마다 자신과의 약속을 어긴다는 생각에 마음이 무거울 것이다.

당신은 꿈을 꾸며 그 꿈에 충실하든지(달리기 연습) 아니면 꿈을 포기하고(알람 끄고 더 자기) 사는 수밖에 없다. 자신의 소망과 행동 사이에 괴리가 있다는 사실을 인정하고 싶은 사람은 없을 것이다. 그래서 사람들은 교묘하고 비겁하게 꿈이 있다는 사실 자체를 받아들이지 않는다. 당신도 그중 한 명이었을 테지만, 이제 달라질 것이다.

당신이 열두 가지 꿈을 모두 적을 수 있도록 몇 가지 구체적인 방법을 알려주겠다. 잘 쓴 것과 그렇지 않은 것을 비교하면서 충분히 설명해줄 것이므로, 당신도 혼자서 충분히 해낼 수 있다. 먼저, 가장 중요한 다섯 가지 원칙부터 보자.

구체화하라 꿈은 구체적이고 빈틈이 없어야 한다. 꿈을 적고 나면 마음속에 확실한 모습이 그려져야 한다. 꿈이 어떤 모습을 하고 있고, 어떤 느낌이 드는지 모두 담아내라. 꿈은 당신에게 영감을 주고, 소름이 돋게 하고, 심지어 약간의 두려움을 주는 것이어야 한다. 평균을 넘어서되 헛된 몽상은 아니어야 한다.

현재 시제로 적어라 예를 들어 '나는 하루에 2킬로미터를 달린다'라고 적으면, 지금 이 순간 당신은 자기 말에 책임감을 느끼고 그 말 안에 머무르게 된다. '하루에 2킬로미터를 달려야겠다'라고 적으면, 미래에 언젠가 하면 된다는 생각에 지금 당장은 아무것도 할 필요가 없다고 여기기 쉽다. 꿈을 마치 지금 일어나고 있는 일처럼 적으면, 그 꿈을 받아들이고 그에 상응하는 행동을 할 수밖에 없게 된다.

긍정적으로 표현하라 당신이 싫어하는 점이 아니라 원하는 점에 집중하라. 긍정적이되, 비현실적이어선 안 된다. 부정적인 표현이 하나도 보이지 않게 하라. 예를 들어 사랑 영역의 꿈에서 '내 남편은 더는 나쁜 자식이 아니다'가 아니라 그보다는 좀 더 친절하고 부드럽게 '내 남편은 다정하고 인정 많고 너그럽다'라고 써라.

솔직하라 이미 무슨 말인지 알겠지만, 완전히 솔직하게 써라. 당신의 꿈이 이뤄지느냐 아니냐가 달린 문제다. 당신이 원하는 것을 처음부터 끝까지 인정할 수 없다면 어떻게 달성하겠는가? 잘못 돌아가고 있는 현재 상황을 인정하지 않는다면 결코 바로잡을 수 없다.

호흡하라 당신에게 스트레스를 주려고 꿈을 적으라는 것이 아니다. 꿈을 적는 건 현실을 직시하는 일이다. 당신이 가고 싶은 곳과 비교해서 지금 있는 곳이 어디인지를 솔직하게 판단하는 일이다. 또 당신 삶에서 어떤 부분이 제대로 돌아가고, 어떤 부분이 잘못 돌아가는지 드러내는 작업이다. 지금 있는 곳이 엉망이더라도 꿈을 적는 일은 변화의 첫걸음이 된다. 놀랍게도, 이 과정을 통해 당신이 어떤 거짓말을 주로 하는지 알게 될 것이다.

타인의 꿈 엿보기

* * * * * * * * * * *

도나의 꿈

자신의 꿈보다는 다른 사람의 꿈을 해석하는 일이 훨씬 더 쉽고 재미있다. 심지어 많은 깨우침까지 얻을 수 있다. 세 자녀의 어머니이자 한 남자의 아내인 도나는 처음에 사랑 영역의 꿈을 이렇게 적었다.

> 서로 더욱 친밀해지고 함께 성장한다면 내가 꿈꾸는 결혼 생활이 될 것이다. 내가 숨기는 것이 없고 부정직하지 않다는 점이 좋다. 나 자신에 관해 솔직하다는 점에 해방감을 느낀다. 나는 함께하는 시간과 대화를 나누는 시간이 좋다. 내가 마땅히 받아야 할 관심을 주는 동반자와 있고 싶다. 꽃, 초콜릿, 수시로 해주는 포옹, 입맞춤. 파티나 비싼 선물이 아니라 꽃처럼 소소한 것들로 놀라는 것이 좋다. 나는 진정으로 사랑을 나눌 줄 아는 배우자를 원한다. 그냥 한 번 하고 끝내는 육체적인 관계는 싫다. 로맨틱한 분위기의 음악과 오일을 모두 곁들이는 것이 좋다. 나는 미적 감각이 뛰어나고, 그 점이 내게 도움이 된다. 나는 오랫동안 키스하면서 천천히 사랑을 나누는 것이 좋다.

괜찮지 않은가? 그럼에도 당신에게 몇 가지 물어보겠다. 도나는 꿈을 적는 방법에 대한 내 조언을 따랐는가? 이 꿈을 그녀의 남편 또는 친구들과 함께 나눌 수 있을까? 가족 모두가 볼 수 있도록 냉장고 문에 붙여놓아도 괜찮을까? 그러기에는 아직 이르다. 도나의 꿈을 약간만 해부해보자. 도나에게서 당신의 모습을 찾아보라는 내 조언을 기억하라. 그리고 그녀가 적은 글에서 발견한 몇 가지 실수를 당신의 꿈을 적을 때 참고하라.

도나의 글에서 보이는 첫 번째 문제는 꿈을 현재형이 아니라 가정법으로 적었다는 것이다.

내가 꿈꾸는 결혼 생활이 될 것이다.

자기가 원하는 꿈을 마치 실현된 것처럼 적는 일은 꿈꾸기 초보자에게는 힘든 과정이다. 언젠가 일어날 소원 목록을 작성하듯 적는 게 훨씬 쉬울 것이다. 하지만 당신에게는 그 꿈을 현실로 만들어야 할 책임이 있다. 그러니 현재형으로 적어라.

그 문장의 앞부분을 보자.

서로 더욱 친밀해지고 함께 성장한다면

'더욱'과 '함께'라는 두 단어 모두 정직한 말이기는 하지만, 용기를 주기보다는 도나가 인생을 얼마나 잘못 살고 있는지를 암시한다.

내가 숨기는 것이 없고 부정직하지 않다는 점

도나가 이렇게 말할 때 어떤 느낌이 드는가? 오히려 남편에게 무언가 거짓말을 하고 있다는 느낌이 들지 않는가?

내가 마땅히 받아야 할 관심을 주는 동반자와 있고 싶다. 꽃, 초콜릿, 수시로 해주는 포옹, 입맞춤.

여기서 '마땅히 받아야 할'이라는 말이 상당히 중요한 역할을 한다. 도나는 '마땅히'라는 렌즈를 통해 세상을 바라보고 있다. 그녀는 자기 인생에서 일어나는 모든 일을 평가하는 데 자신만의 렌즈를 사용할 가능성이 크다. 도나는 자신이 마땅히 받아야 할 것, 원하는 것을 분명하게 알고 있다. 그리고 매일 그것을 얻지 못하면서 자신이 어떻게 실패하고 있는지 평가한다. 그녀는 자신만의 행복을 창출하지도, 설계하지도, 책임을 지지도 못하고 있다.

나는 진정으로 사랑을 나눌 줄 아는 배우자를 원한다. 그냥 한 번 하고 끝내는 육체적인 관계는 싫다.

도나는 남편이 진정으로 사랑을 나눌 줄 모르는 사람이라고 말하고 있다. 도나는 자신의 행복에 대한 주도권을 남편에게 넘겨버렸다. 그리고 상대는 시험당하고 있다는 사실도 모른 채 계속해서 그녀에게 실망을 안겨주고 있다. 잠자리에서 자기가 원하는 것을 요구하지 않는다면 상대방이 그걸 어떻게 알 수 있단 말인가? 도나는 '천천히 오랫동안 키스하면서 사랑을 나누자'고 남편에게 얘기했어야 한다.

사람들이 꿈에 대해 처음 적은 글들을 보면 대부분 도나의 글과 비슷하다. 우리는 자신의 시각과 믿음이 얼마나 강한지, 자신이 거기에 얼마나 사로잡혀 있는지 알지 못한다. 물에 사는 물고기는 물이 무엇인지조차 모른다. 물 밖으로 나온 후에야 물이 있었는지 알 수 있다. 우리도 꿈이 있다는 것을 인정하기 전까지는 어떤 삶을 살고 있는지 알지 못한다. 자기 삶에 대해 명확히 밝힌 후에야 그것이 얼마나 엉망인지 알 수 있다.

사람들은 분노, 상처, 실망 그리고 현실적 판단이 꿈 안으로 천천히 스며들도록 내버려 둔다. 그러다가 결국 자신의 꿈이 무엇인지 글로 적지도 못하는 상태에 이른다. 꿈을 적지 않으면 우리가 간절히 원하는 변화를 위해 어떤 행동을 해야 하는지도 알 수 없다.

몇 가지 조언을 듣고 도나는 자신의 꿈을 다시 적었다.

존과 나는 많이 사랑하고 있다. 마치 신혼부부 같다. 사람들은 우리에게서 바람직한 부부의 모습을 본다고 말한다. 우리는 가깝고 친밀한 관계다. 서로에게 솔직하다. 나는 자유롭게 나 자신이 될 수 있다는 점이 좋다. 우리가 함께 배우고, 인생과 철학에 대해 깊고 솔직한 대화를 나눈다는 사실이 좋다.

존과 나는 매우 낭만적이다. 촛불을 켜고, 침대에 누워 사랑이 담긴 칭찬을 주고받는다. 우리는 서로 얼마나 사랑하는지를 보여주고 초콜릿이나 작은 선물로 고마움을 표현한다. 나는 종종 깜짝 선물로 꽃을 받는데, 그게 너무 좋다. 우리는 주말마다 데이트를 한다. 우리는 상대가 좋아하는 것들을 배우면서 성적으로 성장한다. 또 오랫동안 키스하고 감각의 교감이 이뤄지는 것을 좋아한다. 우리는 기회가 있을 때마다 살가운 행동을 주고받는다. 존과 나는 서로를 진정으로 사랑하는 부부다.

이제 냉장고에 붙여도 될 만한, 노력해볼 만한 무언가가 완성됐다. 물론 도나의 꿈이 당신에게는 좀 이상하게 보일 수도 있다. 그렇지만 어쨌든 새로 적은 꿈이 처음에 적은 것보다 훨씬 좋지 않은가? 이제야 그 꿈을 현실로 이루기 위해 취해야 할 조치들이 분명해졌다.

스테파니의 꿈

이제 스테파니의 커리어 영역 꿈을 보자. 앞서 소개했다시피 스테파니는 성공한 직장인이고, 맨해튼의 멋진 아파트에 살고 친구가 많지만 고독함을 느낀다.

내가 하는 일은 공공의 이익에 기여한다. 나는 밝고 바람이 잘 통하고 네온 불빛이 없는 환경에서, 똑똑하고 의욕적이고 정직한 사람들과 함께 일한다. 내 일은 금전 이상의 목적과 윤리에 기반을 두고 있다. 예산, 역할, 책임이 구조적으로 명확히 규정돼 있다. 근무 시간은 감당할 수 있을 정도이고 완전한 개인 생활을 유지할 수 있다. 내가 하는 일은 도전의식을 불러일으키고, 수입은 물론 더 많으면 좋겠지만 그럭저럭 만족스럽다. 스케줄에 여유가 있어서 일정에 쫓기지 않는다. 나는 내 전문 분야에서 성장하라는 격려를 받는다. 내 커리어는 내게 자극을 주는 수단으로 건강, 용기, 품위를 향상시킨다. 나는 그날그날 성취한 일에 대해 자랑스럽고 만족스러운 마음으로 매일 밤 편안하게 잠자리에 든다.

이 내용을 보면, 스테파니가 회사의 부정적인 상황에 대해 주로 적었다는 생각이 든다. 그녀가 일하는 곳이 실제로는 네온 불빛이 번쩍이고, 동료들은 우둔하고 부정직한 사람들이며, 서로 친하게 지내지 않는다는 느낌이 든다.

꿈을 적을 때는 이미 꿈이 이뤄졌다고 생각해야 한다. 만약 스테파니가 자신이 꿈꾸는 일을 하고 있다면 굳이 '윤리'라는 단어를 구체적으로 사용할 이유가 있을까? '금전 이상의 목적', '감당할 수 있을 정도', '일정에 쫓기지 않는다'라는 표현은 또 어떤가. 냉정하고 융통성 없는 회사 문화에 대한 그녀의 반감이 느껴지지 않는가?

스테파니는 자신의 건강, 행복, 편안한 수면에 대한 책임을 슬쩍 회사의 탓으로 돌리고 있다. 회사를 일종의 교통수단이라 해보자. 자신의 꿈을 향해 달려가도록 도움을 주는 자동차 같은 것 말이다. 그렇다면 그 차의 운전대는 누가 붙잡고 있어야 하는가? 자신인가, 아니면 마음에 들지도 않는 회사인가?

스테파니는 나의 조언을 듣고 꿈을 다시 적었다.

나는 정말 놀라운 회사에서 일한다. 전보다 돈을 더 많이 벌면서도 근무 시간은 더 짧다. 우리가 세상에 기여하는 부분, 환원하는 부분은 이미 잘 알려져 있다. 동료들은 훌륭하고 재치 있고 재미있으며 너그럽다. 우리는 서로에게 바른말을 하고 솔직하며 도움을 주는 관계다. 꿈을 향해 서로를 밀어주는 진정한 협력자다. 나는 다른 사람에게 영감을 주는 존재로, 즐거운 마음으로 출근한다. 드디어 진정한 둥지를 찾았다.

이 정도면 이력서에 첨부해도 좋을 만하지 않은가?

이선의 꿈

이번에는 이선의 자신 영역에 대한 꿈을 살펴보자. 부모와 행복하지 못한 관계로 얽혀 있고, 저승사자 같은 상사와 일하며, 사사건건 꼬투리를 잡는 아내와 함께 사는 그는 자신만 제외하고 모든 이에게 친절한 사람이다.

> 나는 나 자신에게 친절하고 공정하며, 감정 조절을 잘한다. 심지어
> 일이 잘못됐을 때도 누구나 그럴 수 있다며 긍정적인 마음을 유지
> 한다. 내 내면의 목소리는 비판을 일삼는 나쁜 놈이 아니다. 나는
> 나 자신, 그리고 내가 성취한 일들에 자부심을 느낀다.
> 나는 가족과의 소원한 관계에 죄책감을 느끼지 않는다. 좋은 남편
> 이고 좋은 아빠라는 점에 만족한다. 나는 일에 관한 내 능력에 자
> 신이 있으며, 더 발전하고 승진할 기회를 찾는 데 죄책감이나 회의
> 를 느끼지 않는다. 나는 내가 성공할 만하다고 느낀다. 항상 잠재
> 력을 초과하는 상태를 유지하고 있다고 생각하면서 살아간다. 내
> 가 하는 일, 내가 기여하는 부분에 대해 자신감이 있으며 나 자신
> 을 의심하지 않는다. 나는 다른 사람에게 친절하게 대하듯 나 자신
> 에게도 친절하게 대한다.

자신을 얼마나 별 볼 일 없이 생각하는지가 느껴지는 글이다. 그는
모든 일에서 자신을 의심하고, 꿈꾸기보다는 비판하는 쪽에 집중한
다. 혹평에 집중하는 내면의 목소리는 이선의 가장 친한 친구이자 그
의 꿈을 구성하는 주된 내용이다. 이선이 자신의 꿈에 실패, 소원한
관계, 죄책감과 회의, 나중, 자신감 같은 단어를 슬쩍슬쩍 집어넣을
수록 그가 얼마나 슬픔의 감정에 얽매여 옴짝달싹하지 못하는지가

확실히 드러난다. 늘 자신을 의심하고 자신의 가치에 의문을 품고 산다면 어떻게 삶의 여러 면에서 용감해질 수 있겠는가.

이선이 새로 작성한 꿈을 살펴보자.

내 주변 사람들은 나에 대해 알고 싶어 한다. 나는 대담하고 행복하고 거침없는 사람이다. 늘 다음에 시도할 모험을 찾고 있다. 나는 내가 세상에 기여하는 부분에 대해 자부심을 느낀다. 결정을 내리는 주체는 나다. 나는 숨김이 없고 투명한 사람이다. 자신감 넘치는 사람이라는 말도 빼놓을 수 없다.

나는 나의 모든 꿈은 물론이고 내 삶의 모든 부분에서 리더다. 사회적으로 그리고 가정에서도 그렇다. 나는 노련한 무대감독으로 내가 구축한 열린 마음, 정직성, 솔직하고 담백한 성격, 모두와 나누는 즐거움을 자랑스럽게 생각한다. 나는 진심으로 행복하다.

처음과 정말 다르지 않은가? 이선은 이제 자신 영역에 대한 꿈과 새로운 관계를 맺었으며, 이를 기반으로 즐겁게 살아갈 수 있다. 처음에 작성한 글에서는 어려운 점을 생각하며 고통받고, 자신을 학대하는 행동을 가장 현명하고 안전한 행동으로 받아들였기에 더 나은 행동을 취할 필요를 느끼지 못했다. 하지만 두 번째 글에서는 그 반대가 됐다.

케이티의 꿈

이제 마지막으로 시나리오 작가인 케이티의 신체 영역에 대한 꿈을 살펴보자.

내 몸은 지금껏 살면서 가장 좋은 상태에 있다. 청바지를 입어도 뚱뚱해 보이지 않는다. 체중은 58킬로그램 이하다. 내 몸은 섹시하며, 외모는 세련됐다. 나는 거울에 비친 내 모습이 좋다. 내가 등장하면 사람들은 고개를 돌려 나를 바라본다. 나는 유행에 밝고 확신에 차 있으며 지적이라는 인상을 준다.
내 몸 상태는 아주 좋다. 정신적으로도 과거나 트라우마에 얽매여 있지 않다. 나는 솔직하고, 주위의 거짓과 속임수에 아무런 부담을 느끼지 않는다. 내적, 외적으로 나 자신에게 만족한다. 나 자신은 물론 주위 사람들을 사랑한다. 내가 먹는 음식과 몸을 다루는 방법은 완벽하고, 내면적 기분과 외면적으로 보이는 모습까지 건강한 삶을 산다. 나는 늘 일정한 체중과 날씬한 몸매를 유지한다.

케이티가 꿈을 묘사하는 단어들, 예를 들어 '이제야', '뚱뚱해 보이지 않는', '유행에 밝고', '지적인' 등에서 그녀가 얼마나 슬픔에 빠져 있는지, 패배 의식에 젖어 있는지가 드러난다. 다른 사람들보다는 케이티 스스로가 자신을 똑똑하거나 예쁘다고 생각하지 않는다는 것이 문제다. 꿈에 '과거나 트라우마에 얽매여 있지 않다'라고 적는 것이 과연 그녀를 진정으로 자유롭게 해줄까?

케이티가 새로 적은 신체 영역의 꿈은 다음과 같다.

내 몸은 섹시하고 아름답고 날씬하다. 신체 사이즈는 55에서 66 사이로, 청바지를 입으면 관능적으로 보인다. 비키니를 입을 때면 탄탄한 복근이 드러나 자신감이 더해진다. 내 다리는 무용수의 다리 같아서 각선미를 한껏 강조해주는 짧은 반바지를 즐겨 입는다. 어깨가 파인 상의를 입으면 쇄골이 예쁘게 드러난다. 어떤 옷이든 너무나 잘 맞는다. 나는 음식을 조절하고 나 자신을 잘 관리하고 있다는 사실이 즐겁다. 나의 자연스러운 몸가짐은 다른 이들에게 영감을 준다. 나는 내 몸에 자신감과 자부심을 느낀다. 내 몸은 보기도 좋고 매우 건강하다.

케이티의 새로운 꿈이 그녀에게 영감을 주고, 더 나은 신체를 위한 동기를 부여하며, 인생에 자신감을 선사하고 있다는 것이 보이는가?

행복을 향한 멋진 로드맵

이제 당신이 과제를 할 시간이다. 앞서 소개한 원칙에 따라 열두 가지 영역의 꿈을 적어야 한다. 네 친구가 적은 꿈의 원본과 수정본을 참고하면 도움이 될 것이다. 꿈을 적는다는 것이 힘들고 부담스러울 수도 있지만, 이 일은 당신의 행복을 향한 멋진 출발점이 될 것이다.

❶ 이번 장에서 제시한 원칙에 따라 삶의 열두 가지 영역에서 당신이 바라는 꿈을 모두 적어라.

❷ 당신은 앞으로 여러 과정을 거칠 것이다. 특히 공들여 노력할 세 가지 구체적인 영역을 정하고, 이 영역의 꿈을 정확하게 적어라.

영역별 점수 파악하기

열두 가지 영역의 꿈을 모두 적었다면, 각 영역에서 당신이 현재 어떤 위치에 있는지 점수를 매길 시간이다. 사랑 영역을 예로 들어보자. 당신의 꿈은 멋진 연인과 서로 사랑하고 있으며 함께 발리로 첫 여행을 떠나는 것이다. 그런데 현실은 마지막 데이트를 언제 했는지도 기억나지 않는다. 그렇다면 사랑 영역에 낮은 점수를 주면 된다.

점수는 주관적이라는 점을 잊지 마라. 10점을 주든 3점을 주든, 당신이 매기는 점수와 당신에 대해 주변 사람들이 매기는 점수는 다를 수 있다. 자신이 어떤 스타일인지 아는 것이 중요하다. 당신은 허세를 무척 싫어해서 자랑할 만한 일이 있는데도 입을 꾹 다무는 사람인가? 아니면 모든 일에 관대해서 실제로는 지옥 같은데도 잘되고 있다고 믿는 사람인가? 점수를 매길 때는 자신의 평소 성향을 고려하기 바란다.

일단 열두 가지 영역에서 꿈을 모두 적은 후, 각 꿈에 1부터 10까지 점수를 매겨라. 당신의 꿈과 비교해서 현재 상황은 몇 점이나 되는가?

평가 기준

10	최상	더없는 행복, 즐거움, 자부심
9	특별함	최고이며, 지속 가능한 상태
8	행복	깊은 만족감, 지속 가능하고 믿을 수 있으며 한결같은 상태
7	상당히 좋음	고통은 아니지만 자랑거리도 아님. 대부분 믿을 수 있는 상태
6	괜찮음	못 참을 정도는 아니지만 이 영역에 대한 이야기를 피하려고 함
5	변변찮음	참기 어려우며 점점 체념하게 됨
4	실망스러움	무관심과 잠재적 적의를 동반한 슬픈 상태
3	나쁨	상황이 아주 안 좋음. 아직 돌아오지 못할 강을 건너지는 않았지만 그런 상태에 가까워짐
2	고통	참을 수 없음. 매우 절망적임
1	극심한 고통	견딜 수 없을 만큼 고통스러운 상태. 지옥과도 같음

꿈을 꾸지 않는 이유 파악하기

당신은 열두 가지 영역 모두에서 꿈을 적었고 각각에 점수를 매겼다. 이제는 각 영역에서 실제로 무슨 일이 일어나고 있는지, 다시 말해 현재 상황을 설명할 차례다. 각 영역에서 실제로 겪은 어려운 점과 성공한 일들을 모두 서술해야 한다. 써 내려간 이야기를 차분히 읽어보면, 당신이 현재 있는 곳과 가고 싶은 곳 사이에 존재하는 극복 불가능해 보이는 간극을 바라보고 대처할 수 있다.

할 일이 한 가지 더 있다. 당신이 열두 가지 꿈 각각에 그 점수를 매긴 이유, 그리고 낮은 점수를 준 영역에서 꿈을 실현하지 못하는 이유에 대해 생각해낼 수 있는 모든 것을 적는 일이다.

사람들은 꿈을 적으라고 하면 아무리 머리를 짜내도 다섯 개 이상 떠올리지 못한다. 하지만 꿈을 망치고 이루지 못하는 이유를 적으라고 하면 막힘없이 줄줄 써 내려간다. 안 되는 이유가 이렇게 많다니, 과연 나는 꿈을 위한 삶의 편에 서 있는 걸까 하는 생각이 절로 들 것이다.

어쨌든 간에 지금이 당신 삶의 특정 영역, 그리고 상황을 악화시키는 문제에 관해 모든 것을 말할 기회다. 하나도 빠짐없이 말해야 한다. 당신 속에 있는 의심, 설명, 해명, 비난, 알고 있는 사실을 종이에 모두 쏟아내라. 더 많이 쏟아낼수록 마음이 훨씬 가벼워짐을 느낄 것이다.

● 각 영역이 지금 어떤 모습인지 몇 가지 문장으로 묘사하라. 현재 상황이 어떤가?

● 열두 가지 각 영역에 그 점수를 매긴 이유를 설명하라. 그 영역에서 당신이 지금껏 꿈을 이루지 않는(또는 이루지 못한 또는 이룰 수 없었던) 이유가 무엇이라고 생각하는가?

시간 영역에 대한 예

꿈 내 삶은 조화롭다. 나는 아침에 들뜬 마음으로 일어나 내가 어떤 사람인지를 보여주는 일정에 맞춰 살아간다. 나의 하루는 우선순위에 따라 진행된다. 커리어를 발전시키고, 아내와 깊은 교감을 나누고, 신체를 단련하며, 인간으로서 배우고 성장할 시간이 충분히 주어진다. 나는 만족감과 충만감을 느낀다. 나는 제시간에 도착해서 효율적으로 업무를 처리하고, 다음 일을 위해 시간에 맞춰 출발한다. 여유롭고 편안하게 사람들을 만나러 다닌다.

내가 하는 활동에는 목적과 의미가 담겨 있다. 맡은 일을 할 때 집중하며 영향력과 창의성을 발휘한다. 해야 하는 일과 하고 싶은 일을 직접 주도한다. 나는 시간을 들여 계획하고, 권한을 위임하고 실행한다. 나는 만족스럽고 기분 좋게, 내 삶을 사랑하는 마음으로 하루를 마감한다.

현재 상황 내 삶은 제대로 돌아가는 일이 하나도 없고 엉망이다. 일은 별다른 의미가 없고 소모적이다. 밤늦게까지 일하고 집에 돌아오면 아이들은 이미 자고 있다. 아내와 대화를 나눌 체력도 없고, 아무 생각 없이 텔레비전을 보다가 잠자리에 든다. 그러고 나면 똑같은 하루의 반복이다. 예전에는 독서도 하고 운동도 하고 사중주단에서 첼로도 연주했지만 지금은 그럴 시간이 없다. 직장에서는 늘 긴장 상태에 있고 회의의 연속인데, 회의마다 시간이 길어져서 다음 회의에 늦곤 한다.

점수: 5

이 점수를 준 이유 일이 힘들기 때문에 내 꿈을 가질 수가 없다. 경기가 좋지 않아서 더 적은 비용과 인원으로 더 많은 일을 해내야 한다. 상사는 내 말을 귀담아듣지 않고, 나도 괜히 내 주장만 펼치다가 찍히고 싶지 않아 대충 넘어간다. 부하직원들은 책임감이 없고 능력도 없다. 매번 직원들의 뒤치다꺼리를 해야 하기에 한숨이 난다.

한 단계 앞으로 나아갈 준비

마침내 열두 가지 영역 모두에서 꿈을 적었다. 이제 한 단계 앞으로 나아갈 준비가 됐다. 지금 당신은 기분이 좋은 상태인가, 아니면 이것저것 적으라는 내게 짜증이 나는가? 다 때려치우고 싶은 마음이 들더라도 절대 그러지 마라. 첫 번째 과제가 조금 힘들긴 했겠지만, 열두 가지 꿈을 탄생시키지 않았는가. 충분히 자부심을 가져도 된다. 아직도 어지럼증을 느끼는 당신을 위해 몇 가지 실용적인 정보를 주겠다.

당신이 적은 꿈을 큰 소리로 읽어보라 어떻게 들리고 어떤 느낌이 드는가? 흥분과 두려움이 느껴지는가?

특히 공들일 세 가지 영역을 골랐는가? 당신이 가장 맞붙기 싫은 영역들을 고르는 게 좋다. 수도 없이 변화시키고자 노력했거나 끝내 포기했던 영역 말이다.

세 가지 영역을 선택했다면, 친한 친구 세 명에게 그 꿈을 읽어줘라 쉽지 않을 테지만, 그래도 해야 한다. 예를 들어 몸을 만들기 위해 밀가루 음식을 끊고 필라테스 수업을 듣겠다고 결심했으면서 그 사실을 아무에게도 알리지 않는다면, 당신이 원하는 몸을 만들 가능성이 얼마나 되겠는가. 당신의 꿈을 사람들에게 알리는 건 그 꿈을 현실화하기 위한 책임감을 부여한다. 그런 책임감이 있어야 몇 번 해보다가 슬그머니 그만두지 않게 된다.

당신의 꿈을 친구나 가족에게 읽어주기 전에, 그들에게 예의 바른 태도를 요구하라 그들 중 몇 명은 대놓고 비웃거나 의심하는 태도를 보일지도 모른다. 당신이 긴장감과 쑥스러움을 느낀다면, 그렇다고 사실대로 말하라. 조언보다 박수와 응원을 바란다면, 그렇게 해달하고 말하라. 약한 모습을 드러내야 한다는 게 마음에 내키지 않을 수도 있지만, 최대한 솔직하게 그들 앞에 서라.

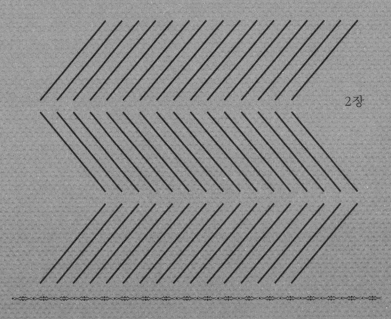

2장

어쩌면 당신 때문이다

"중요한 것은 언제나 당신이다. '어쩌면'이라는 말은 아예 존재하지 않는다. 자신을 바꾸면 세상이 바뀐다."

사건 현장에는 당신의 지문이 있다

· · · · · · · · · · · ·

나쁜 소식과 좋은 소식이 있다.

이번 장의 제목에서 '어쩌면'이라는 단어는 내가 예의상 덧붙인 것일 뿐이다. '당신 때문이다'가 정확한 말이다. 당신의 인생을 꼬이게 하는 이런저런 사건에서 현장 검증을 해보면, 하나도 빠지지 않고 당신의 지문이 나온다. 경기가 안 좋아서, 우리 아빠가 좋은 사람이 아니었기 때문에, 나이가 많아서 등 당신은 늘 다른 사람이나 환경을 범인으로 몰아가려 한다. 하지만 범인은 늘 당신이었다. 이것이 나쁜 소식이다.

늘 남 탓만 한다면 당신은 지금 갇힌 곳에서 한 걸음도 움직일 수 없다. 하지만 모든 문제에 당신이 핵심적으로 연루돼 있다면 오히려 어떻게든 빠져나올 방법을 찾을 수 있다. 이것이 좋은 소식이다.

솔직히 말해서 당신이 장본인 아닌가? 누군가 뒤에서 각본을 짜고 당신을 위태로운 상황으로 밀어 넣은 게 아니다. 당신 인생에 관해 말할 수 있는 사람은 당신 말고 없다. 다시 말해, 당신 인생에서 벌어진 일 가운데 당신이 관련되지 않은 일은 하나도 없다.

현재 상황에 처하게 한 모든 말과 행동의 주체는 당신이다. 인생을 써 내려간 장본인은 당신이고, 계속해서 같은 이야기를 쓰고 있는 사람도 당신이다. 대부분 사람은 그런 현실을 인정하지 않는다. 인정은 커녕 자신은 아무 잘못도 저지르지 않았다고 확신한다. 특히 나쁜 일과 관련해서는 기를 쓰고 발뺌한다. 잘 맞지 않는 사람과 충동적으로 결혼하거나 나이 40이 되도록 연애 한 번 못 하거나 몇 달 만에 몸무게가 40킬로그램이나 불어나는 짓을 스스로 할 사람이 도대체 어디 있겠냐면서. 하지만 당신이 범인임을 인정하지 않는 한 지금 처한 곤경에서 빠져올 방법이 없다.

삶이 어떻게 현재에 이르게 됐는지, 어떤 사람과 삶의 일부를 함께 했는지 생각해보라. 그 모두가 당신의 책임이다. 불행히도 사람들은 자신은 피해자일 뿐 가해자라고 생각하지 않는다. 하지만 자신이 써 내려가는 인생에서 다른 사람이 나를 피해자로 만들 수는 없다. 스스로의 선택에 모든 일이 이뤄진 것이다.

당신은 아버지는 폭력적인 독재자이고, 상사는 변덕스러운 저승사자이며, 기껏 키워줬더니 자식들은 고마움이라고는 전혀 모르고, 전 남편은 둘 다 형편없는 거짓말쟁이였다고 항변하고 싶을지도 모른다. 나는 당신의 항변이 거짓말이라고 하는 게 아니다. 당신이 오랫동안 모아둔 증거들이 그 말이 사실임을 증명해줄 것이다. 하지만 당신은 주위 상황을 판단하고 결정하는 배심원과 판사일 뿐만 아니라 사건에 깊이 연루된 용의자이기도 하다. 용의자인 당신을 추궁하기에 앞서 내 이야기부터 털어놓아야겠다. 그래야 공평하지 않겠는가.

누구나 도망치고 싶을 때가 있다

인생의 암흑기였던 10대 때 나는 아버지를 별로 좋아하지 않았다. 아버지는 스포츠를 유달리 좋아했는데 그 모습을 떠올리는 것만으로도 눈살이 찌푸려졌다. 우리 아버지는 흔히 볼 수 있는 중년 남자였다. 인생에서 열정이라고는 찾아보기 힘든, 하지만 텔레비전으로 스포츠 중계를 볼 때면 180도 변신하는 그런 남자 말이다. 아버지는 화면 속 심판을 향해 삿대질을 하고 선수들에게 고함을 지르곤 했다. 평소에는 무기력하다가 텔레비전 앞에서는 최고의 심판, 감독, 선수가 되다니, 얼마나 한심한가. 아버지는 텔레비전을 보다가 내가 옆으로 지나가면 언제나 나를 향해 "안녕, 우리 꼬마"라고 말했다. 그럼 나는 속으로 콧방귀를 날리곤 했다. '웃기시네!'

그런데 어느 날인가, 아버지를 향한 내 콧방귀가 생각보다 크게 터져 나왔다. 그 소리를 들은 아버지는 텔레비전을 끄고 방에 따라 들어와서는 내게 무슨 속상한 일이 있느냐고 물었다. 그 순간, 될 대로 되라는 생각이 들었다. 나는 따발총처럼 쏘아붙였다.

"아빠는 스포츠밖에 모르잖아. 집에 오면 TV 보는 것 말고는 아무것도 하는 게 없어. 아빠 노릇 한 번 제대로 한 적도 없고, 내가 뭘 하는지 관심도 없잖아!"

잠시 당황해하던 아버지가 나를 보며 말했다.

"우리 딸, 아빠랑 함께 시간을 보내고 싶어? 진작 말하지 그랬니. 그래, 뭘 하고 싶어?"

뜻밖의 반응이었다. 조금 놀란 나는 이렇게 대꾸했다.

"아, 짜증 나. 그냥 해본 소리야. 내가 왜 아빠랑 놀아? 따분하게."

아버지와 나 사이에 관계를 틀어지게 한 원인은 바로 '나'였다. 텔레비전만 보던 아버지와 코웃음 치던 나, 도대체 차이가 뭔가. 당시 나에게 아버지와의 관계를 개선하겠다는 의지가 있었을까? 아니다. 수많은 사람이 그러듯 나 역시 책임을 회피하기만 했던 것이다.

사람들은 현장에서 나온 자신의 지문은 보려 하지 않는다. 그 대신에 슬퍼하고 화내면서 자기는 결백하다고 믿어버린다. 상대방이 저지른 작은 잘못을 트집 잡아 그를 괴롭히거나 투덜거릴 뿐이다.

내면의 속삭임: 나는 원래 이런 사람이야

• • • • • • • • • • •

많은 사람이 인생이란 자기가 어떻게 할 수 없는 것, 자기가 영향력을 발휘할 수 없는 무언가라고 여긴다. 특히 자신이 뒤처진다고 생각하는 영역에 대해서 말할 때 더욱 그런 태도를 보인다. 우리는 자신에 대해 이야기하면서 마치 일기예보를 전하듯 일반화해서 말한다. 예를 들어 "나는 돈 관리를 못 해", "처음 본 사람 앞에선 입이 안 떨어져", "나는 원래 아침형 인간이 아니야"라고 하는 식이다.

나는 이런 내면의 목소리를 '일기예보관'이라고 부른다. 수동적이고 무력한 목소리다. 한 사람의 삶에 대해 "내일은 눈보라가 닥치니 옷을 따뜻하게 입는 것이 좋겠습니다"처럼 이야기하는 것이다. 일기예보를 듣는다고 해서 닥치는 눈보라를 바꿀 순 없다. 기껏 할 수 있는 일이라고는 옷을 껴입거나 집에 틀어박혀 날씨가 다시 평온해지길 기다리는 것뿐이다.

사람들은 자신의 일기예보를 믿는다. 그러니까 케이티나 당신이나 폭풍이 닥치더라도 할 수 있는 게 아무것도 없다고 믿는 것이다. 극단적인 예를 하나 들어보겠다. 당신이 도넛을 끊으려고 세 번이나 노력했지만 매번 실패했다고 하자. 그런데 어떤 사람이 당신의 머리에 총을 들이대며 "한 번만 더 도넛을 먹으면 쏴버릴 테다"라고 한다면 어떻게 할 것 같은가? 도넛을 끊을 것인가, 아니면 죽는 한이 있더라도 도넛을 계속 먹을 것인가? 당연히 당신은 전자를 택할 것이다.

당신이 도넛을 먹지 않으려고 노력하면서도 매번 실패하는 이유는 내면의 일기예보를 따르기 때문이다. "나는 어쩔 수 없어. 나는 이런 사람이야"라고 말하는 그 목소리 말이다. 삶을 바꾸기 위해 가장 먼저 할 일은 그 헛소리에 저항하는 것이다. 도넛을 내려놓고, 헬스

클럽에 가고, 외국어를 배우고, 승진을 요구하고, 알람이 울리면 곧바로 벌떡 일어나는 것이다.

우리에게는 다른 방법을 시도하고 삶을 변화시킬 힘이 있다. 그런데도 대부분 사람은 자신이 삶을 직접 써 내려가는 작가이자 주인공이라고 생각하지 않는다. 물론 자기 마음대로 안 되는 일도 있다. 키가 150센티미터인 사람이 프로 농구 선수가 되기를 원한다면 일찌감치 포기하라고 말해주어야 옳다. 하지만 이런 몇 가지 상황을 제외하고는, 당신의 삶이 나아가야 할 방향과 모습에 관해서 당신에게 온전한 주도권과 책임이 있다. 여기에는 변명의 여지가 없다.

당신이 인생의 입안자이고 모든 부분의 책임자임을 완전히 이해했다면, 이제 소매를 걷어붙이고 나설 차례다. 당신은 어떤 것이든 바꿀 수 있다.

내면의 속삭임: 겁쟁이 치킨과 버릇없는 아이

· · · · · · · · · · ·

우리 내면에는 살면서 벌어지는 모든 일을 평가하고 해석하는 작은 목소리가 있다. 하지만 대개는 너무 바빠서 또는 무신경해서 그 목소리가 어떻게 삶을 조종하는지 깨닫지 못한다. 그 소리의 근원이 무엇인지, 그 안에 숨겨진 동기가 무엇인지 알지 못한 채 살아가는 것이다. 게다가 대부분 사람은 그 내면의 목소리가 진정한 자신의 모습이라고 생각한다.

그 목소리는 당신에게 비판을 가하고 당신의 꿈을 뭉개버린다. 그리고 삶에서 제대로 돌아가지 않는 부분에 대해 변명을 늘어놓는다. 그중에서도 가장 큰 목소리를 내는 두 가지 주체가 있다. 하나는 '겁쟁이 치킨'이고 다른 하나는 '버릇없는 아이'다.

이 둘은 당신이 1장에서 꿈에 대해 적을 때도 부정적인 소리를 해댔을 게 틀림없다. 머릿속에서 들리는 이런 목소리를 구분하고 정확히 찾아내서 누가 어떤 목소리를 내는지 알아야 한다. 그래야 그들에게 통쾌하게 한 방 먹일 수 있다.

겁쟁이 치킨

겁쟁이 치킨은 두려움의 목소리다. 모든 일이 무섭고 걱정스럽다. 겁쟁이 치킨은 당신이 잘하고 있는 영역, 활발히 활동하고 있는 영역에서는 큰소리치지 못한다. 하지만 조금이라도 두려움을 느끼고, 우려하고, 걱정하는 영역에서는 활개를 친다. 좋게 말하면, 겁쟁이 치킨의 역할은 당신을 안전하게 보호하기 위해 언제 어디서나 빠져나갈 구멍을 마련하는 것이다.

겁쟁이 치킨은 잠재적인 문제를 예상한다. 당신의 삶 전체에서 수집한 데이터를 기반으로 비겁한 이론을 세워놓고, 조금이라도 위험을 느끼면 경보를 발동한다. 예를 들어, 데이트를 앞두고 긴장하는 상황 또는 임금 인상을 요구하는 상황이라면 치킨은 이런저런 이야기를 속삭이며 당신이 뒤로 숨도록 한다.

겁쟁이 치킨은 겁만 많은 게 아니라 멍청하기까지 하다. 더 큰 문제는 그의 말을 따랐을 때 비참한 결과를 맞이할 수 있다는 것이다. 겁쟁이 치킨은 바람직한 일이 아닌데도 그냥 하라고, 또는 꼭 해야 하는 일에서 발을 빼라고 부추긴다. 다른 사람의 기분을 상하게 하지 말고, 다른 사람에게 공격받을 여지를 만들지 말고, 지금까지 해온 대로 무난한 길만 가라고 한다.

겁쟁이 치킨은 보수적이고 비관적이며 비현실적이다. 겁쟁이의 주된 역할은 모든 가능성을 저울질해서 당신을 보호하는 것이다. 그래서 그가 늘어놓는 수많은 변명은 얼핏 지적이고 현명하고 합리적으로 들리기도 한다. 하지만 그는 안전하기만 한 삶에는 재미도 행복도 자부심도 없다는 사실에는 결코 신경 쓰지 않는다.

버릇없는 아이

버릇없는 아이의 목소리는 짜증스럽고 반항적이다. 마치 네 살짜리 아이처럼 성질을 부리곤 한다. 버릇없는 아이는 자기가 원하는 것을 얻기 위해 또는 당신이 하는 일을 방해하기 위해 고집을 부리고 당신을 교묘하게 조종한다. 그 아이가 일주일 중에 가장 좋아하는 날은 '내일'로, "다이어트는 내일부터 할 거야", "그 일은 내일 해도 괜찮아" 이렇게 사용된다. 얄밉게도, 당신 내면의 버릇없는 아이는 기분이 안 좋은 날을 더 좋아한다. 기분이 나쁜 날에는 마땅히 술 한잔

할 수 있으니 말이다. 그런 날 술 대신 샐러드를 먹어야 한다는 사람을 본 적이 있는가? 버릇없는 아이가 자기 하고 싶은 대로 마음껏 할 수 있는 날이 그런 날이다. 하지만 언제까지 버릇없는 아이의 기분을 맞춰주며 살 것인가. 기분이 좋지 않다고 해서 날마다 술을 마실 순 없지 않은가.

타인의 내면 엿보기

케이티의 내면

우리 여정의 친구들이 1장의 미션을 어떻게 했는지 살펴보자. 먼저, 케이티가 왜 체중을 줄이지 못하는지부터 시작하자. 케이티가 신체 영역(건강, 체중, 외모)에 대해 평가한 내용을 간략히 소개한다. 참고로 케이티는 자신의 현재 신체 상태에 2점을 주었다.

각 영역이 현재 어떤 모습인지 몇 문장으로 묘사하라. 현재 상황이 어떤가?

나는 몸무게를 줄여가고 있고 목표 체중을 향해 가는 중이다. 그다음에는 모든 결점을 보완하기 위한 수술을 받을 것이다. 현재는 수영복을 입어도 예뻐 보이지 않고 어떤 옷을 걸쳐도 형편없어 보인다. 스타일리스트를 고용해 전체적인 모습을 손볼 필요가 있다. 나는 최근 머리 색을 바꾸었고 화장법도 바꿨다. 내 모습과 외모를 표현하는 방식을 변화시키는 중인데 아직 할 일이 많다. 사람들에게 지적이고 부드러운 모습을 보여주어야 한다. 현재는 과도기 상태다. 10점을 받을 수 있기를 기대하고 있다.

열두 가지 영역 각각에 그 점수를 매긴 이유를 설명하라. 그 영역에서 당신이 지금껏 꿈을 이루지 않는(또는 이루지 못한 또는 이룰 수 없었던) 이유가 무엇이라고 생각하는가?

현재 내 몸무게는 36킬로그램 과체중이다. 남편을 떠난 후에 신용카드를 잘라버리고, 많이 먹지도 않았더니 25킬로그램이 빠졌다. 그런데 체중이 다시 불어나기 시작했다. 체중은 내 평생 줄었다가 다시 불었다가 했다. 나는 체중을 줄인 다음 그 날씬한 상태를 유지할 수가 없다. 뭐가 잘못된 건지 모르겠다. 할 수 있는 것은 다 해보았다. 아마 신진대사가 좋지 않고, 호르몬에 문제가 있는 것 같다. 게다가 내 어머니도 30대 이후로 체중 때문에 문제를 겪었고, 아버지 역시 몸집이 크다. 체중 문제는 우리 집안 내력이다.

1장에서 네 명의 친구가 작성한 꿈을 어떻게 해부하는지 보여주었으니, 당신도 이제 이런 글을 읽을 때는 좀 더 관심을 기울여야 한다. 내가 이 친구들의 인생 풍파에 관해 알려줄 때마다 당신은 그들의 이야기에서 자신의 모습과 목소리를 더 많이 발견하고자 노력해야 한다. 아마 처음에는 금방 되지 않을 것이다. 그렇더라도 조바심 내지 마라. 내면의 목소리는 본모습을 드러내고 싶어 하지 않는다. 오랜 기간 자기 목소리가 진짜 당신의 목소리라고 당신에게 각인시켜왔으니 이제 와서 실체를 드러내고 싶겠는가.

다시 케이티에게 돌아가자. 케이티의 평가를 읽고 어떤 생각이 드는가? 훈련받지 않은 사람들은 그저 이렇게 생각할 것이다. '36킬로그램을 감량하면 옷 입기가 수월해지겠는걸. 염색도 하고 화장법에도 변화를 준다고 하니까 많이 달라지겠네.'

하지만 케이티가 현재 상황에 관해 설명한 내용을 관점을 바꿔 생각해보자. 즉 케이티의 삶을 써 내려가는 작가가 케이티 자신이라는 관점에서 바라보자는 말이다. 그녀가 적은 글에서 어떤 인상을 받았는가? 당신이 볼 때, 그녀는 자신이 직접 키를 잡고 방향을 조절하면서 인생의 풍파를 헤쳐나가고 있다고 믿는 것 같은가? 아니면 어떤 설명할 수 없는 이유 때문에 어차피 체중이 불어날 것이라고 생각하는 것 같은가? 케이티는 이렇게 말했다.

체중은 내 평생 줄었다가 다시 불었다가 했다.

케이티의 일기예보관이 활동하는 소리가 들리는가? 물론 케이티의 몸무게가 평생 줄었다 늘었다를 반복한 것은 사실이다. 저 문장은 완벽한 사실이다. 단, 체중이 위아래로 출렁일 때 케이티의 손이 무엇을 했는지 따져보면 이야기는 달라진다. 그녀가 '나는 가끔 다이어트에 집중하지만 때로는 자제력을 잃는다'라고 적었다면 좀 더 정확하고 솔직하고 책임감 있는 평가가 되었을 것이다. 하지만 그녀는 체중 증가와 자기 자신은 아무 관계가 없다고 생각하는 듯하다. 자기 손으로 음식을 집어 입으로 가져가면서 이렇게 말하고 있다.

나는 체중을 줄인 다음 그 날씬한 상태를 유지할 수가 없다. 뭐가 잘못된 건지 모르겠다. 할 수 있는 것은 다 해보았다.

이 부분은 앞의 문장과 다를 바가 없다. 과자가 담긴 통 안에서 케이티의 손은 무얼 하고 있었을까? 일기예보는 무슨 일이 있었는지, 무슨 일이 벌어질 것인지에 대해 설명하는 것 말고는 아무것도 하지 못한다는 사실을 기억하라. "눈이 5센티미터 왔습니다. 눈이 녹았습니다. 다시 눈이 옵니다." 그 이상도 이하도 아니다. 케이티 본인이 책임을 인정하는 문장, 예를 들어 '나는 자주 10시 이후에도 음식을 먹었고, 감자 튀김을 곁들여 맥주 몇 잔을 마셨다, 사실 먹을 수 있는 안주는 모조리 다 해치웠다'라는 말은 쏙 빠져 있다. 케이티는 또 이렇게도 말했다.

게다가 내 어머니도 30대 이후로 체중 때문에 문제를 겪었고, 아버지 역시 몸집이 크다. 체중 문제는 우리 집안 내력이다.

케이티는 부모를 핑계로 내세우면서 백기를 든다. 일기예보의 끝판왕이라 할 수 있다. 케이티의 일기예보관에 따르면, 그녀는 평생 비만의 눈보라를 맞고 살아야 할 것처럼 들린다. 케이티의 예보가 당신에게는 어떻게 들리는가? 어차피 자기 힘으로 할 수 있는 게 아무것도 없으니 먹고 싶은 음식을 계속해서 먹겠다는 소리로 들리지 않는가? 사람이란 게 이렇게 약삭빠르다. 아주 영리하게, 자기는 아무 관계도 없는 사람인 척 다른 대상에게 탓을 돌린다. 그렇게 자신을 속이지만 그것은 결국 꿈에 대한 권리를 포기하는 행동이다.

결과를 얘기하자면, 케이티는 자신을 뚱뚱하게 하는 장본인이 부모도 호르몬도 전남편도 아닌 입에 과자를 집어넣는 자신의 손이라는 사실을 깨달았다. 그 순간, 그녀의 세상은 완전히 변했고 다시 기운을 낼 수 있었다.

물론 신진대사나 호르몬 문제 등 의학적인 이유로 체중 조절이 힘든 사람도 있다. 하지만 케이티나 그 가족이 겪는 체중 문제는 의학적인 이유 때문이 아니었다. 케이티의 체중이 늘어난 이유는 건강에 좋지 않은 음식을 계속해서 섭취했고, 운동을 거의 하지 않기 때문이었다. 즉 자신이 조절할 수 있는 일이었다. 처음에는 문제를 직시하는 일이 두려웠지만, 결국에는 자신이 문제라는 점을 깨닫자 케이티에게 놀라운 해방감이 찾아왔다.

스테파니의 내면

이번에는 스테파니의 내면을 살펴보자. 그녀는 커리어에 전념하느라 사랑을 희생한 건 아닐까 염려하고 있다.

| 현재 상황 | 내가 현재 하는 일은 극도로 치열해서 정신이 없을 정도다. 일주일에 6일, 하루에 15시간 일한다. 회사의 지도력은 약하고, 정치적 관계와 불안으로 가득하다. 나는 내 계획과 능력에 대해 많은 칭찬을 받는데도 종종 하찮고 영향력이 없다는 느낌이 든다. 이곳에 얼마나 더 오래 남아 있을지 확신이 없다. 사업 모델에 결함이 있다. 그래서 목표가 확실하게 규정된 조직, 제품과 서비스가 고객에게 진정한 가치를 제공하는 그런 곳에서 일하고 싶다. 나는 내가 내리는 결정을 몹시 분석적으로 검토하는 경향이 있어서 결국 나 자신의 잘못을 찾아내거나 다른 사람에게 잘못이 있다고 스스로를 설득하는 상황에 처하고 만다. 나는 시간을 낭비하게 될까 봐 걱정되고, 일에 너무 집중하느라 개인 생활에 필요한 시간을 빼앗길까 봐 겁이 난다.

스테파니가 커리어 마인드를 지니고 있다는 점이 확실히 보인다. 그녀가 왜 성공할 수밖에 없는지, 왜 스트레스가 많은지 드러난다.

스테파니의 현재 '날씨'가 어떤지 살펴보자. 그녀가 자신의 현재 상황을 극도로 치열하고, 정신없으며, 불안이 가득하다는 말로 설명하면서 자신의 행복에 대해 거의 책임을 지지 못하고 있는 게 보이는가? 스테파니는 일이 너무 많고, 바쁘고, 그래서 스트레스를 받고, 불평하고, 결국 그만두는 것 말고는 자신이 할 수 있는 일이 없다고 말한다. 일기예보를 하는 것이다. 날씨를 탓하는 순간, 우리에게 주도권은 없다.

스테파니는 커리어 부분에 6점을 주었는데, 그녀의 설명에서 겁쟁이 치킨과 버릇없는 아이가 징징대는 소리를 들어보자.

| 설명 | 만약 나의 업무 환경을 원하는 대로 바꿀 수 있다면, 일단 기업공개를 할 건지 말 건지 확실해질 때까지는 그냥 있는 게 좋을 것 같다. 기업공개 가능성을 지금 이 시점에서는 객관적으로 알지 못한다. 내 이상을 좇기 위해서 다른 직업을 찾지 못하는 이유는 내가 무슨 일을 할 수 있는지, 심지어 내가 뭘 좋아하는지 전혀 모르기 때문이다. 경제는 침체되어 있고, 다음에 어떻게 될지도 모르는 상황이라 지금의 자리를 떠나기가 두렵다. 내가 지금 하는 일을 그토록 싫어하는 이유가 내 태도 때문이 아니라는 점만큼은 분명히 하고 싶다.

첫 문장부터 스테파니의 겁쟁이 치킨이 닭장을 탈출해 떠들어대는 소리가 들린다. '만약 할 수 있다면'이라는 말에서 변화를 간절히 원하지만 너무 두려워서 아무것도 하지 못하는 게 느껴진다. 아마도

기업공개 후에 보유한 주식을 모두 팔아 목돈을 마련할 생각인 듯하다. 그녀는 그저 돈을 벌기 위해서 회사에 머무르며 다른 사람들의 잘못된 행동만을 지적하고 있다. 그 안에서 누구의 목소리가 들리는지 다시 들여다보라. 바로 버릇없는 아이의 목소리다. '내 태도 때문이 아니라는 점만큼은 분명히 하고' 싶어 하지 않는가.

내가 아버지와의 관계에서 나 자신의 짜증을 찾아냈듯이, 당신도 범인이라고 손가락질하기 바쁜 그 상대방에게서 자신의 모습을 찾아내 보라.

스테파니의 회사 문화가 완벽한지 아닌지는 중요하지 않다. 내가 보기에도 완벽과는 거리가 먼 것 같다. 그렇다 해도 스테파니가 동료들만 손가락질한다면 변화를 위한 자신의 책임을 회피하는 것과 다름없다. 그녀가 자신의 잘못을 볼 수 있을 때 현재 직장에 대해 새롭게 생각하게 되고, 그 생각이 옳다는 것을 증명할 수 있다. 직원들에게 자신이 얼마나 투덜거렸는지, 자기와 함께 일한 사람들 중 일을 제대로 하는 사람이 왜 한 명도 없었는지도 알게 될 것이다.

그녀가 그들에게 손가락질하는 행동을 멈춘다면, 그때부터 계획을 세울 수 있다. 기획안을 만들어 변화의 물결을 퍼뜨리고, 자신이 원하는 것을 요구하고, 아이디어를 제공할 수 있으며, 더 많이 요구할수록 그에 상응하는 대가를 받게 될 것이다. 그녀는 평화를 되찾고, 연애를 위한 시간을 훨씬 더 많이 확보할 수 있다. 따지고 보면 불평과 한탄은 시간 낭비이자 에너지 낭비일 뿐이다.

이선의 내면

여기 또 한 사람, 이선의 예를 보자.

| 현재 상황 | 나는 내 잠재력을 완전히 발휘한다고 생각하지 않는다. 내 잠재력은 더 많이 있고, 내 인생에서 더 크고 더 나은 무언가를 해야 한다고 믿는다. 나는 보통 정도의 수준으로 일하고 있다. 문제는 내가 뭘 원하는지 모르고, 원하는 곳으로 갈 방법은 더더욱 모른다는 점이다. 나는 나 자신을 힘들게 한다. 어렸을 때 했던 잘못된 행동에 대해 아직도 자책하고 있다. 나 자신에게 못되게 굴 때면 감정의 기복이 심해지고, 그게 가족에게도 영향을 준다. 나의 결혼 생활은 행복하다. 하지만 문제점을 이야기할 때는 망설여지고 아내와 언쟁을 벌일 때는 비열해진다. 부모님에게 마음이 끌리지는 않지만 우리 관계는 많이 향상됐다. 신체적으로나 감정적으로 부모님과 더 가까워지고 싶다. 하지만 여러 면에서 부모님이 두렵기도 하다. 어머니와 형제들 때문에 종종 당황스럽다. 아내의 가족들도 믿지 못하겠고, 그들의 친절이 진심에서 우러나오는 것임을 믿지 못하겠다.

이선의 내면 날씨는 정말 혹독하다. 허리케인급 바람이 부는 가운데 어둡고 구름이 잔뜩 꼈다. 그런데도 이선은 '보통 정도의 수준밖에 안 되고, 감정의 기복이 심하고, 마음도 끌리지 않는다'면서 자책하는 것 말고는 하는 게 없다.

이선은 자신 영역에서 3점을 주었는데, 왜 그렇게 낮은 점수를 주었는지 살펴보자.

| **설명** | 나는 아직 '그곳'에 도달하지 못했는데, 그건 내가 어떻게 가야 할지 모를 뿐만 아니라 그곳이 어디인지도 모르기 때문이다. 10년이 지났는데 내 분야 말고는 아는 것이 없다. 이제 와서 분야를 바꾼다면 남들보다 10년이나 뒤지게 될 것이다. 나는 노력의 대가로 안정적인 재정 상태를 유지할 수 있다. 하지만 행운이 따르거나 예상치 못한 일이 벌어지지 않는 한 노력을 더 많이 한다고 해서 지금보다 훨씬 많은 돈을 벌 수는 없다. 다른 일을 하면 더 나아질 걸 알면서도 지금의 편안함을 버릴 수가 없다. 가족 관계에는 늘 어려움이 존재하고, 완벽한 가족이란 없다고 생각한다. 나는 우리가 서로를 지지해주기 위해 그저 최선을 다해야 한다고 생각하고, 가능한 한 모든 일이 긍정적이기를 바란다.

겁쟁이 치킨이 기세등등해서 떠들어대는 소리가 들리는가? 이선이 이토록 의기소침한 인간이 된 진짜 이유는 의사결정에 문제가 있기 때문이다. 그 사실을 깨닫지 못한다면 이선은 더 나은 생활로 나아갈 수 없다. 그렇다면 어려움, 의심, 잠재성 같은 단어만 쏟아내면서 쨍하고 해 뜰 날이 오기를 앉아서 기다리는 수밖에 없을까?

자신의 일기예보가 말하는 소리를 판단할 수 있을 때, 그는 자기가 어떤 행동을 하는지도 알게 될 것이다. 자신을 싫어하고 역겨워하면서 스스로 연막작전을 펼치고 있다는 사실을 말이다. 이선은 다른 사람들이 자신에게서 멀어지도록 강력한 연막탄을 사용하고 있다. 또한 내면의 일기예보에 따르면, 자신을 싫어하고 역겨워하는 이유가 자기가 못나고 무능해서가 아니라 가치를 추구하는 행동이 부족했기 때문이라는 사실도 알 수 있다. 자신의 꿈을 밀고 나가기 위해 올바른 행동을 취하는 사람은 결코 자신을 책망하지 않는다.

당신이 만든 증거, 이론과 믿음

당신 내면의 속삭임에 직접적인 영향을 미치는 다른 요소를 꼽자면 '믿음'과 '이론'을 들 수 있다. 이건 좋은 소식이다. 당신의 믿음과 이론은 타고난 것이 아니니까. 그럼 어디서 난 거냐고? 당연히 당신이 만들어낸 것이다. 둘 다 당신이 어릴 때부터 경험하고 관찰하며 학습한 내용에 기반을 두고 생겨났다.

이론은 무언가에 대해 어떤 의견을 지니거나 의심할 때 그 의견이나 의심을 증명하기 위해 무의식적으로 증거를 모으는 과정에서 만들어진다. 예를 들면 '40세가 넘어가면 연애하기 어렵다'라거나 '일과 가족 둘 다 가질 수는 없다' 같은 것이다. 이런 이론들은 당신이 사랑 영역이나 커리어 영역에서 어떤 행동을 하거나 하지 않도록 엄청난 영향을 끼친다. 하지만 이 이론들을 자세히 들여다보면 엉터리 논리를 바탕으로 한 말도 안 되는 소리라는 게 드러난다.

예를 들어 당신은 '모든 남자는 어린 여자와 연애하고 싶어 한다'라는 이론을 가지고 있다. 그런데 당신이 생각하기에 스스로는 나이 많은 여자 범주에 속한다. 당신의 연애 생활은 어떻게 될까? 아마도 어떤 남자를 만날 기회가 생겨도 귀찮기만 할 것이다. 당신은 나이 많은 여자이고, 남자들은 어린 여자만 좋아하니 말이다. 시간을 들여 만나봤자 어차피 어린 여자와 사귈 게 뻔한데, 데이트고 뭐고 신경 쓰고 싶겠는가?

터무니없고 비논리적인 이론도 당신의 삶 전체, 세상을 바라보는 시각에 엄청난 영향을 끼친다. 이론은 당신이 생각하는 것, 보는 것, 하는 것, 심지어 데이트를 해야 할지 말아야 할지까지 좌우한다.

반면 믿음이란 오랜 시간에 걸쳐 증명된 것, 그리고 '나는 신을 믿는다'처럼 이미 확정되어 있고 협상 불가능하다는 점에서 이론과 다르다. 신을 믿는 이유를 굳이 설명할 필요는 없다. 이론이 오랜 기간을 거치면서 여러 증거가 더해지다 보면 나중에는 믿음이 된다.

그런데 한 가지 궁금한 게 있다. 어떤 게 먼저인가? 이론인가, 믿음인가? 아니면 증거인가? 당연히 어떤 사건이 발생하고 난 다음에 이론 또는 믿음이 생겨난다고 생각하겠지만, 다시 한 번 생각해보기 바란다. 우리는 모든 것을 만들어내고 써 내려간다. 무언가가 진실이라고 믿고 난 다음에 그 믿음을 증명한다. 예를 들어 "모든 것을 가질 수는 없어", "이 나이에 진정한 사랑을 찾기는 틀렸어", "지금처럼 월급 주는 회사를 찾는 건 불가능해" 같은 말이 있다. 사람들은 그게 얼마나 허무맹랑한 소리인지 따지지도 않고 일단 믿고 본다.

물론 긍정적인 이론이나 믿음도 있다. 당신 삶에서 성공했다고 생각하는 영역을 떠올려보라. 당신은 그 영역에서 뛰어난 이론과 믿음을 지니고 있다. 당신은 목표 달성이 가능하다고 믿었으며, 결국 해냈다. 예를 들어 대학 졸업하기, 부모님이 반대한 사람과 결혼하기, 최고재무담당자 되기, 암 극복하기, 철인 3종 경기 완주하기, 난임치료 전문가가 뭐라 하든 임신하기 등 말이다. 하지만 자신이 통제하지 못하는 영역에서는 믿음과 이론이 부정적인 결과와 맞아떨어지기 쉽다. 그 증거들이 쌓이고 쌓이면 내면의 목소리가 힘을 얻는다.

자신의 꿈을 명확하게 규정해야 하는 이유가 그 때문이다. 자신이 무엇을 원하는지 완전하고 자유롭게 볼 수 있어야 세상이 아니라 자신이 중심이 된 질문을 던질 수 있다. '내가 써 내려가고 싶은 현실은 어떤 것인가?' 이런 질문을 던질 때 당신은 현실을 온전히 관장하게 된다. 또 삶에서 원하는 모든 것에 책임감을 느끼게 된다. 그리고 꿈 하나하나를 모두 성취하기 위해 행동으로 옮기게 된다. 중요한 것은 언제나 당신이다. '어쩌면'이라는 말은 아예 존재하지 않는다. 자신을 바꾸면 세상이 바뀐다.

당신의 숨은 목소리 찾기

이제 미션을 할 시간이다. 이번 미션에서는 당신이 자신에게 어떤 거짓말을 하는지 찾아내 줄 것이다. 당신이 자신에 관해 온전히 '진실'이라고 믿는 것 말이다. 그동안 당신이 해야 할 일을 회피하려고 얼마나 많은 핑계를 대면서 살아왔는지 깨닫게 될 것이다. 하기 싫은 일(버릇없는 아이)과 하기 두려운 일(겁쟁이 치킨)을 얼마나 꺼리면서 살아왔는지를 발견하고 새삼 놀랄지도 모른다.

❶ 1장에서 했던 미션 전체를 꼼꼼하게 살피면서 당신이 겁쟁이 치킨, 버릇없는 아이, 일기예보관처럼 말한 부분을 모두 찾아 표시하라. 그들이 사용한 단어와 구절을 모두 표시하라.

❷ 당신이 어떤 부분에서 겁쟁이 치킨이었는지, 버릇없는 아이였는지, 일기예보관이었는지 다 모아서 각각의 목록을 작성하라. 이렇게 하면 언제 당신이 겁쟁이처럼 꼬꼬댁거렸는지, 아이처럼 짜증을 부렸는지, 자기는 아무 힘도 없는 사람이라며 일기예보를 했는지 볼 수 있다.

❸ 자기 자신, 다른 사람, 세상, 사랑 등에 관해 당신이 가진 이론과 믿음을 목록으로 작성하라. 1장에서 작성한 열두 가지 영역과 관련해서 당신이 믿고 있는 이론을 적으라는 것이다. 예를 들어 '내 상사는 자기중심적이다', '우리 애들은 내게 고마워하지 않는다' 같이 적으면 된다.

❹ 이 책을 읽으면서 집중하고자 하는 세 가지 영역에서 당신이 가진 부정적인 이론을 하나씩 골라라. 그런 다음 그 이론을 당신의 꿈과 궤를 같이하는

새로운 이론으로 바꿔 적은 후, 그것을 증명할 수 있는 증거를 모아라. 예를 들면 사랑 영역에서 당신의 부정적인 이론이 '내가 사는 지역에서 괜찮은 사람을 찾기란 하늘의 별 따기다'라면, '내가 여기 있으면 내 반쪽도 여기 어딘가에 있을 테니 노력하면 사랑을 찾게 될 것이다'라고 바꾸는 것이다. 그리고 이에 대한 증거를 모으면 된다.

··

세 가지 목소리의 변화

이번 장의 미션을 모두 마치고 당신 내면의 겁쟁이 치킨, 버릇없는 아이, 일기예보관을 찾아냈는가? 그렇다면 이제는 당신 입에서 나오는 이 세 가지 목소리를 잡아낼 수 있다. 당신이 겪고 있다고 주장하는 날씨가 사실인지 조사하고, 이제는 현실을 바꿀 수 있다는 믿음을 키울 수 있다. 결국 일기예보를 하는 사람은 당신 아닌가. 날씨를 바꾸는 가장 좋은 방법은 당신이 별로 자랑스럽게 생각하지 않는 영역에서 약속을 하는 것이다. 그 약속을 지키는 방법을 3장에서 알려주겠다.

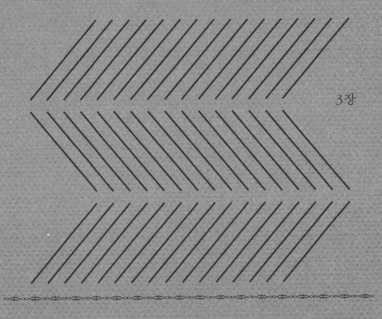

3장

어떻게 나와 약속하고 지킬 것인가

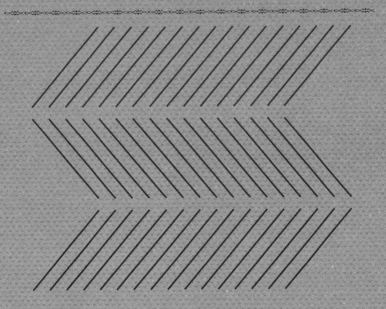

"당신은 자신과의 약속을 지킬 때 자부심을 느끼고 자신을 믿을 수 있다. 행복, 자존감, 자부심은 자기 자신을 믿을 때 찾아온다."

행복은 나를 믿을 때 찾아온다

· · · · · · · · · · ·

우리는 모두 실수를 저지르고, 앓는 소리를 하고, 성질을 부리고, 일기예보 하듯 말하고, 수많은 이론을 세운다는 사실을 확인했다. 그런데 더 큰 문제가 있다. 사람들이 실제 자신보다 훨씬 더 나은 사람인 양 행동한다는 것이다. 마음먹었던 일을 하지 않거나, 눈살을 찌푸리게 하는 행동을 했더라도 약간 자책을 하고 나면 그걸로 끝이다.

예를 들어 떨어져 사는 부모님께 전화를 드리지 못해 죄책감을 느끼지만, 전화하지 못할 충분한 이유가 있었다면 크게 잘못한 일은 아니라고 생각한다. 그렇다면 묻겠다. 잘못한 일에 죄책감을 느끼지만 그럴 만한 이유가 있었고 잘못에 대해 미안해하고 있다면, 정말 괜찮은 사람이 되는 것인가? 적어도 선의의 거짓말쟁이가 되는 것인가?

사람들이 다른 사람과의 약속을 매우 잘 지킨다는 사실에 주목해본 적 있는가? 당신이 초등학교에 다니는 아이에게 "3시에 데리러 갈게"라고 말했다고 하자. 그 말은 '그때 상황을 봐서'라거나 '혹시 아무 일도 없으면' 가겠다는 게 아니라 꼭 간다는 걸 의미한다. 그런데 자기 자신과의 약속은 어떤가? 예를 들어 '매일 운동하겠다'라는 약속은 온갖 핑계를 대면서 지키지 않는다. 깊이 뉘우치고 자기 자신을 책망하면 괜찮다고 생각하면서 말이다.

사람들은 남들에게는 아낌없는 배려를 하면서 자신에게는 몹시 인색하게 군다. 친구에게 만나자고 약속해놓고 아무 말 없이 약속 장소에 안 가는 사람은 없다. 상사에게 약속한 마감일은 칼같이 지킨다. 그런데 마음에 들지 않는 직장에 계속 다니고, 해독주스를 마시는 기간에 술을 마시며, 믿음이 가지 않는 사람과 데이트한다.

자신의 꿈에 상응하는 약속을 하고 스스로 그 약속을 지키는 능력은 개인 품성의 온전함(personal integrity)에 달려 있다. 온전한 품성이란 당신의 심장(욕구)과 마음(계획)과 신체(행동)가 일치하는 것이다. 다시 말하면, 당신의 꿈을 행동으로 옮기는 순간이다. 그런데 대부분 사람은 자기 자신과의 약속은 지키지도 않으면서 자기가 성실성과 고결함을 갖춘 사람이라고 생각한다. 언제나 죄책감을 달고 사니까 자신은 좋은 사람이 분명하다고 생각하는 것 말이다.

하지만 자신의 온전하지 못한, 완벽하지 않은 성품을 말할 수 있을 때 오히려 진실한 품성이 드러난다. 자신의 인간성을 제대로 직시하고 가벼운 마음으로 바라보는 능력은 부정직한 모습을 얼마나 정직하게 드러낼 수 있느냐에 달려 있다. 당신은 자신과의 약속을 지킬 때 자부심을 느끼고 자신을 믿을 수 있다. 행복, 자존감, 자부심은 자기 자신을 믿을 때 찾아온다. 그러기 위해 해야 할 일은 매우 간단하다. 당신의 말을 행동으로 옮기면 된다. 그리고 당신이 하는 말이 꿈을 키워가게 하면 된다.

앞에서 당신은 꼭 이루고 싶은 세 가지 영역의 꿈을 따로 뽑았을 것이다. 당신을 슬프게 하고, 단념하게 했던 것들이다. 가장 중요한 부분이지만 포기했던 것들이기도 하다. 그 꿈을 이루기 위해 해야 할 일이 있다. 내면의 겁쟁이를 잠재우고, 버릇없는 아이를 영원한 사라지게 할 올바른 행동을 설계하는 것이다.

내면의 속삭임에 대응하기

. . . .

나는 고등학생 때 운동을 좋아하는 편이었다. 내가 다니던 학교는 학생 수가 많지 않았기에 모든 학생이 한두 종목의 운동 팀에 속해 있었다. 나는 축구, 소프트볼, 배구를 했다. 당시에는 내가 운동을 많이 하는 편이라는 것도 몰랐다. 그러다가 대학교에 들어가 아무 운동도 하지 않게 되면서 몸무게가 7킬로그램이나 늘었다. 그런데도 나는 걱정만 하면서 남 탓을 하기에 바빴다. 학교에서 제공하는 식단에 문제가 있고, 과제도 너무 많고, 고등학생 때처럼 운동할 기회도 없다는 게 내가 내세운 핑계였다. 그보다 더 그럴싸한 핑계는 내가 채식주의자라는 사실이었다. 그러니까 기숙사에서 내가 음식을 선택할 권리가 거의 없었다는 말이다.

왜 살이 찌는지 혼란스러워하면서도, 케이티와 마찬가지로 나 역시 입으로 베이글을 밀어 넣는 내 손은 전혀 탓하지 않았다. 하루에 베이글을 두 개씩 먹었고, 저녁으로 병아리콩과 치즈, 드레싱을 반 컵 정도 뿌린 엄청난 양의 샐러드를 먹었다. 드레싱은 마요네즈와 버터밀크를 섞어 만든 랜치 드레싱이었다. 채식주의자들은 특히 탄수화물을 많이 섭취해야 한다는 이유로 통감자도 같이 먹었다. 맹세컨대 나는 내가 엄청 식단 조절을 잘하고 있다고 생각했다.

어느 날, 체중이 느는 걸 더는 볼 수 없었던 나는 30분씩 일주일에 5일(이틀 뛰고 하루 쉬고)을 달리기로 마음먹었다. 드디어 첫날 아침, 웬일인지 알람이 울리기도 전에 잠을 깼다. 그런데 웃기지도 않은 일이 일어났다. 내면의 목소리가 들리기 시작한 것이다. 나는 그냥 침대에 누운 채로 오늘은 달리기를 하지 말아야 한다는 그 목소리를 듣고 있었다. 겨우 일어나 이를 닦는데 머릿속에선 침대로 돌아가 누우라는 목소리가 계속해서 들렸다. 운동화를 신고 이어폰을 끼고 뛸 준비를 모두 마친 상태에서도 내면의 목소리는 여전히 나를 침대로 돌려보내려고 꼬드겼다.

그 목소리의 주인공은 겁쟁이 치킨이기도 하고 버릇없는 아이이기도 했다. 둘이 힘을 합쳐서 어떻게든 나를 방해하려고 기를 썼다. 그들은 달리기를 통해 기분이 좋아지고 건강해지고 몸매가 멋지게 변하는 것에는 전혀 관심이 없었다. 그때 나는 내면의 속삭임이 나를 위해서가 아니라 나의 적을 위해서 싸울 수도 있다는 사실을 처음으로 깨달았다.

결국 그 속삭임이 내 의지를 이겨 달리기를 포기하게 하는 날도 더러 있었다. 그럴 때 나는 어떤 행동을 했을까? 더는 자책하지 않았다. 대신 그날은 가장 좋아하는 아이스크림을 먹지 않기로 했다. 나는 이미 베이글을 먹지 않겠다고 자신과 약속한 상태였다. 그러니 가장 좋아하는 아이스크림마저 포기해야 한다는 것은 엄청난 벌칙이었다. 나를 전혀 도와주지 않는 내면의 속삭임에 대응하기 위해 아이스크림이라는 적절한 당근을 내 코앞에 매달아 놓은 것이다.

바보 같은 이야기처럼 들릴 수도 있다. 하지만 버릇없는 아이의 입을 다물게 하고 겁쟁이 치킨을 닭장에 영원히 가두기 위해서는 약속에 따른 결과가 필요했다. 항상 성공한 건 아니지만, 당근 작전은 내가 자신과의 약속을 지키는 데 큰 도움이 되었다.

변명이라는 강력한 유혹

· · · · · · · · · · · ·

우리에게는 변명이라는 강력한 무기가 있다. 변명은 무언가를 할 수 없는 이유에 대해 설명하고 정당화하고 스스로에게 제약을 가하는 데 사용된다. 승진하지 못하고, 사실대로 말하지 못하고, 하고 싶은 일을 앞에 두고 우물쭈물하는 이유는 모두 변명 때문이다.

자신이 지금 변명하고 있는지 아닌지 알 방법이 있다. 만약 내가 당신에게 10억을 준다면 제시간에 출근하고, 천천히 운전하고, 화를 덜 내고, 새로운 직장을 얻고, 단것을 끊을 수 있겠는가? 답을 들을 필요도 없을 것이다. 당신은 할 수 있다. 올바른 유인이 주어지면 당신은 인생에서 무엇이든 바꿀 수 있다. 그 사실은 또 다른 질문을 부른다. 역으로, 돈이 생기지 않는다면 당신의 꿈은 추구할 만한 가치가 없는 것인가?

당신이 원하는 것이 있는데 실제 결과는 늘 다르게 나온다면, 그 영역에서 가장 즐겨 쓰는 변명의 유형을 알아내야 한다. 자신이 가장 즐겨 사용하는 변명을 알면 변명의 실체를 볼 수 있고, 그러면 꿈이 쇠퇴하는 이유를 알 수 있다.

내가 찾아낸 변명에는 대략 여덟 가지 유형이 있다. 이 중에 혹시 익숙하게 들리는 변명이 있는지 보라.

어차피 무엇이 됐든, 당신은 그것을 원하지 않거나 필요로 하지 않는다고 자기 자신을 이해시킨다. 예를 들어 '새로운 일자리 제안을 받아들여야 했을까? 아니야, 어차피 일만 엄청 많아졌을 거야'라는 식이다.

흘러가는 대로 인생은 그저 당신에게 벌어지는 상황일 뿐 어찌할 수 없다고 생각한다. 저녁에 텔레비전을 보느라 시간이 어떻게, 어디로 흘러가는지 모른다.

집안 내력 타고난 게 그러니 달리 행동할 수가 없다. '내 가족이 모두 그래. 아버지는 비사교적이고 어머니는 매사에 비판적이야.'

어쩔 수 없었다 당신 잘못은 하나도 없다. 어쩔 수 없어서 그렇게 된 거다. '금주 중이지만 거래처 사람들이 술을 마시니까 같이 마셔야 했어.', '늦은 이유는 오랜만에 친구들을 만났기 때문이야.'

남들도 다 하니까 남들도 다 하니까 또는 하지 않으니까 괜찮다.

해봐도 안 되더라 한 번도 할 수 있었던 적이 없다. 여러 번 시도해 봤지만 그때마다 어떤 효과가 없었으니, 이제 와서 달라져야 할 이유가 없다. '달력에 체크까지 해뒀지만 친구 생일을 제대로 축하해준 적이 한번도 없어.'

형편상 당신이 원하는 것은 당신에게 일어날 수 없는 일이다. '내형편에는 꿈도 꿀 수 없는 일이야.'

할 만큼 했다 이미 해놓은 것보다 더 많은 것을 요구해서는 안 된다. '이미 충분히 했으니 나를 더 몰아붙이지 말아야지.'

누구나 자기가 좋아하는 변명의 유형이 있다. 변명은 매우 똑똑하다. 노력이 필요한 일이 생기면, 당신이 그 일을 할 수 없는 이유를 둘러대면서 못 하게 한다. 자신에게는 아무런 잘못도 없다는 보험에 가입하는 것이다. 무엇보다 좋은 점은 보험에 가입하는 순간, 변명이 모든 잘못에 대한 책임을 뒤집어쓴다는 것이다. 하지만 공짜가 아니다. 당신은 행복, 자존감, 자부심이라는 보험료를 치러야 한다.

약속의 6가지 원칙

. . . .

약속을 할 때 기본적으로 참고해야 할 사항이 몇 가지 있다. 1장에서 꿈꾸는 방법을 설명할 때 제시한 원칙과 크게 다르지 않다.

가능한 약속을 하라 실제로 일어날 수 있다고 생각하는 일을 약속하라. 그러니까 로또에 당첨되겠다는 건 좋은 약속이 아니다. 30년 동안 담배를 피우던 사람이 내일부터 끊겠다고 하는 건 비현실적이다. 점차 줄여가겠다는 마음으로 계획을 짜는 것이 현명하다.

새롭고 힘든 일을 약속하라 당신이 하는 약속은 새롭고, 쉽지 않은 일이어야 한다. '치실을 매일 사용하겠다'는 전력을 다하는 약속이 아니다. 하지만 하루에 물을 몇 잔씩 마시겠다거나 연락이 끊긴 친구에게 전화하겠다는 건 좋은 약속이다. 당신이 계속 미뤄오던 일을 하라. 이 순간 당신 머리에 떠오르는 바로 그 일을 하라.

한 번 더, 구체적으로 하라 두루뭉술한 약속은 안 된다. 약속을 할 때는 다음과 같은 질문에 답할 수 있어야 한다. 얼마나 자주, 오래, 많이 할 것인가? 예를 들어 '동료에게 좀 더 잘해주겠다'라거나 '소비 습관을 꼼꼼히 살펴봐야겠다' 같은 약속은, 의도는 좋지만 실질적으로 무엇을 하겠다는 건지 알 수가 없다. 약속을 할 때는 빠져나갈 구멍을 없애야 한다. '일요일이 오기 전에 친구에게 전화해 20분 이상 대화를 나눌 것이다', '카드앱에 가계부를 쓰고, 매주 일요

일 오후마다 15분씩 소비 패턴을 분석하겠다'처럼 구체적이어야
한다. 약속을 지키는지 아닌지 확실히 판단할 수 있게 말이다.

강력한 언어를 사용하라 '희망한다', '노력한다', '~이면 좋겠다'라는
어중간한 동사는 쓰지 마라. '나는 딸과 유대감을 갖도록 노력할 것
이다'와 '나는 일주일에 한 번 딸이 원하는 게임을 처음부터 끝까지
할 것이다' 사이에는 큰 차이가 있다.

다양한 상황을 고려하라 당신은 일주일에 한 번만 디저트를 먹겠다고
약속한 상태다. 토요일에 친구와 저녁 약속을 했다면, 그날 디저트
를 먹을 걸 예상해서 다른 날은 참는다는 약속도 함께 해야 한다.

역설의 즐거움을 이해하라 지키기 싫은 약속일수록 당신에게 꼭 필요
하다고 생각하라. 쓴 약이 몸에 좋은 법이다.

약속을 어긴 대가

· · · · · · · · · · ·

먼저 그동안 자기와의 약속에 얼마나 충실하지 못했는지 알 필요
가 있다. 다른 사람과 한 약속은 잘 지키면서 자신과의 약속은 그러
지 못했다는 사실이 자신의 행복에 얼마나 큰 죄를 짓는 행동인지
알아야 한다.

자신에게 한 약속을 지키지 못하는 데에는 이유가 있다. 약속을 지
키지 않아도 그 결과가 당장 나타나지 않기 때문이다. 담배를 끊기로

했는데 '한 개비만 더' 하는 이유는 하나 더 피운다고 해서 지금 당장 죽지는 않을 거라고 생각하기 때문이다. 흡연이 즉시 죽음을 초래한다면, 당신은 담배를 피우지 않을 것이다. 야식을 먹어서 하룻밤 사이에 5킬로그램이 찐다면 절대 야식을 먹지 않을 것이다. 즉각적인 결과가 나타나지 않기 때문에 약속을 무시하는 것이다.

진실은 당신이 약속을 한 번씩 어길 때마다 자신에 대한 믿음을 죽이고 있다는 점이다. 스스로 초래하는 결과를 이해해야만 자신의 꿈에 책임질 길이 생긴다. 자신에게 약속을 하고 실행 여부에 따른 벌칙까지 정하면, 그 약속을 지속적으로 의식하게 된다. 즉 자신의 내면과 외면의 일치, 말과 행동의 일치에 대해 계속 생각하게 된다.

약속을 지키든 아니면 약속을 어기고 대가를 치르든, 둘 다 그만한 가치가 있다. 약속을 지키는 건 당신에게 좋은 일이다. 혹시 어기더라도 그에 따른 벌칙을 이행해야 하기 때문에 당신의 약속은 다시 균형을 이룬다. 그러면 스스로 죄책감을 느낄 필요도 없고 변명할 필요도 없다. 여기에서 핵심은 자신에게 완벽한 벌칙을 설계하는 것이다.

실패에 대한 벌칙보다 성공에 따른 보상이 더 좋은 방식이라고 말할 수도 있다. 하지만 보상을 주는 방식보다 벌칙을 받게 하는 게 훨씬 낫다. 나도 보상 시스템을 사용해봤지만 효과가 없었다. 우리 인간은 보너스를 받지 못해도 사는 데 문제를 느끼지 않는다. 최신형 아이폰을 바로 가지지 못했어도, 크루즈 여행을 가지 못했어도, 며칠이나 고민하던 예쁘고 비싼 옷을 사지 못했어도 한 해 한 해 또는 10

년을 우리가 어찌어찌 괜찮게 살아온 것과 마찬가지다.

하지만 이미 익숙한 것, 중독돼 있는 것, 고대하는 무언가를 빼앗길 때는 얘기가 완전히 달라진다. 아침마다 마시는 커피, 열광하는 야구팀의 경기 티켓, 밤에 텔레비전 앞에서 마시는 맥주 한 캔, 아니면 한 달 용돈을 빼앗긴다면 어떨까? 아마 약속을 지키기 위해 못 할 일이 없을 것이다.

실패의 대가는 당신이 고개를 절레절레 흔들 만큼 따끔한 것이어야 한다. 그러면서도 유머 감각이 있고, 내면의 겁쟁이와 버릇없는 아이에게 엄청난 짜증을 유발해야 한다. 그래서 약속을 지킬 수밖에 없도록 만들어야 한다. 나는 당신이 결과에 대한 대가를 지불하게 만들려고 애쓰는 게 아니다. 당신이 하겠다고 말한 것을 할 수 있도록 도와주고 있는 것이다. 결국, 우리가 싸우는 이유는 당신의 꿈을 위해서임을 기억하자.

이런 발상이 효과를 보기에는 너무 단순하다고 생각할 수 있다. 그렇다면 하나만 물어보자. 이 방법이 실제로 그렇게 간단하다면, 우리가 그만큼 쉽게 변할 수 있다는 얘기 아닌가? 스스로 갇힌 감옥에서 빠져나오는 일이 그만큼 쉽다는 건 오히려 반가운 이야기 아닌가? 감옥 열쇠가 늘 우리 뒷주머니에 있는 것과 마찬가지다.

타인의 약속과 벌칙 엿보기

. . . .

우리 친구들이 스스로에게 한 약속과 그 결과를 살펴보자.

도나의 약속과 벌칙

가정주부 도나를 기억하는가? 결혼 생활을 위해 도나는 자신이 일주일에 한 번씩 부부관계를 주도하고, 뒤돌아서서 투덜거리는 대신 매일 남편과 서로의 생각을 나누겠다고 약속했다. 그리고 쇼핑 습관을 고치기 위해서 뭔가를 구입하기 전에 반드시 남편에게 말하겠다는 약속도 했다. 만약 그녀가 약속을 지키지 못할 경우, 그에 합당한 벌칙으로 무엇이 좋을까?

방금 말했듯이 도나는 쇼핑을 무척 좋아했다. 그래서 도나와 나는 그와 관련된 벌칙이 제격이라고 생각했다. 예를 들어 그녀가 일주일에 한 번씩 남편과의 관계를 주도한다는 약속을 어겼을 때, 벌칙으로 자신이 아끼는 가방 중 하나를 중고로 내다 팔게 했다. 물론 다시 사올 수는 없다.

나머지 약속과 벌칙을 포함한 도나의 약속 일지를 살펴보자. 혹시라도 잘못은 남편에게도 있는 것 같은데 도나가 이렇게까지 하면서 약속을 지키는 게 끔찍하다고 생각한다면, 당신은 요점을 놓치고 있는 것이다. 도나는 자기 내면의 겁쟁이 치킨과 버릇없는 아이에게 도전장을 내민 것이다.

약속	월	화	수	목	금	토	일	변명	벌칙	이행 여부
일주일에 한 번 부부관계 주도하기					○			–	가방 중고로 팔기	–
꼭 필요하지 않은 물건 구매 금지, 구입 전에 남편에게 말하기	○	○	○	○	○	×	○	오래전부터 갖고 싶었던 신발이 할인 중이라 참을 수가 없었음	반품	이행
모든 불만은 5분 이내에 해결하기, 혼자 참지 않기	○	×	○	○	○	○	○	남편이 까칠한 기분으로 귀가해서 내 쇼핑백을 보고 또 쓸데없는 물건을 샀다고 짐작함	남편의 성적 환상 충족시키기	이행

이선의 약속과 벌칙

　이번에는 이선을 보자. 자신의 변덕스러운 감정을 줄이겠다는 꿈을 위해 그는 어떤 약속을 하고 어떤 벌칙을 정했을까?

　맹세컨대, 자신을 바꾸는 일은 그리 어렵지 않다. 자신의 어두운 면을 가볍고 편하게 받아들일 마음만 있으면 된다. 이선은 벌칙으로 발 마사지를 선택했는데, 발이라면 질색하는 이선에게는 완벽한 벌칙이었다. 5분간의 발 마사지 한 번으로 이선은 자신의 감정 표현에 책임을 져야 한다는 사실을 깨달았다.

　자신을 위해 올바르고 우습기도 하고 무시무시하기도 한 벌칙을 찾아내는 것이 열쇠라 할 수 있다. 당신은 내면의 속상임이 당신이

이선의 약속 일지

약속	월	화	수	목	금	토	일	변명	벌칙	이행 여부
바쁠 때 빈정대거나 딱딱거리지 않기	○	○	×	○	○	○	○	무거운 의자를 옮기는데 장모가 길을 막음	가족들에게 발 마사지 5분 동안 해주기	이행
내가 굉장히 못되게 굴기도 한다는 점에 대해 못마땅해하거나 화내지 않기	○	○	○	○	○	○	○	–	아이가 원하는 게임을 끝까지 함께 하고, 재미있게 놀아주기	–
월요일부터 금요일까지 업무와 관련해 세 가지 대담한 행동하기	○	○	○	○	○			–	장모가 원하는 일 함께 하기	–

한 약속에 대해 그래봤자 소용없다고 말하는 소리를 들어야 한다. 그리고 그 목소리의 반대편을 볼 수 있어야 한다. 자신의 마음을 관장하고 자신의 꿈에 책임을 지는 것이 어떤 기분인지, 그리고 자신의 거짓말을 알아채는 것이 어떤 느낌인지 알아야 한다. 이 과정을 통해 내면의 목소리가 잘못됐다는 사실을 확실히 인지해야 한다.

케이티의 약속과 벌칙

이번에는 케이티가 신체 영역에서 한 약속과 벌칙을 살펴보자.

분명한 점은 케이티에게 음식, 운동, 술에 관해 철저한 통제가 필요하다는 것이다. 케이티처럼 자신을 옥죌 무언가가 필요한 사람들에게 가장 좋은 방법은 측정 가능한 약속을 하는 것이다.

약속을 지킬수록 케이티는 자신만의 인생을 더욱 충실히 만들어 갈 수 있었다. 약속을 지키지 못해 그 결과에 대한 대가를 치렀을 때도 자부심을 느꼈다. 결국 케이티는 버릇없는 아이와 올바른 싸움을 벌이고, 겁쟁이 치킨을 완전히 없앨 수 있었다.

케이티의 약속 일지

약속	월	화	수	목	금	토	일	변명	벌칙	이행 여부
식단 지키기 (빵, 파스타, 밥, 설탕, 튀긴 음식 금지)	○	○	○	○	○	○	○	–	오전 6시에 강아지 산책시키기	–
일주일에 3회, 강도 8로 40분간 심장 강화 운동 하기 (달리기, 자전거, 러닝 머신)	○			○		○		–	텔레비전 시청 이틀 금지	–
다이어트 계획에 따라 하루에 3끼 먹기 (10시까지 아침, 2시까지 점심, 8시까지 저녁)	3	3	3	2	3	3	3	업무상 전화가 길어지면서 목요일에 점심 거름	식사를 거르거나 늦게 하면 그 횟수만큼 운동 30분 추가하기	이행
술은 일주일에 다섯 잔 마시기	1	0	0	0	2	1	0	–	한 번 어길 때마다 2주 동안 음주 금지	–

당신만의 약속과 벌칙 정하기

이제 당신 차례가 돌아왔다. 당신이 정한 세 가지 영역에서 내면의 겁쟁이 치킨과 버릇없는 아이를 무릎 꿇릴 약속을 설계하고, 그에 따르는 벌칙을 생각해낼 시간이다. 당신은 뭘 해야 하는지 알지만 실제로 행하기는 힘들다는 사실도 알고 있다. 만약 어떤 약속을 정해야 좋을지 모르겠다면, 친구들과 가족이 당신이 어떤 일을 하면 좋을지 주저 없이 이야기해줄 것이다.

당신은 반드시 책임감 있는 친구를 찾아두어야 한다. 자기가 한 약속을 지키는 행동은 물론이고, 지키지 못해서 그 결과를 책임지고 받아들이는 행동 역시 정말 기분 좋은 일이다. 그 일을 혼자 할 수 없을 때 친구가 도움을 줄 것이다.

이때 조심스럽게 진행하는 게 좋다. 1장에서 오랜 친구에게 당신의 새로운 꿈을 읽어줄 때 조언한 것과 같은 맥락이다. 그들이 당신의 친구로 지내는 이유는 개인적 특성, 믿음, 이론, 변명, 내면의 목소리가 서로 비슷하기 때문이다. 그런데 당신이 갑자기 변하겠다고 하면 그들이 마냥 환영할까? 예를 들어 늘 끝을 볼 때까지 술을 마시던 당신이 딱 몇 잔만 마시겠다고 한다면, 당신을 칭찬하고 지지해줄까? 자신의 음주 습관을 마주하기 싫어서 오히려 당신을 비판하려 하진 않을까? 슬프지만 아마도 후자이기가 쉽다. 그렇지만 당신의 꿈을 위해서는 반드시 진정한 친구가 필요하니 꼭 찾기 바란다.

❶ 당신은 어떤 유형의 변명을 하는가? 당신이 공을 들이기로 한 세 가지 영역에서 해야 할 일을 회피할 때마다 둘러대는 변명 세 가지를 적어라.

❷ 자신을 위한 약속 일지를 만들어라. 일지에는 세 가지 주요 영역의 약속, 일주일간의 약속 이행 여부를 기록할 칸, 변명을 적을 아주 넉넉한 칸과 벌칙을 적을 칸이 있어야 한다.

❸ 세 가지 영역 각각에서 적어도 두 가지의 구체적인 약속을 생각해라.

❹ 각 약속마다 지키지 못했을 때 받아야 하는 벌칙, 즉 당신이 하기에 짜증나고 지겨운 일을 정해라.

❺ 당신이 적은 약속 일지의 내용을 책임감 있는 친구와 공유해라. 하루 또는 일주일마다 그 친구와 약속에 관해 돌아볼 수 있는 시간을 정해라. 시간을 얼마나 자주 가질 것인지는 당신이 약속을 지키는 데 얼마나 매진할 필요가 있는지에 달려 있다. 예를 들어 케이티는 나와 매일 약속 이행 여부를 확인했다.

감정 관성의 법칙

약속을 지키고 그에 대한 결과를 받아들이는 일은 할 일 목록에 그저 몇 줄 더하는 것이 아니다. 할 일만 많아질 뿐이라고 생각한다면, 당신 내면의 겁쟁이와 버릇없는 아이가 속삭이는 소리 때문이니 "당장 꺼져!"라고 말하라.

꿈의 주인공은 당신이다. 당신의 꿈과 그에 따른 결과를 설계하는 사람도 당신이다. 약속을 정하고, 지키고, 지키지 못할 때 대가를 치르는 건 익숙하지 않을 것이다. 처음에는 정말 혼란스럽다가 한두 달 정도 지나야 익숙해질 것이다. 아니면 너무 힘들어서 당신을 코칭하는 내가 사라지기를 바랄 수도 있다.

나는 새로 이 단계에 접어든 사람에게 이 부분이 얼마나 힘든지 이해시키기 위해 뉴턴이 발견한 관성의 법칙을 예로 든다. 물체에 힘이 작용하지 않으면 정지한 물체는 계속 정지해 있고, 운동하는 물체는 계속 운동한다. 비유하자면 당신은 현재 움직이지 않는 물체라 할 수 있다. 아무 움직임이 없는 당신을 움직이게 하기 위해서는 진정한 힘이 필요하다. 하지만 일단 당신이 약속을 정하고 지키기 시작하면, 약속을 지키는 행동과 결과에 대한 대가를 치르는 행동을 하기가 한결 쉬워질 것이다. 그렇게 되기까지 어느 정도의 노력이 필요하다.

처음에는 저항감을 느끼는 게 당연하다. 하지만 약속을 지키거나 벌칙을 실행한 후에는 자부심, 자신감, 자존감, 행복감을 찾을 수 있다. 그동안의 실험 결과를 보면, 사람들은 약속을 지키지 못했을 때도 그 결과에 대한 대가를 치르고 나면 여전히 자부심을 느꼈다. 약속을 지키지 못하면 내면의 겁쟁이와 버릇없는 아이가 이기는 것 같지만, 그 대가를 치름으로써 그들에게 충격을 줄 수 있기 때문이다.

아래 몇 가지 벌칙 중 적합한 것을 골라 적용해보기 바란다.

여러 유형의 벌칙

짜증 나게 하는 벌칙	초콜릿 끊기 와인 또는 가장 좋아하는 술 끊기 커피를 아예 끊거나 크림 넣지 않기 인터넷 사용 금지 텔레비전 또는 좋아하는 프로그램 시청 금지 가장 싫어하는 정치인에게 익명으로 후원하기 휴대전화, 노트북 금지
쑥스럽게 하는 벌칙	모르는 사람 ○명에게 인사하기 모르는 사람 ○명에게 무작정 칭찬하기 자기 뒤에 줄 서 있는 사람에게 커피 사주고 이유 설명하기 공공장소에서 사람들 앞에 나가 개인기 보이기 길거리에서 노래 부르기
관계형 벌칙	특히 상대하고 싶지 않은 친척이나 가족에게 전화하기 배우자나 연인에게 자신에게 알맞은 벌칙 정해달라고 부탁하기 연인이나 배우자에게 정해진 시간 동안 마사지해주기 대가 없이 지인의 아이 봐주기
뜬금없는 벌칙	팔굽혀펴기 하기 헬스클럽에서 운동하기로 약속했다면, 운동 시간에 15분 추가하기 계단 10회 뛰어 오르내리기 피트니스센터 대신 야외에서 달리기 진공청소기로 차 구석구석 청소하기

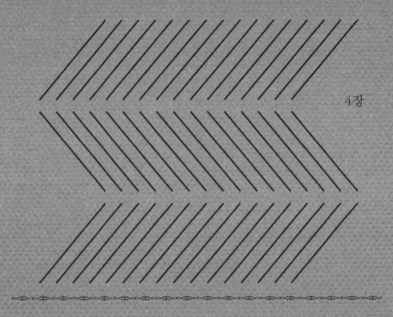

4장

내면의 목소리 장악하기

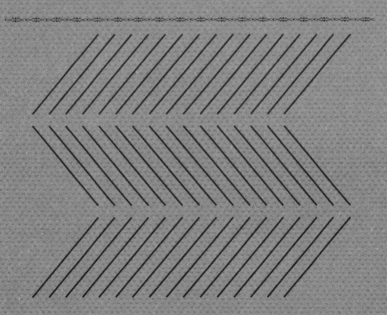

"만약 내가 당신에게 부정적 생각 열차를 멈추는 대가로 수백만 원을 준다면 당신은 어떻게 하겠는가? 당연히 멈출 것이다. 그런데 왜 당신의 행복을 위해서는 그렇게 하지 않는가?"

떠들어대는 머리

· · · · · · · · · · · ·

우리는 머릿속에서 자신에게 끊임없이 이야기를 한다. 다른 사람들이 무슨 생각을 하는지뿐만 아니라 어떻게 반응할지, 심지어 다른 사람의 말 속에 담긴 진심이 무엇인지까지 안다고 공언한다. 마치 독심술사라도 되는 것처럼 군다.

깨닫고 있든 아니든 생각은 우리에게 엄청난 영향을 끼친다. 평생을 생각과 함께 산다고 할 수 있다. 그런데 대부분 사람은 생각을 자기 자신과 같다고 여기며, 생각의 정체가 뭔지 신경 쓰지 않는다.

하지만 정말 그럴까? 자기 머릿속의 목소리를 완전하게 이해하는지, 머릿속에서 실제로 어떤 일이 벌어지고 있는지 아느냐고 물어보면 대개는 이렇게 되묻는다. "뭐? 내가 나에게 이야기를 한다고?"

물론 모든 사람이 자기 머릿속에 많은 목소리가 존재한다는 점에 대해서는 어느 정도 인정한다. 하지만 그 목소리가 얼마나 말도 안 되는 소리를 하고 있는지 정말로 이해하는 사람은 드물다. 사랑하는 사람 옆에 누워 있을 때, 운전하며 출근하는 길, 아이의 머리를 빗겨 줄 때 당신은 내면의 목소리가 무슨 얘기를 하는지 온전히 들을 수 있는가? 절대 그렇지 않을 것이다.

사람들은 우리의 모든 생각과 이론과 내면의 속삭임이 머릿속에 존재하긴 하지만 그 안에 그냥 조용히 있을 뿐이라는 환상 또는 착각에 빠져 있다. 하지만 실제로 그들이 머릿속에서 어떤 짓을 벌이고 있는지 안다면, 우리가 내면의 목소리를 관리하는 데 얼마나 소홀했는지를 깨닫고 놀라게 될 것이다.

라이프 코칭을 진행하면서 내가 생각이라는 것에 관해 말을 꺼내기 시작하면 대부분 사람은 그냥 멍한 표정이 된다. 자기 생각에 이름을 지어준 적도, 생각을 정확히 포착한 적도, 내면의 속삭임이 자기의 인생을 얼마나 좌지우지하는지에 대해서 진정으로 이해해본 적도 없기 때문이다. 하지만 그게 어떻게 중요하지 않을 수가 있나? 우리는 항상 내면의 속삭임을 듣고 있다. 늘 켜져 있어서 너무나 익숙한, 그러면서도 뭐라고 하는지 정확히 들리지도 않는 소리다. 누구도 그 목소리를 향해 "그만!"이라고 외쳐본 적이 없다.

우리에게는 한 번도 다가가 보지 못한 의식 수준의 세계가 있다. 그런데 그런 세계가 있다는 사실보다 더 중요한 문제는, 우리가 그 세계에 일부러 다가가지 않는다는 사실이다. 그곳에는 우리 내면의 버릇없는 아이, 겁쟁이 치킨, 일기예보관이 우리가 알지 못하는 우리의 특성, 살면서 만들어온 이론과 함께 지내고 있다.

이 책은 당신을 그곳으로 데려가기 위해 쓴 것이다. 당신이 자신의 마음과 목소리를 관리하고, 뇌 속에서 벌어지는 모든 것을 수집하고 선별할 수 있게 하며, 그럼으로써 당신이 원한다면 그것을 바꿀 수 있게 해주는 것이 이 책의 목적이다.

우리의 마음은 심술쟁이가 될 수 있다. 우리의 마음은 원한을 품는다. 과장하고, 화를 내고, 게으르고, 거짓말을 하고, 비이성적이고, 과민하고, 위선적이고, 냉소적이고, 표리부동하고, 우울하다. 우리의 마음은 중독자다. 변태, 인종차별주의자, 술꾼, 변호사, 개그맨, 심령술사다. 그리고 자기가 모든 것에 대해 누구보다 더 나은 결정을 내리는 최고경영자라고 생각한다.

비유를 하자면 끝도 없다. 우리의 마음은 자신만의 의지를 가지고 있다. 인정하고 싶지 않겠지만, 우리 마음은 우리의 통제를 받지 않는다. 내 말은, 우리가 특정 영역에서 꿈을 꾸지 못하는 게 놀랍지 않다는 뜻이다. 현재 우리를 관리하는 주체는 우리가 아니다. 적어도 현재까지는 그렇다.

자기 마음을 장악하는 일은 스스로가 가장 좋은 것을 생각하고 느낄 수 있는 능력을 학습할 때 가능하다. 자신에게 거짓말을 하는 대신 당신의 마음과 당신이 원하는 것을 일치시키는 것이다. 정말 중요한 일을 당신의 마음이 방해할 때, 당신의 손으로 인생이라는 리모컨을 잡고 그 마음의 소리를 향해 음소거 단추를 누르는 것이다.

마음 안으로 들어가는 길이 곧 마음에서 빠져나올 수 있는 길이다. 현재 당신이 잘하고 있는 영역이 있다는 건, 그 영역에서는 당신이 마음을 제어하고 이용하고 있다는 말이다. 당신이 멋지게 사회생활을 하고, 섹시하고 건강한 신체를 유지하고, 화목한 가정을 이루고 있다면 당신은 그 분야에서 내면의 겁쟁이와 버릇없는 아이를 물리치기 위해 무슨 말을 해야 하는지 알고 있다는 말이다. 식당에 들어간 당신은 갓 구운 빵 냄새에 절로 군침이 돈다. 하지만 빵 대신 맛은 별로지만 건강에 좋은 채소를 주문해서 먹을 줄 안다. 당신은 자신의 마음을 제어하는 방법과 자신의 능력을 의심하고 깎아내리는 헛소리에 조용히 하라고 말하는 방법을 알고 있다. 심지어 당신이 내면의 속삭임을 듣지 않으면 그 목소리가 알아서 입을 다문다는 사실까지도 알고 있다.

하지만 다른 영역은 어떤가? 아직 당신이 승리하지 못한 다른 영역에서는 대처를 못 하고 있다. 내면의 속삭임, 당신의 생각, 당신의 이론에서 자신을 분리시키지 못했다. 당신의 속삭임과 생각, 이론을 당신이 아니면 누가 잡아낼 수 있겠는가? 아무도 할 수 없다.

지금부터 당신은 자신을 그런 것들에서 분리해나갈 것이다. 상위 자아 또는 참된 자신을 만들어낼 것이다. 당신의 생각에서, 하위 자아에서 자신을 구분해낼 것이다. 이제 당신의 상위 자아는 당신의 생각을 목격하고, 생각을 평가하고, 생각마다 별명을 붙이고, 생각을 선별해서 관리하게 될 것이다. 당신의 배우자, 동료, 상사, 신체, 옆자리에 앉은 운전사에 대해 당신의 머리가 하는 소리를 듣다가 그 헛소리에 잠시 낄낄대고 웃어줄 수 있을 것이다. 당신의 상위 자아는 하위 자아에게 이렇게 물을 것이다. "그게 정말 나야? 나는 진짜 어떤 모습이야?"

그리고 당신이 자신에게 당신의 진짜 모습은 어떤지 묻기 시작하는 그 순간, 비로소 당신이 주도권을 쥐게 된다.

나쁜 생각의 터널 벗어나기

잠깐 멈춰 서서 마음에 주의를 기울이면, 내면의 목소리가 얼마나 내숭을 떨고 얼마나 말도 안 되는 소리를 끊임없이 주절거리는지 깨닫게 될 것이다. 당신의 마음이 미친 듯이 날뛸 때 그 행동을 멈추게 할 유일한 방법은 현장에서 그 마음을 포착하는 것이다. 그리고 날뛰는 마음을 현장에서 포착할 수 있는 유일한 방법은 생각 일지에 글로 적는 것이다.

음소거 버튼을 누를 수 있느냐 없느냐는 당신에게 달렸다. 당신은 그 부정적인 내면의 속삭임이 활동을 시작하는 순간을 포착해야 한다. 그 순간을 붙잡을 수 있다면 속삭임을 멈추게 할 수 있다. 우리는 모두 끝도 없는 긍정적인 생각과 부정적인 생각을 지니고 있다. 당연히, 긍정적인 생각은 자신을 옹호하고 자신을 위해 싸울 때 자신에게 하는 말이다. '휴가가 코앞이네, 신나게 놀아야지', '방금 성사시킨

거래로 회사에서 인정받을 걸 생각하니 마음이 설렌다' 등 머릿속에 떠올랐을 때 기분을 좋게 해주는 모든 것이 긍정적인 생각이다.

반대로 부정적인 생각은 이런 것들이다. '부장님이 내 보고서를 보고 화내면서 다시 써오라고 하면 어떡하지?', '휴가를 망치면 어떡하지?' 등. '만약 ~하면 어쩌지?'라는 생각이 꼬리를 물고 이어지는 때가 있는데 나는 그걸 '부정적 생각 열차'라고 부른다.

우리는 모두 때때로 열차를 탄다. 고속열차를 탈지, 완행열차를 탈지 또는 서둘러 내릴지, 느긋하게 내릴지 등은 모두 우리에게 달렸다. 우리의 생각은 우리의 꿈에 반대하고 저항한다. 그럼에도 우리는 이런 부정적인 생각을 사실이라고, 자기 내면의 가장 깊은 곳에서 우러나오는 진심이 담긴 소리라고 믿는다. 그 이유는 아주 단순하다. 그런 생각을 자주 하기 때문이다.

그렇다면 부정적인 생각이 들어도 닥치라고 하지 말아야 하는 것 아닐까? 그게 정말 나의 진심이라면 책임감을 가져야 하니 말이다.

아니, 그렇지 않다. 부정적인 생각이 활개를 치게 내버려 두는 시간이 길어질수록 그것은 더 많은 자료를 수집하면서 더욱 사실처럼 되어간다. 그렇게 길어지며 부정적 생각 열차가 되어버린다. 당신이 실체를 알고 들여다봐야만 그 생각을 믿을지 말지에 대한 선택권, 그 열차에 올라탈지 말지에 대한 선택권이 다시 당신의 손에 들어오게 된다. 단언컨대, 당신에게는 당신이 생각하는 것보다 더 많은 통제권이 있다.

앞에서처럼 묻겠다. 만약 내가 당신에게 부정적 생각 열차를 멈추는 대가로 수백만 원을 준다면 당신은 어떻게 하겠는가? 당연히 멈출 것이다. 그런데 왜 당신의 행복을 위해서는 그렇게 하지 않는가?

당신을 괴롭히는 것이 무엇이든 그 문제의 대부분은 내면의 속삭임 안에 있다. 자신이 생각하는 것을 듣기 좋은 때를 고른다면 출퇴근하는 동안, 화장실에 있을 때, 샤워하면서 또는 거울을 볼 때라 할 수 있다. 이런 일들은 일상적으로 이뤄지므로 특별히 생각하거나 신경 쓸 필요가 없고 몸이 알아서 움직인다. 이런 때가 마음이 하는 소리를 듣기 좋은 때다.

생각 일지는 우리가 내면의 속삭임을 의식할 수 있게 해준다. 자신에게 어떤 식으로 말하는지, 운전하면서 어떤 생각을 하고 노래를 부를 때 무슨 생각을 하는지 정확하게 알아낼 수 있는 유일한 방법이라 할 수 있다. 노래를 부르면 기분이 나빠지는가? 예전에 싸웠던 기억이 나는가? 당신이 무의식적인 행동을 하고 있을 때 당신의 마음은 무슨 말을 하는가? 당신은 그 목소리를 직시하고 고민하고 다뤄서 당신이 원하는 방향으로 재배치해야 한다.

당신이 올바른 약속을 하는 순간 내면의 속삭임은 분명히 난폭한 모습을 보일 것이다. 꿈을 추구하는 길에서 조금이라도 무서운 일이 생기면, 내면의 목소리는 당장 거기서 빠져나가라고 설득하기 시작할 것이다. 그 목소리는 자기만의 각본을 짜낸다. 당신이 반대편으로 가게 하고, 전화를 받지 말라고 속삭이며, 당장 이 책을 내려놓으라고 설득할 것이다. 당신의 생각 열차를 급정거시키기 위해서는 내면의 속삭임이 당신을 얼마나 능숙하게 조종하는지 볼 수 있어야 한다.

또한 내면의 속삭임 속에 일정한 패턴이 있다는 점을 보아야 한다. 우리는 새롭지도 독창적이지도 않은 생각을 반복하느라 엄청난 시간을 보낸다. 이러한 생각 패턴은 당신에 관해서 그리고 당신이 에너지의 많은 부분을 어디에 기울이는지에 관해서 많은 것을 말해준다. 이런 생각 패턴은 대부분 그 근원이 같다. 그것은 바로 성경에서도 말하는 7대 죄악인 교만(Pride), 탐욕(Greed), 정욕(Lust), 시기(Envy), 탐식(Gluttony), 분노(Wrath), 나태(Sloth)다.

내가 포착했던 내 머릿속 속삭임을 먼저 소개하겠다. 상상이 될지 모르겠지만, 나는 뉴욕에 살 때 거리를 걸어 다니면서 사람들의 스타일을 뜯어고치곤 했다. 마음속으로, 지나가는 사람들의 헤어스타일을 바꾸고 다이어트를 도와주고 옷 색깔을 골라주면서 전체적인 스타일을 재정비해주는 것이다. 내 머릿속은 마치 TV에 나오는 패션 컨설턴트라도 된 듯 늘 바쁘게 움직였다. 그렇게 딴생각에 빠져 걸어다니면서도 넘어지지 않은 것이 이상할 정도다. 내 머릿속은 사람들을 바라보며 바쁘게 움직였고 비판적이었으며 오만했다. 그러던 어느 날, 나는 문득 멈춰 서서 내 행동에 의문을 품었다. 그리고 바로 그 순간에 내가 조절하지 못하는 생각들이 내 머릿속에서 얼마나 떠들썩하게 돌아다니고 있는지 알게 되었다.

그렇게 자랑스럽지 못한 내 모습을 발견한 순간 내가 그 쓸데없는 짓을 하느라 얼마나 많은 시간을 낭비하고 있는지를 알게 됐고, 머릿속 목소리를 장악하고 내가 하고자 하는 대로 마음을 움직일 필요가 있다는 사실을 깨달았다. 다시는 내 마음이 그렇게 함부로 날뛰도록 내버려 두지 않겠다고 마음먹었다. 내 마음이 길거리를 걸어 다니면서 패션 컨설턴트 흉내나 내고 사람들의 스타일에 이러쿵저러쿵 평가나 내리도록 허락하지 않을 것이다. 그 대신, 필요하다면 마음에게 좀 더 나은 일거리를 제공해주자고 생각했다. 그 후로는 거리를 걸을 때마다 나의 사업과 만나는 사람들, 새로운 아이디어, 그리고 내가 어디서 무엇을 가르치고 싶은지에 대해 생각하고자 했다. 나의 시간과 마음을 가치 있고 재미있는 일에만 사용하기 위해 노력했다.

당신이 마음속 생각에 따라 어떻게 행동하는지, 더 나아가 마음속 생각이 당신을 어떻게 행동하게 하는지 이해하고 나면 당신은 자신이 실제로 하고 싶은 것이 무엇인지 선택할 수 있다. 그 과정을 반복하다보면, 지금 하고 있는 일보다는 더 유용하고 영감을 주는 일을 할 수 있을 것이다.

내 말이 의심스러울 수도 있다. 그러나 아마 당신도 곧 체험하게 되겠지만, 내면의 목소리에게 닥치라고 말하는 일은 삶의 진정한 변화를 불러온다. 우리 대부분은 자신의 성격에 대해 그리고 매일 머릿속에서 들려오는 목소리에 대해 얼마든지 결정권을 행사할 수 있다. 우리는 "원래 그런 사람"이 아니다. 우리는 자신의 마음으로 무엇이든 할 수 있다.

내면의 속삭임: 이중간첩

꿈의 성취와 관련해서 우리 머릿속에는 또 하나의 목소리가 있다. 바로 이중간첩이다. 이중간첩은 당신의 꿈을 보호하는 척하면서 실제로는 방해한다. 겁쟁이 치킨의 둘도 없는 친구이기도 한 이중간첩은 모든 것을 추측하고 짐작한다. 당신이 무슨 걱정을 하는지 알아챈 후에 당신에게 안전을 택하라고 적극 권한다.

이중간첩은 자기가 당신을 아픔으로부터 보호한다고 믿는다. 당신이 원하는 결과를 얻지 못할 경우에 마주하게 될 창피함을 애초에 덜어주고자 노력한다는 것이다. 예를 들어 당신이 이제 막 데이트를 시작했다면 이중간첩은 당신에게 너무 많은 것을 기대하지 말라고 조언한다. 이중간첩은 "아직까지는 좋아, 그런데" 같은 말을 덧붙이면서 나쁜 일이 일어나지 않기를 바라고, 행운을 빌며, 잘됐으면 좋겠다고 말한다.

이중간첩은 진정으로 당신이 잘되기를 바라는 것일까, 아니면 당신을 상처의 아픔으로부터 보호하고자 하는 것일까? 사실은 둘 다다. 당연히 당신이 다칠까 봐 보호해주긴 한다. 하지만 바로 그 방어기제가 당신이 배워야 할 필요가 있는 것을 배우지 못하게 방해한다. 당신은 꿈을 성취하기 위해 과감하게 위험을 무릅쓰고 참고 견딜 필요도 있는데, 이중간첩이 방해한다. 실제로는 그렇지 않은데도 당신이 최선의 노력을 하고 있는 것처럼 생각하게 한다. 이중간첩은 현명할지는 모르지만 진정한 승자는 아니다. 금메달을 따기 위해 노력하기보다 은메달이면 족하다고 속삭이니 말이다.

하지만 당신은 잠재적 실패를 관리하고 만약의 경우에 대비하는 행동이, 결국에는 자신의 가장 깊은 욕구에 다다를 수 없는 이유라는 사실을 아는가? 당신이 조심하고 주저하는 이유는 당신이 원하는 것을 가질 수 없기 때문이 아니다. 당신 내면의 이중간첩이 당신이 하지 않을 거라는 쪽에 내기를 걸고, 당신의 성공을 의심하고, 시도 때도 없이 조심하라고, 실패를 대비해서 다시 확인하라고 속삭이기 때문이다.

이중간첩은 그야말로 천재다. 당신이 자신의 꿈에 반하는 결정을 내리는데도 이중간첩은 옳은 결정이라고 믿게 한다. 양다리를 걸치면 잘못될 일이 없다고 보기 때문이다. 일이 잘 풀려서 당신이 꿈을 실현하면 좋은 일이고, 혹시 잘못돼서 꿈을 실현하지 못한다면 자기 말이 옳은 셈이 된다. 당신은 지금까지 크게 실망한 적 없이 세상을 살아왔다. 그리고 언제나 할 말은 있었다. 적어도 꿈을 달성하기 위해 노력은 했다고. 달리 말해, 의도는 좋았다고.

당신의 이중간첩은 바보가 아니다. 이건 정말 중요한 문제다. 이중간첩의 이런 '위험 감지' 체계는 유익한 행동을 끌어내기도 한다. 우리는 빗방울이 떨어지지 않는데도 미리 우산을 준비하고, 비싼 건강 보험에 가입하고, 공항에 갈 때는 내면의 버릇없는 아이가 말하는 것보다 이른 시간에 도착한다. 당연히 이런 행동 중 일부는 상당히 현명하고 유용하다. 하지만 슬프게도, 당신의 이중간첩은 결코 당신의 꿈을 위해 싸우는 게 아니다. 혹시라도 당신이 이중간첩에게 의문을 품는다면 그는 당신이 겪었던 아픈 기억을 들춰내며 자기 생각이 옳다는 증거를 들이댈 것이다. 이중간첩은 지난 일에 대해 왜곡된 의식과 이론으로 무장하고, 이제까지 일어난 모든 결과를 자기가 잘한 일로 보이게 한다.

이중간첩은 당신 삶에서 중대한 역할을 한다. 바로 당신의 안보 체계를 운영하는 일이다. 하지만 당신이 그가 하는 말을 들어주기 시작하는 순간, 큰 꿈을 이룰 기회는 완전히 사라져버린다. 이중간첩의 말이 틀림없다고 믿기 시작하는 순간 모든 것이 엉망이 되어버린다. 꿈을 현실로 만들 수 있는 유일한 방법은 꿈을 100퍼센트 믿는 길뿐이다.

꿈은 절대 포기하지 않을 만큼 간절히 원해야 한다. 어느 누가, 특히 당신의 머리가 무슨 말을 하든, 꿈을 위해서라면 지구 반대편에라도 가겠다는 마음을 지녀야 한다. 당신의 이중간첩을 퇴치해야 한다. 양쪽에 내기를 거는 결정이 당신의 꿈을 파괴하고 있다. 이중간첩을 제거하면 당신의 진정한 자아, 자신에게 진실을 담아 전하는 목소리가 드러나고, 이제는 한마음으로 당신의 꿈을 이루기 위해 싸울 수 있다.

마음 다스리기 5단계

. . . .

자신의 마음을 장악하고 하극상을 처벌하기 위해서는 먼저 당신의 마음이 그동안 살아남기 위해 어떤 일을 벌여왔는지 철저하게 분석해야 한다. 당신 내면의 속삭임이 실제로 당신에게 무슨 말을 하는지 들어야 한다. 내면의 목소리는 당신에게 조언해준다. 당신이 무엇을 해야 하는지 말해준다. 무엇을 하지 말아야 하는지 말해준다. 당신이 지금 어떤 기분을 느끼고 있는지 알려준다. 내면의 목소리는 당신이 하는 모든 일에 대해 지시를 내리는데 정작 그 목소리의 주인인 당신은 그 소리를 거의 듣지 못하고 있다.

이제 우리는, 그러니까 당신과 나는 당신 내면의 대화를 설계할 것이다. 당신은 부정적인 목소리를 잠재우고 긍정적인 목소리를 증폭시키는 방법을 배우게 될 것이다. 당신은 할 수 있다. 아니, 해야 한다. 부정적인 생각은 부정적인 결과를 낳고 긍정적인 생각은 긍정적인 결과를 낳는 법이다.

마음속에서 어떤 소리를 들을지 결정하는 사람은 당신이다. 그 안에는 당신만이 있을 뿐이다. 행동을 하는 사람도 하지 않는 사람도 당신이다. 당신의 행동은 명확하고 구체적인 결과를 가져온다. 당신이 살면서 행복했던 또는 불행했던 영역에서 오랫동안 당신이 어떤 행동을 하도록 또는 하지 않도록 이끈 주체는 부정적인 생각이었다.

우리는 당신이 쏟아내는 부정적인 목소리를 중단시키기 위해 힘

쓸 것이다. 그리고 그 자리를 당신이 생각하고 싶은 것과 하고 싶은 것으로 채우고자 노력할 것이다.

당신이 꿈을 이룬 영역을 보라. 당신이 머리를 지배하고 올바른 행동을 취했던 영역이다. 당신이 스스로에게 한 약속을 지켰던 영역이며, 당신의 머리가 아무리 꼬드겨도 개의치 않고 앞으로 힘차게 나아갔던 영역이다. 반대로, 인생에서 당신이 고통받고 몸부림치고 한곳에 갇혀서 벗어나지 못하고 있는 영역이 있다면 그것은 부정적인 생각의 결과가 그대로 나타난 것이다. 변명의 여지가 없다.

당신이 자신의 마음을 되찾기 위해 따라야 할 다섯 단계를 소개한다. 일단 시도해보라. 그리고 완전히 익숙해질 때까지 노력해보라.

관찰하라 가장 먼저 해야 할 일은 당신의 생각에 주의를 기울이는 것이다. 앞으로 생각 일지를 사용해서, 당신이 생각하고 있는 것을 모두 적을 것이다. 예를 들어 케이티처럼 신체 영역의 꿈에 특별히 공을 들인다면, 신체에 관해 스스로에게 말하는 순간이 언제인지 확실히 알아내야 한다. 특히 거울을 볼 때, 옷을 입을 때, 쇼핑을 하거나 쇼핑을 회피하는 순간에, 음식점에서 메뉴를 볼 때 당신은 자신에게 무슨 말을 하는가? 그 말을 잘 듣고 기록하라.

이름을 붙여라 당신이 가진 사고 패턴 중에서 어떤 유형을 없애고 싶은지 결정하라. 당신이 지속적으로 특정한 한 가지에 대해 말하고 있다는 사실, 그 말이 부정적이라는 사실, 그리고 그 말 때문에 기분이 나빠진다는 사실을 깨닫게 될 것이다. 당신의 꿈과 일치하지 않는 부정적인 생각 패턴을 찾아내서 이름(나의 뉴욕 시절을 예로 들자면 '패션 컨설턴트 흉내 내기')을 붙여라. 당신이 탑승한 부정적 생각 열차의 정확한 이름과 패턴을 찾아내야 한다. 그래야 그 생각이 역을 출발하는 순간에 바로 들을 수 있다.

멈춰라 그 특정한 사고 패턴이 들리는 순간, 당신은 적극 나서서 그 생각에 대처해야 한다. 진부하게 들릴지 모르겠지만, 당신은 스스로에게 무언가 다른 것을 생각하라고 말할 수 있다. 그동안 당신은 특정 영역에서 내면의 속삭임이 마음대로 휘젓고 돌아다닐 수 있도록 내버려 두었다. 이제 와서 그걸 멈추게 할 수 있을지 자신이 없다. 하지만 당신은 그 불평의 목소리를 잠재우고 겁쟁이 치킨이 벌이는 게임은 이미 끝났음을 선언하면서 자신의 생각을 통제할 수 있다. 아주 간단한 일이다. 한번 해봐라. 당신의 꿈이 당신에게 애원하고 있다. 당신의 부정적인 생각을 멈출 수 있는 가장 좋은 방법은 두 가지다. 하나는 다른 사람에게 큰 소리로 고백하는 것이고, 또 하나는 그런 부정적인 생각에 빠져들 경우 자신에게 어떤 벌칙을 줄지 결정하는 것이다.

대체하라 당신이 현재 하고 있는 생각 대신에 실제로 발전시키고 갖추고 싶은 생각, 당신의 꿈과 보조를 맞출 수 있는 생각이 어떤 것인지 결정하라. 그렇게 간단하게 되겠느냐는 의심이 들겠지만, 이 방법의 효과는 내가 장담한다. 당신은 살고 싶은 곳을 선택할 수 있듯이 생각하고 싶은 것을 책임지고 선택할 수 있다. 그런데 그렇게 하지 않는다. 자신이 책임지고 선택하는 대신 버릇없는 아이에게 당신의 마음을 빌려주었다. 최악의 세입자에게 말이다. 악덕 세입자를 쫓아내기 위해서 시간과 인내가 필요하듯이 이 일 또한 시간이 걸릴 것이다. 그동안 당신의 마음속에는 세 명의 불법 거주자가 살고 있었다. 당신도 알다시피 버릇없는 아이, 겁쟁이 치킨, 무책임한 일기예보관이다. 이제 당신의 꿈을 위해 좋은 변호사, 즉 당신의 상위 자아를 고용하라.

실행하라 새로운 생각 패턴을 연출하라. 예를 들어, 당신의 꿈이 천생연분을 만나 열렬한 사랑에 빠지는 것이라고 해보자. 당신이 사는 도시가 손바닥만 하다거나 당신이 사랑스럽지 않다거나 적령기라는 걸 놓쳤다거나 하는 불평으로 부정적인 생각에 힘을 실어주는 대신, 사랑하는 상대와 손을 잡고 손가락에는 커플반지를 끼고 발리로 함께 여행 가는 모습 등을 상상하라. 건방지고 비겁하며 자기 파괴적인 낡은 생각을 새롭고 대담하며 환상적인 생각으로 대체하라. 그리하여 당신의 마음이 평정을 되찾고 하고 싶은 일을 하게 하라.

이 다섯 단계를 따른다면 당신의 마음을 되찾게 될 것이다. 지금부터 실제 사례를 소개해주겠다.

타인의 머릿속 엿보기

· · · · · · · · · · · ·

도나의 생각

먼저 도나의 머릿속에서는 어떤 생각들이 조잘거리는지 보자. 그녀의 생각 일지 일부를 소개한다.

— 그 약을 어쩔 수 없이 계속 먹어야 하나? 곤란한데? 원래는 증세가 심각할 때만 먹는 약인데 장기 복용을 해야 한다니 겁이 나. 다른 약을 먹으면 안 되는 걸까? 의사에게 속은 것 같은 느낌이 들어.

— 허벅지가 오늘 따라 두꺼워 보이네.

— 저 여자는 왜 저런 옷을 입는 거야? 나이 든 여자들이 10대처럼 옷 입는 거 너무 싫어. 나는 저렇게 보이면 안 될 텐데.

— 다른 집들처럼 내 남편과 아들도 사이좋게 지낼 순 없는 걸까?

— 애들은 음식 먹을 때 계속 흘리는 거야? 몇 살까지? 지저분해.

— 개인 교습을 위해서 좀 더 세심하게 계획을 짰어야 했어.

— 누가 접시를 이렇게 아무 데나 둔 거야? 먹었으면 설거지를 하든지 적어도 싱크대에 갖다 넣기라도 해야 할 거 아냐. 이런 건 당연히 엄마가 치워야 된다는 거야? 아, 나는 평생 티도 안 나는 무료 봉사를 하고 있어.

— 지난 몇 년 동안 내가 돈을 좀 많이 썼다는 사실을 왜 굳이 밤 11시에 침대에 누워있는데 하는 거지? 나는 낭만적인 밤을 보낼 준비가 다 됐는데 왜 돈 얘기나 꺼내면서 내게 "무슨 생각을 하면서 사느냐"고 물어대는 거야? 눈치 없는 인간.

도나의 머릿속 생각이 건강, 자아상, 가족이라는 주제 사이에서 자연스럽게 발생하고, 활보하고 있는 것이 보이는가? 그녀의 생각은 많은 것을 포기하고 전업주부로서 자녀를 키우는 대부분 여성과 크게 다르지 않다. 이런 생각을 하면서 끙끙 앓고 억누르는 일이 몸에 좋을 리가 없다. 그녀가 과민성 대장 증후군을 앓고 있는 것도 너무나 당연하지 않은가?

하나 물어보자. 당신이 외적으로는 멋지고 즐거운데 내적으로는 심술궂은 사람이라면, 그건 당신이 여전히 성질 나쁜 사람이라는 뜻 아닌가? 이렇게 심술부린다고 더 좋은 것은 전혀 아니다. 오히려 더 가식적인 것에 가깝다. 만약 도나가 남편의 노골적인 불평에 대해 구시렁거리고 지나친다면 그녀는 자기 내면의 짜증을 보지 못하게 된다. 일부러 보지 않는 셈이나 마찬가지다.

스테파니의 생각
이제 맨해튼에 사는 싱글, 스테파니의 생각 일지를 보자.

— 이번 생리 때는 왜 통증이 덜했지? 이상하네. 어쩌면 진짜 생리
  가 아니었나 봐.

— 어쩌면 폐경 증상일 수도 있어. 어쩌면 그냥 출혈일 수도 있고.

— 엄마가 방금 "미친 운전자를 조심해라"라고 하셨는데…. 그건
  뭔가 위험을 뜻하신 거겠지.

— 저 여자는 정말 말이 너무 많아. 게다가 너무 부정적이고. 시끄
  러워서 견디기가 힘드네.

— 저 남자 방금 뭐라는 거야? 무례하게. 혼자 고상한 척하기는. 사
  무실 사람들이 뒤에서 자기에 대해 뭐라고 하는지 알고도 저럴
  수 있을까? 나만 그렇게 말하는 게 아냐.

— 내가 없으면 저 사람들은 어떡하나? 내가 얼마나 많은 일을 하
  는지 알고는 있을까?

— 목 아파. 감기약 먹어야겠다. 근데 이 목캔디엔 설탕이 들어 있
  네. 아이 씨, 이 썩는데.

— 그래, 난 싱글이야. 게다가 점점 나이 먹고 있다고. 나는 결함 있
  는 상품이야. 엄마 유전자를 물려받은 게 분명해. 아, 정말. 엄마
  는 어쨌든 결혼이라도 했지.

외적으로 얼마나 큰 성공을 거뒀는지 모르겠지만, 내부에서 머리
가 온종일 무슨 짓을 벌이고 있는지 보라. 스테파니는 자신이 왜 그
리 행복하지 못한지 진정으로 의아해하고 있다. 그녀는 모든 것이 직

업적 환경, 자기가 싱글이라는 사실, 엄마가 자기에게 얘기하는 태도, 심지어는 엄마에게 물려받은 어떤 유전자 때문이라고 생각한다. 하지만 그녀가 자기 자신에게 얼마나 끊임없이 얘기해대고 있는지를 한 번 보라. 사람들이 그렇게 혼잣말을 해대면서도 다른 일을 할 수 있다는 사실이 놀라울 뿐이다!

당신 생각에는 스테파니의 가족 중에 그녀처럼 생각하는 사람이 또 있을 것 같은가? 당연하다. 신경증에 시달리는 인물처럼 전전긍긍하는 스테파니의 개인적 특성은 문화적이고 집안 내력이며 타고난 것이다. 어쩌면 스테파니는 차라리 자기 머리가 벙어리가 되어서 아무 말도 하지 못하기를 바랄지도 모른다.

이선의 생각

그러면 이선은 어떨까? 이선이 밖으로 드러내는 생각들을 보면 그가 얼마나 부정적인 생각을 하는지 놀라울 따름이다. 그의 내면에서는 어떤 대화가 이뤄지는지 보자.

— 피부에 뭐가 이렇게 많이 났어. 싹 다 없어졌으면 좋겠다.
— 나는 정말 체계적이지 못한 인간이야.
— 나는 기술이 없어. 겉으로는 잘하는 것처럼 보이지만 전부 교묘한 속임수일 뿐이야.
— 앞으로 사는 동안 수백 명, 수천 명에게 나를 소개해야 할 텐데

정말 끔찍한 일이야.

— 이런 맙소사, 곧 엄마 생신이네. 전화하기 너무 싫지만 해야겠
지? 대화를 나누다 보면 또 기분이 상할 텐데. 엄마는 말로는 뭐
든지 괜찮다고 하면서도 속으로는 또 부정적인 생각을 하고 있
다가 나중에 퍼붓겠지. 생일 지나고 전화하면 더 난리가 날 텐
데. 그렇다고 전화를 안 하면 결국 나도 엄마처럼 이중인격적인
행동을 하는 거잖아, 제기랄.

— 내 골프 실력은 더는 나아질 가망이 없어. 괜히 돈만 낭비한 거
야. 한심하군.

— 아내가 또 나가네. 뭐라고 하면 화내겠지. 낮에는 온종일 쇼핑
하고 저녁에는 친구 만나러 나가고. 정말 팔자 좋다.

— 집에서 애들이나 보라고? 나 그렇게 한가한 사람 아니거든? 아
무래도 밖에서 시간을 더 보내야겠어.

— 나는 지금 하는 일이 정말 싫어. 내 업무 능력은 형편없어. 그치
만 실패를 받아들이고 싶은 마음은 없어.

— 실패한 일이 계속 마음에 걸려. 이러다 결국 숨 막혀 죽을 거야.

이선은 사실 생부와 계부 모두에게 썩 친절한 말을 듣고 자라지
못했다. 이 두 사람 말고도 이선에게 친절한 말투를 사용하지 않는
사람이 또 있다. 이선 자신이다. 그의 아내 레지나 역시 그리 따뜻한
사람이 아닐 수 있다. 물론 이선보다는 낫겠지만. 이선의 성격에 대

해 그가 자라면서 어려움을 겪었다는 사실에 책임을 돌릴 수도 있다. 하지만 언어적 학대를 받고 자란 사람도 얼마든지 밝고 좋은 사람이 될 수 있다. 이선은 오랫동안 내면의 속삭임에 입마개를 채우지 않은 채 지냈다. 그래서 내면의 목소리가 아무런 구속도 받지 않고 멋대로 떠들어대는 것이다.

케이티의 생각

케이티는 어떨까? 그 모든 음식과 운동에 대한 약속과 결과에 대해 그녀의 머리는 무슨 말을 했을까?

— 도대체 무슨 생각으로 셀러리를 샀던 거야? 너무 싫어. 맛도 형편없고. 피자가 먹고 싶은데. 완전 실망이야.

— 이제 닭 가슴살이라면 완전히 질렸어. 다이어트가 너무 싫어. 당장 그만 두고 싶어. 나는 절대 날씬해지지 못할 거야. 날씬해질 수 있을 거라고 생각한 내가 미쳤지.

— 탈지 드레싱은 맛이 개떡 같아.

— 이 치즈는 그냥 먹으면 되는 거야, 아니면 뭘 얹어 먹어야 하는 거야? 무슨 음식이랑 먹는 거지? 도대체 알 수가 없네.

— 아이 씨, 운동하고 싶지 않아. 어제부터 다리도 쑤시고 이번 주는 너무 바쁘잖아. 모든 일을 한다는 건 불가능해. 환장하겠네. 나 완전 게으름뱅이잖아.

— 이혼은 짜증 나는 일이야. 오늘도 짜증 나는 날이었어. 전남편
　도 짜증 나. 아, 술 마시고 싶다.

— 종업원에게 아스파라거스에 버터 바르지 말라고 얘기해야 하
　나? 바빠 보이네. 방해하고 싶지 않은데. 음식 주문하면서 까다
　롭게 구는 사람들 정말 별로던데. 그래, 그냥 놔두자. 버터 조금
　먹는다고 자신을 속이는 건 아니니까. 음식 나오면 버터는 냅킨
　으로 닦아내고 먹지, 뭐. 그래, 그러면 되겠네.

— 배고파. 먹을 게 하나도 없네. 걸스카우트한테 샀다는 저 쿠키
　정말 먹고 싶다. 언니는 왜 저런 걸 산 거야? 내가 다이어트 중
　인 걸 뻔히 알면서.

— 언니가 저녁으로 회를 사 오기로 했었는데 회가 다 팔렸다네.

— 회 대신 닭 가슴살? 하루만 더 그러면 난 미쳐버릴 거야.

　10대를 거쳐본 사람이라면, 서른여덟 살이나 먹은 케이티가 하는
소리가 10대 소녀가 하는 소리와 별반 다르지 않다는 걸 알 수 있을
것이다. 게으르고 까다로운 데다 반항심까지 엿보인다.

　당신이 머릿속 생각을 글로 적어서, 헛소리를 하는 머리에게 책임
을 묻고, 그 머리가 당신이 어떤 일을 하게 하는지 완전히 볼 수 있게
되면 그때는 머리와 정면으로 맞설 수 있다. 생각, 신체 그리고 감정
등 당신의 모든 부분이 꿈의 실현이라는 동일한 최종 목표를 위해
싸울 수 있도록 머릿속 생각을 잠재우는 것이다.

당신의 생각을 글로 적기

이제 당신이 과제를 할 차례다.

❶ 하루에 세 번씩, 하던 일을 멈추고 지난 한두 시간 동안 당신이 했던 생각들을 적어라. 알람을 맞춰놓으면 좋다. 생각을 적을 때는 '5분 정도'라고 시간을 정해서 그 시간 안에 최대한 많은 생각을 적도록 노력하라. 생각을 수정하지 말고 그냥 그대로 쏟아내라. 이 일을 2주 동안 하라.

❷ 일단 생각 자료가 충분히 모이면 그 생각들을 꼼꼼하게 읽고 모습을 드러내는 주제가 무엇인지 보라. 생각의 주제들 목록을 만들어라. 예를 들면 이렇게 말이다.

- 다른 사람들이 어떻게 생각하는지에 대한 걱정
- 결정에 대한 불안
- 다른 사람 판단 또는 비판하기
- 나 자신 판단 또는 비판 또는 의심하기
- 다른 사람과 자신을 비교하기
- 비교하는 것 때문에 기분이 더 좋아지는지 혹은 나빠지는지 파악해보기

❸ 당신이 몰두하기로 한 세 가지 영역에서, 당신의 마음을 새로이 관리하기 위해 이번 장에서 소개한 다섯 단계를 따르라.

머리보다 앞서가기

이 정보로 무장하고 나면, 당신은 자신이 정신적 에너지를 어디에 사용하는지 알 수 있고 관리할 수 있으며, 자신의 에너지를 어디에 집중할지 결정하고 그에 따라 약속을 정할 수 있다. 당신 생각 중 일부는 너무 쑥스러운 것들이라 차마 글로 옮기지 못할 수도 있다. 하지만 당신이 감추는 것이 당신을 무릎 꿇게 하리라는 것을 알아야 한다. 숨기고 싶은 생각도 가벼운 마음으로 대처하는 것이 중요하다.

이 세상에 항상 올바른 생각만 하는 사람은 하나도 없다. 자신의 생각을 감추면 또는 자신의 생각을 진정한 자신의 목소리라고 생각해버리면, 당신이 변화를 이뤄낼 가능성은 점점 줄어든다. 당신의 생각이 당신은 아니다.

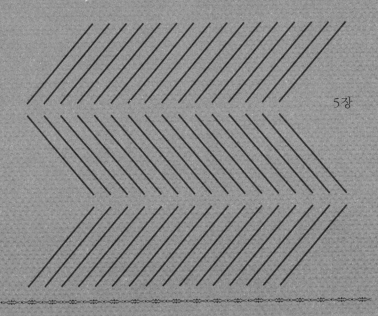

5장

감정 DNA의 진화

"사실 우리는 자신에게 좋지 않은 습관을 바꾸는 방법을 이미 습득하고 있다. 처음에 술을 배울 때는 토할 때까지 마시다가 이제는 그렇게 마시지 않는다는 사실을 생각해보라."

내 안의 부모

. . . .

우리가 부모님을 너무나 사랑하든 아니면 부모가 싫어서 멀리 도망가서 살든, 기본 요소들을 그들에게서 받았다는 사실에는 변함이 없다. 때때로 우리는 하는 행동이나 말투에서 부모의 모습을 발견하고 웃기도 하지만, 그게 얼마나 중요한 의미를 지니는지 제대로 이해하는 사람은 드물다.

대부분 사람은 DNA가 육체뿐만 아니라 정서적인 면에서도 얼마나 큰 영향을 끼치는지에 대해 충분히 생각하지 않는다. 엄마의 피부를 닮았다거나 아빠의 눈을 닮았다는 얘기는 종종 한다. 하지만 우리가 아빠의 아름다운 눈뿐만 아니라 연애할 대상을 찾는 시선까지도 물려받을 수 있다는 것에 대해 깊이 생각해본 적이 있는가? 여자라면, 은연중 아빠 같은 시선을 지닌 사람에게 끌리기도 한다는 사실에 대해서도 말이다.

물론 어떤 사람들은 이런 사실을 잘 알고 있으니 굳이 이런 것까지 다룰 필요는 없다고 생각할 것이다. 왜냐하면 자신에게는 너무 당연한 일이니까. 아니면 오랫동안 이 부분에 대해 고민해왔고, 그래서 지금은 부모와 완전히 다른 사람이 되었으니까.

당신의 지금 모습이 현재 또는 과거의 부모와는 완전히 다른 모습이라 하더라도, 어찌 됐든 부모에 대한 반응의 결과라 할 수 있다. 현재 당신의 모습은 온전히 당신이 설계해서 나타난 결과가 아니다. 만약 우리가 부모보다 더 나은 사람처럼 행동하거나 부모에게 느꼈던 불만을 자신에게선 없애기 위해 열심히 노력한다고 해서 그것이 완전히 자기창조적 행동이라고 할 수 있을까? 혹시 단순한 반작용은 아닐까? 예컨대 이런 경우들이다. 알코올 중독자의 자녀는 맑은 정신을 지녔고 술은 한 방울도 마시지 않으며 자기 자녀를 종교계 학교에 보내겠다는 확고한 신념이 있다. 도박 중독자를 아버지로 둔 사람은 아주 검소하며, 한 푼도 낭비하지 않는다.

부모가 친절하고 관대했든 아니면 쩨쩨하고 거들먹거렸든, 결혼 생활을 행복해했든 아니면 비참해했든, 아이들을 위해 부모의 자리를 지켰든 아니면 뒤도 돌아보지 않고 도망갔든 상관없다. 어떻게 그들의 성격적 특성과 문제가 자녀에게 영구적인 각인을 남기지 않을 수 있겠는가? 당연히 우리 안에는 부모의 모습이 남아 있다.

DNA라는 선물 주머니

....

당신은 태어나면서 선물 주머니를 받았다. 생일파티가 끝난 뒤에 아이들이 집에 갈 때 하나씩 나눠주는, 과자나 장난감이 든 주머니 말이다. 물론 당신이 태어나면서 받은 선물 주머니에는 과자나 장난감 같은 것들이 들어 있는 게 아니다. 그 주머니에는 신체적 DNA(분자, 유전자 등)와 정서적 DNA(개성, 내면의 속삭임, 문제점, 신념, 개인적인 의견)가 들어 있다. 그 안에는 당신이 목격하고 학습하고 흉내 내고 형성하고 참아냈던 모든 것이 들어 있다. 그 주머니의 내용물은 당신의 인종부터 집단에서의 위치, 다녔던 학교, 성장한 도시에 이르기까지 모든 것으로부터 영향을 받는다. 우리 모두는 각자가 전해 받은 바로 그 주머니로부터 성격을 형성해왔다.

그렇다면 우리는 그 내용물 중 특정한 것을 의식적으로 골라서 자신의 성격을 설계하지 않았을까? 다시 말해, 자신의 의지로 현재의 성격을 만들어오지 않았겠나 하는 얘기다. 하지만 아쉽게도, 불가능한 일이다. 겨우 열 살짜리가 무엇을 기준으로 자기 성격을 선택한단 말인가.

일부 영역에서는 당신이 그 선물 주머니를 어떻게 사용해야 하는지 정확하게 알고 있었던 게 분명하다. 평생 변변한 직장을 가져본 적 없는 아버지에 저항해서 굴지의 기업에 입사했고, 알코올 중독자인 어머니에 치를 떨었기에 태어나서부터 지금까지 술은 한 방울도 입에 대지 않았다. 당신은 부모에게서 잘못된 점을 보고 자신을 열심히 업그레이드했다.

의심의 여지 없이, 당신이 더 잘했다. 하지만 자부심과 즐거움을 느끼는 현재의 성격을 형성하기까지 부모에 대한 분노나 저항심을 전혀 느끼지 않은 사람은 없다. 그 역시 부모의 영향을 받았다는 방증이다. 바로 그 이유 때문에 당신과 내가 오던 길을 되돌아가야 한다고 제안하는 것이다. 당신이 인식하지 못하는 가운데 어떻게 지금의 성격을 갖추게 됐는지 알아보려는 것이다. 당신이 자신의 좋은 부분만이 아니라 부족한 부분까지 완전히 볼 수 있을 때만 당신 내면의 목소리를 장악할 수 있고, 그래야 당신에게 주어진 것을 가지고 발전을 이룰 수 있다.

20여 년 동안 코칭을 하면서 정말 형편없는 주머니를 받은 사람을 본 적은 몇 번 있다. 하지만 완벽한 주머니를 받은 사람은 한 번도 못 봤다. 아무리 큰 성공을 거두고, 똑똑하고, 멋진 외모를 갖추고, 돈이 많은 사람이라도 그의 주머니에는 자신만의 쓰레기 같은 장난감이 들어 있다. 그것이 무엇이든 전혀 상관하지 말고 선물 주머니를 풀어 보자. 그리고 그 안의 내용물을 하나하나 진솔하게 바라보자. 당신은 그 내용물을 부정할 수도 있고, 더 깊이 파고들어 대처할 수도 있다.

앞에서와 마찬가지로, 당신이 부모를 얼마나 닮았는지 파헤치기 전에 내 안에 우리 엄마의 모습이 얼마나 많이 담겨 있는지부터 보여주겠다.

내 안의 부모와 작별하기

· · · · · · · · · · · ·

우리 엄마에게는 특징이 하나 있는데, 언니와 나는 그 특징을 '명품 소'라고 불렀다. 소고기와는 아무 관련이 없고, 엄마 몰래 얘기를 나누기 위해 우리가 만들어낸 일종의 은어라고 보면 된다. 언니와 내가 말하는 소는 '소파'를 말한다. 그러니까 '명품 소파'다.

엄마는 고급 가구, 특히 명품 소파에 열광했다. 모양이나 색깔, 다른 가구와의 어울림은 상관이 없고 어느 브랜드인지가 가장 중요했다. 예전에 집안 형편이 나빠져서 작은 집으로 이사를 해야 했던 적이 있다. 그때 언니와 나는 이런 농담을 주고받았다. 집 안에 공간이 충분하지 않으면 엄마는 소파를 처리할까, 아니면 아빠를 처리할까?

딸 셋에 아들 하나인 우리 4남매는 모두 자기 선물 주머니마다 엄마의 특징을 물려받았다. 내가 엄마에게 어떤 식으로 반응했을지 궁금한가?

물론, 나도 멋진 소파를 좋아한다. 그런데 말이다, 내가 결혼한 남자는 물질적인 것은 안중에도 없는 사람이다. 우리가 사는 집은 1700년대에 지어진, 고풍스럽다고 말하는 것도 과한 낡은 농가다. 옷장도 작다. 하지만 나는 별로 신경 쓰지 않는다. 나는 물질을 사랑하지 않는 내 성격이 너무나 좋다. 내가 엄마와 다르다는 점에서 더욱 그렇다.

금방 말했듯이, 우리 4남매 모두 명품 소의 특징을 가지고 있다.

하지만 나는 나만의 버전을 찾아냈다. 좀 더 구체적으로 말하자면, 그 특징을 싫어하는 마음을 가지게 됐다. 그래서 그 특징을 생각하며 농담하고 웃고 별명을 붙이고 다른 방향으로 설계하기도 했다. 당연히 나와 나의 남편 데이비드도 멋진 집을 좋아한다. 우리에게도 곧 새집이 생긴다. 남편이 집을 짓고 있다. 하지만 내가 멋진 집을 간절하게 원했기 때문, 또는 멋진 집이 내가 가장 사랑하는 것이기 때문은 아니다.

한번은 이런 일이 있었다. 남편이 온라인에서 골동품 의자 열두 개를 발견했다. 그걸 사려고 둘이서 직접 보러 갔다. 그래서 샀을까? 아니다. 우리는 의자를 사지 않고 의자 주인 부부의 전화번호를 얻었다. 두 명의 친구를 얻은 것이다. 우리 엄마는 물질, 특히 소파를 사랑하고 수집했다. 그에 대한 저항적 반응인지 몰라도 나는 물건을 수집하지 않는다. 사람을 수집한다.

당신에게 주어진 선물 주머니에 대해 더 잘 알게 될수록 당신이 실제로 되고 싶은 사람을 창조해낼 수 있다. 먼저 부모의 청사진을 이해하면, 당신은 단편적 사실들에서 어떤 결론을 도출하고 당신이 원하는 설계를 주도할 수 있다.

당신 부모의 문제점들을 당신도 지니고 있다는 사실뿐만 아니라 자신의 이익을 위해 개입하고 문제점을 바꿀 수 있다는 사실을 아는 것은 획기적인 일이다. 이런 사실을 알면 자신의 선물 주머니를 더 가벼운 마음으로 바라볼 수 있다. 당신에게 주어진 것을 사랑하고 고쳐갈 수 있다.

나는 지금, 인생을 진정으로 디자인할 수 있는 능력으로 당신을 무장시키는 중이다. 당신의 꿈들이 정확하게 당신의 것이라는 사실을 분명하게 하기 위해서다. 결혼 생활에 대한 당신의 꿈 또는 자신과의 관계에 대한 당신의 꿈이 더는 당신 부모에 대한 반응에서 나온 결과일 필요가 없도록 말이다. 당신은 자신이 가지고자 하는 특성들을 선택할 수 있다.

우리 중 누구도 부모의 특징과 문제점이 얼마나 널리 퍼져 있는지 알지 못한다. 부모의 특징과 문제가 우리를 얼마나 옥죄고 있는지 알지 못한다. 이걸 알지 못하면, 마치 배관 공사를 하지 않고 집을 짓는 꼴이 된다. 먼저 배관 작업을 마쳐야 한다.

타인의 부모 엿보기

· · · · · · · · · · · · ·

우리 여정의 친구들이 이번 장의 과제를 어떻게 했는지 보자. 도나와 이선의 사례다. 그들은 결혼 생활이 자신에게 끼친 영향뿐만 아니라 자기 부모의 특징에 대해서 열거하고, 그 특징이 자신의 내부에 어떻게 존재하는지 설명했다.

그 둘이 이 과제를 얼마나 치열하게 해냈던지, 각자 두꺼운 소설책 한 권 분량의 이야기를 쏟아냈다. 거기서 중요한 몇 가지만 소개하고자 한다. 당신도 짐작하겠지만, 자기 자신을 완전히 해부하는 일은 그리 녹록하지 않다. 썩 달가운 일도 아니다. 삶에서 잘 안 돌아가는 부분까지 솔직하게 털어놓을 수 있는 능력이나 털어놓고자 하는 욕구를 가진 사람은 드무니까 말이다. 어쨌든, 이번에도 이 사람들 속에서 당신의 모습을 찾아낼 수 있을 것이다.

도나의 부모

먼저, 도나가 자기 아버지와 어머니의 특징에 대해 그리고 그 특징이 어떤 모습으로 자기 내부에 자리 잡고 있는지에 대해 적은 내용을 살펴보자.

+ 도나 아버지의 특징 +

희생자 · 불평가

모든 것이 문제고 불평, 불만, 투덜거림의 대상이 된다. 아버지는 너무 나이가 많아서, 또는 필요 이상의 경력을 갖춰서, 아니면 요즘 사람들이 사업체를 운영하는 방법을 몰라서 등의 이유로 직장을 구할 수가 없다. 아무도 아버지에게 기회를 주지 않는다.

❍ 내 안의 아버지 나는 적어도 소리 내서 불평하진 않는다. 사람들은 내가 과민성 대장 증후군에 시달린다는 사실을 알지 못한다. 나는 혼자 아파하면서도 그 사실을 철저하게 감춘다. 나는 질병, 남편, 시간 때문에 피해를 보는 말 없는 희생자다. 대신, 나는 둘만 있어도 어떻게든 불평거리를 만들어내서 투덜거리는 사람과 결혼했다.

수동공격성 인격 장애

우리 아버지는 다른 사람이 당신의 말을 알아들을 때까지 혼자 중얼거리고 투덜거린다. 예를 들면, 가족 중 누군가가 쓰레기를 갖다버릴 때까지 아버지는 계속 쓰레기 버리는 일에 대해 불평한다.

● **내 안의 아버지** 나는 모든 일을 직접 한다. 그러고 나면, 아무도 도와주지 않는다는 점에 대해 화가 난다. 애들한테 부탁할 수도 있지만, 부탁해봤자 어떤 반응이 돌아올지는 모두 알 것이다. 나는 다른 사람에게 너무 쉽게 요구하는 사람과 결혼했다. 나는 남편에게 아무런 요구도 하지 않지만 그가 어떻게 행동하고 어떤 생각을 하는지 지켜본다. 그는 내가 화가 난 것도 모르고 내가 무엇을 필요로 하는지에 대해서도 아무 생각이 없다.

중독자

아버지는 음주 문제로 재활 센터에 다녀온 후, 이번에는 설탕에 중독됐다.

● **내 안의 아버지** 나는 20대 때 설탕 중독이었다. 과민성 대장 증후군 진단을 받은 후에 설탕을 끊었다. 하지만 다른 중독 행동을 한다. 내가 쇼핑을 하고 그 사실을 숨기는 모습이 아버지의 음주 행태를 빼닮았다는 사실을 이제야 깨달았다. 아버지는 술을 얼마나 마셨는지 숨긴다. 나는 쓸데없는 물건들을 얼마나 샀는지 숨긴다.

+ 도나 어머니의 특징 +

종교적

우리 어머니는 독실한 가톨릭 신자다. 열심히 기도하고 종교 음악을 들으며 텔레비전도 종교 방송만 보고 책도 종교 관련 서적만 읽는다.

● **내 안의 어머니** 나도 매우 비슷하다. 내가 아주 어렸을 때, 어머니뿐만 아니라 할머니에게서도 이런 모습을 보았다. 우리 아이들 셋은 모두 가톨릭계 학교에

다닌다. 우리는 일요일마다 성당에 간다. 예외 또는 선택의 여지는 없다.

쇼핑 습관

어머니는 무슨 핑계를 대서라도 물건을 산다. 어머니는 특히 아버지가 술을 드시고 취했을 때 아버지에게 벌을 내리는 기분으로 쇼핑을 한다.

◐ 내 안의 어머니 나도 그렇다. 어머니와 마찬가지로, 나도 어떻게든 쇼핑할 구실을 마련한다. 마트에 가면 살 생각도 없었던 무언가가 카트에 늘 담겨 있고, 나는 그걸 사 온다. 편의점에서도 마찬가지다. 그리고 이 정도는 누릴 자격이 있다고 나 자신에게 말한다.

✦ 도나 부모님의 결혼 생활 ✦

우리 부모님은 진정으로 서로를 사랑한다. 아버지는 어머니의 첫사랑이었고, 처음으로 사귄 연인이었다. 두 분은 우리 앞에서는 자주 싸우지 않았다. 어쩌다 두 분이 큰 소리를 내는 것을 들을 때도 있었지만, 그건 부모님이 우리가 집에 없거나 잠들었다고 생각했기 때문이다. 두 분은 서로 농담도 주고받고, 코스트코를 둘러보러 가든 소파에서 텔레비전을 보든 함께 시간을 보낸다. 내게 두 분은 좋은 친구처럼 보인다. 아버지가 한껏 불평을 늘어놓으며 불쌍한 희생자처럼 굴 때 어머니는 한 귀로 듣고 한 귀로 흘려보낸다. 어머니는 가끔씩만 "그만 좀 하실 수 없어요?", "그만하면 됐어요" 또는 "그렇구려, 좋은 소식은 없어요?"라는 말을 한다. 나는 어머니가 그런 식으로 말할 때가 너무 좋다. 내가 보기에, 문제의 주된 원인은 아버지의 음주와 흡연이다. 자주는 아니지만 돈 문제 때문에 싸우기도 한다. 그럴 때면 어머니는 화를 내고 슬퍼한다.

이 부분을 읽으면서 당신은 도나가 어머니에 대해 나쁘게 말할 점이 전혀 없지 않느냐고 생각할 수 있다. 도나가 어머니에게서 받은 특징 중에서 굳이 나쁜 점이라고 지적할 만한 것이 있다면 쇼핑 정도다. 그러면 도나는 자기 어머니의 쇼핑 습관을 정말 죄악이라고 생각했을 것 같은가? 도나의 글에서도 나타나지만, 그녀는 어머니를 대신해 쇼핑 습관에 정당성을 부여하고 있다. 그런 행동이 도나 아버지의 음주에 반응해 나타났다는 것이다.

도나가 이처럼 자기 어머니를 옹호한다면, 자기 자신에 대해서는 어떨까? 어머니의 사랑 이야기를 악당과 함께 사는 영웅 또는 희생자를 보는 것처럼 바라본다면, 자신의 결혼 생활 역시 똑같은 시각으로 바라보지 않을까? 도나는 자기 마음을 솔직하게 드러내는 것을 싸움이라고 생각한다. 그래서 아무 말도 하지 않는다. 그녀의 어머니가 그랬다. 만약 도나가 솔직하게 말하는 행동을 '대립을 일삼는' 모습으로 바라본다면 굳이 입을 열 필요가 있겠는가? 아무 말도 할 필요가 없다.

당신은 도나가 자기 집안의 내력, 문제점, 특징을 계속해서 유지하는 것이 우연이라고 생각하는가? 우리가 무의식을 의식 안으로 끌어들여 무엇 하나라도 바꿀 수 있는 유일한 방법은 부모의 결혼 생활, 우리의 혈통, 유산 등에 얼마나 많은 영향을 받았는지 살피는 것밖에 없다.

물론 도나의 남편 존은 도나의 아버지와 달리 술을 마시지 않는다. 하지만 그는 끊임없이 불평을 늘어놓는 사람이다. 존이 도나의 아버지처럼 대놓고 불평을 하는 사람이기 때문에 도나가 모든 불만과 아픔을 안에 꼭꼭 숨기고 대면하려 하지 않는 것 아닐까? 자신을 변화시키는 행동을 하지 않으면, 개인적 특성부터 결혼 생활까지 결국에는 부모와 다를 바 없게 된다.

예컨대 당신의 부모 중 한쪽이 자녀들에게 자주 매를 드는 사람이었다면 당신은 아예 자녀를 때리지 않는 부모가 될 가능성이 크다. 하지만 뒤로 물러나서 자신을 닫아버리고 아주 예의 바른 태도를 유지하며 술을 마시고 약간의 억울한 마음을 품게 될 것이다. 만약 당신의 아버지가 술꾼이었다면, 당신은 술에는 전혀 손대지 않으면서 지나치게 쇼핑을 한다거나 음식에 중독적인 행동을 보일 수 있다. 당신의 부모님이 큰소리를 내고 집안 분위기를 불편하게 했다면, 당신은 큰소리를 내고 싶은 마음이 일어나도 속으로 분노와 함께 말을 삼킬 가능성이 크다. 이런 걸 업그레이드 되었다고 할 수 있을까? 당신은 어떻게 생각하는가?

물론 우리는 부모와 비교해서 더 나은 모델, 더 새로운 모델이다. 하지만 그걸로 충분한가? 겉으로는 다를지 몰라도 우리가 결국 부모와 다를 바 없다는 사실, 도나의 모습이 그녀 어머니의 모습이고 우리는 부모의 닮은꼴이라는 사실을 이해할 수 있는가? 우리가 여기 있는 이유는 단지 부모의 기벽 또는 약점을 지적하기 위해서가 아니라 그런 부분을 개선하고 발전시키기 위해서다. 심지어 부모에게도 더 나은 사람이 되는 방법을 가르쳐드리기 위해서다.

이선의 부모

이선의 부모는 어떨까? 이선이 어쩌다 그런 에너지 결핍, 열정 결여 상태에 이르게 됐는지 살펴보자. 이선에게는 생부와 계부가 있다는 점을 기억하자.

+ 이선 어머니의 특징 +

비판가

어머니는 늘 모든 사람에 대해 비판적이고 뒤통수치는 말을 한다.

◉ **내 안의 어머니** 나는 가혹하고 냉정한 심판관이다. 어머니에 대해, 나에 대해, 어머니가 읽는 책에 대해, 장모가 그리는 그림에 대해, 가족들이 페이스북에 올리는 것들에 대해, 그게 무엇이든 나는 평가를 한다. 지금 이 순간에도 나는 내 판단을 평가하고 있다.

순교자

어머니는 자기를 인정하지 않는 사람을 잡아낼 기회를 지속적으로 찾고 있다. 자신이 가족을 위해 그토록 많은 일을 했는데 고마워하는 사람이 아무도 없다며 종종 화를 내거나 눈물을 보이면서 발끈한다.

◉ **내 안의 어머니** 나는 아무도 나를 도와주지 않는 것에 대해 또는 내가 모든 사람을 위해 멋진 결과를 끌어내려고 얼마나 열심히 일하는지 인정해주지 않는 것에 대해 종종 불만과 좌절감을 느낀다. 나는 사람들에게 도움이라는 것을 요청하지도 않는다. 지나치게 많은 것을 요구하는 사람들을 속으론 비난하면서도 항상 "네"라고 대답한다. 나는 자기가 당연한 권리를 갖췄다고, 모든 것이 자기 덕분이라고, 그래서 자기 위주로 모든 일이 이뤄져야 한다고 생각하는 여자와 결혼했다. 그런 아내와 그 밖의 사람들에게 모든 걸 관대한 마음으로 받아들이겠다고 약속하면서 그들의 지지를 구했다. 나는 다른 사람들이 나를 좋아하도록 만들기 위해 나

의 이기심을 사용한다. 그러고는 그것 때문에 그들을 원망한다.

기분 변화

어머니는 조울증 성향이 있어서 기분이 들떴다가 가라앉기를 반복한다. 격분하다가 울다가 상냥하고 다정하다가 갑자기냉담하게 무시하는 모습을 보인다. 그것도 아주 신랄하게.

○ **내 안의 어머니** 나는 어머니와 비슷하지만 어머니에 비해 강도가 조금은 약한 편이다. 못마땅한 티를 드러내고 짜증을 부리며 슬퍼한다. 아내는 내 기분의 두드러진 변화를 용납하지 않고 냉담한 모습을 보이는 편이다. 그래서 나는 계속 우울한 기분을 곱씹게 된다. 아내가 바로 용서하고 사랑하는 태도를 보인다면 내가 계속 침울해지지는 않을 텐데.

예술가

어머니는 항상 무언가를 만든다. 어머니는 재능 있는 예술가다. 하지만 그 재능을 잘 활용하진 못한다.

○ **내 안의 어머니** 나는 늘 그림 그리는 걸 좋아했고 특히 점토로 무언가 만드는 걸 좋아했다. 하지만 난 음악도 안 하고 글을 쓰지도 않고, 하는 거라곤 아이들과 끼적거리는 게 다다. 아무래도 자신감이 없고 능력에 대해 의심이 들기 때문인 것 같다. 어쩌면 나 자신을 평가하느라 너무 바빠서인지도 모르겠다.

+ 이선 계부의 특징 +

선동자

계부는 종종 어머니의 감정 상태를 두고 놀린다. 자주 짓궂은 장난으로 가족을 당황스럽게 하고 친구나 친척들의 특이한 점을 비웃는다. 어머니가 정말 속상해하는 상황에서도 그는 아무것도 모르는 사람이나 코미디언처럼 행동한다.

○ **내 안의 계부** 나는 모든 사람, 즉 아이들, 아내, 친구 등에게 지속적으로 농

담을 던지고 놀린다. 가끔은 그런 행동이 안 좋은 상황을 더 악화시키기도 한다. 나는 심지어 잠자리에서도 농담을 하고 싶어 참지 못하겠다. 내 아내는 감정을 잘 드러내지 않는 사람이지만, 내 농담에는 굉장히 예민한 반응을 보인다. 그렇지만 역시 나는 농담을 그만둘 수 없다.

피해자

계부는 인생에 대해 숙명론적 관점을 지니고 있다. 자신이 얼마나 열심히 살았는지를 기준으로, 다른 사람들은 성공을 이룰 만한 자격이 부족하고 자신만이 자격이 충분한 사람이라고 생각한다. 그는 인생이 조작됐기 때문에 자기처럼 단순히 일만 열심히 하는 사람은 앞서가기가 불가능하다고 생각한다.

● **내 안의 계부** 나도 인생의 대부분을 희생자 역할을 하며 살았다. 안 좋은 일들이 있었고 그런 일들이 나라는 사람을 대표하는 말이 되도록 내버려 두며 살았다. 때때로 세상에 화가 나고 다른 사람들에게 분노를 느끼기도 했다. 나는 중도 포기하는 성향을 키웠다. 예컨대 게임을 중도에 포기하기도 하는데, 그럴 때면 게임 규칙에 대해 화를 낸다.

+ 이선 생부의 특징 +

부재

나는 생부를 만나본 적이 한 번도 없다. 생부의 특징 중 확실한 한 가지는 집에 늘 없었다는 것이다.

● **내 안의 생부** 나는 사람들과 감정적으로 거리를 둔다. 사람들을 받아들이는 데 어려움을 겪고 있으며 가까이 다가온 사람을 밀어내려 한다. 나는 내가 아내에게서도 도망치려 한다는 생각을 하곤 했지만 이제는 별로 그런 생각을 하지 않는다. 나는 아버지를 찾으려고 노력하지 않았다. 아버지가 그걸 원치 않는다고 생각했고, 그 때문에 나도 아버지에게 일부러 없는 존재가 되려고 했는지도 모르겠다.

✦ 이선 부모님의 결혼 생활 ✦

우리 부모님의 결혼 생활은 갈등으로 가득했다. 어머니의 별난 행동 또는 우리 형제들의 나쁜 행동을 고치는 방법을 놓고 의견 충돌이 일어나는 게 싸움의 주요 원인이었다. 두 분이 별거한 적도 두어 번 있고, 소리 지르고 위협을 가하는 일은 다반사였으며, 때로는 폭력을 행사하기도 했다. 두 분 다 다른 배우자와 첫 결혼 생활에 실패한 후에 잘 살아보겠다는 마음을 먹고 이 결혼을 한 것이다. 많은 갈등과 싸움도 있었지만 두 분은 함께했고, 최소한 결혼이란 게 어떤 건지 내게 가르쳐주었다. 우리 부모님은 언제나 다른 사람들에게 무슨 일이 있는지에 대해서 소문과 추측을 퍼뜨렸다. 나는 집에 온갖 소문을 듣고 오지는 않지만 대신 우울함과 울적함을 들여온다. 존재하지도 않는 갈등을 보고 쉽게 화를 낸다.

이선의 현재 성격과 이선이 자기 가족에 대해 얼마나 비판적인지 새삼 알 수 있다. 우리는 자신에게 가혹하게 굴수록 다른 사람에게도 그런 경향이 있다. '나는 당신을 비판할 수 있다, 왜냐하면 나 자신도 똑같이 비판하니까' 하는 식이다. 하지만 그래도 정말 괜찮은 걸까?

이선은 자기가 부모의 어떤 특징을 지니고 있는지 알아냄으로써 동떨어진 점들을 연결해 결론을 도출해내고, 자신은 다른 행동을 하겠다고 약속할 수 있다. 어머니처럼 그 또한 자기의 변덕스러움이 아무것도 요구하지 않는 태도와 직결돼 있다는 사실을 깨달을 수 있다. 만약 어머니가 자신에게 필요한 것을 해달라고, 아니면 적어도 인정해달라고 부탁했더라면 마음이 좀 더 편안했을 것이다. 최소한 덜 불안해졌을 것이다.

다르게 행동하는 것이 첫걸음이다. 즉 다른 사람만 지적하는 행동을 멈추는 것이다. 만약 당신이 다른 사람에게만 책임을 지운다면, 당신은 사실 변화해야 할 이유가 없다. 일단 흩어진 사실들을 연결해서 자신의 성격과 자신이 처한 현재 상황을 보면, 당신은 현재 상태와 꿈꾸는 상태 사이에 존재하는 괴리 또한 볼 수 있다.

이선은 자신 영역에 5점을 주었는데, 이제 그 영역을 어떻게 9점이나 10점짜리로 만들 수 있는지 방법을 찾아볼 수 있다. 자신의 열정 결핍이라는 특징 때문에 필요한 것을 요구하지 못한다는 사실을 아는 것이다. 하지만 이선처럼 열정이 없는 사람들은 도와달라는 부탁을 하는 대신 자기를 고마워하지 않는 사람들을 찾는다.

우리 인생의 모든 부분이 매우 정신적이라는 것, 중요한 의미가 있다는 것, 우연에 따른 것이 아니라는 사실이 보이는가? 모든 부분에 아무런 통제권도 없다고 생각하면서 살아가는 것은 인생을 자동항법장치에 맡겨놓는 것과 같다. 정말 그렇게 사는 것이 좋은가?

나는 지금 당신을 자기 삶을 설계할 수 있는 능력으로 무장시키고 있다. 당신이 맞서는 것이 무엇인지, 반응하는 것이 무엇인지 완전하게 알아야 그것을 어떻게 발전시킬지 알 수 있지 않겠는가?

나쁜 생각 멈추기 6단계

. . . .

부정적인 생각에 목줄을 채우는 방법을 당신에게 알려주겠다. 사실 우리는 자신에게 좋지 않은 습관을 바꾸는 방법을 이미 습득하고 있다. 처음에 술을 배울 때는 토할 때까지 마시다가 이제는 그렇게 마시지 않는다는 사실을 생각해보라. 네 번째 잔이 쥐약임을 알게 된 지금은 세 잔까지만 마시지 않는가. 부정적인 생각을 통제하는 것도 그런 식으로 하면 된다. 다음은 당신이 따라야 할 여섯 단계다.

정확히 찾아내라 당신이 제거하고 싶은, 꿈으로 가는 길을 방해하는 부정적인 특징을 골라내라. 예를 들어, 당신이 사랑을 찾고 있다면 사랑이라는 꿈으로 향하는 길을 방해하는 특징들에 대처해야 한다. 수줍어하는, 무정한, 냉담한, 비관주의적인 마음 등이다.

관찰하라 활동 중인 당신의 특징을 관찰해야 한다. 예컨대 당신이 쉽게 화를 내거나 짜증 부리는 사람이라 치자. 그 특징이 드러나는 상황을 1~2주일에 걸쳐 온종일 관찰하라. 그 특징은 운영체제처럼 돌아간다. 데이터를 수집하고 개념을 처리해서 당신의 생각과 감정과 행동을 출력해낸다는 사실을 기억해야 한다. 그 특징을 잘 관찰하여 그것이 무엇을 촉발하고 얼마나 자주 나타나는지 보라. 그 특징에 대해 당신이 자신에게 무어라고 말하는지 내면의 속삭임에 주목하고, 어떤 시각으로 삶의 모든 부분을 검사하고 불평거리를 찾아내는지 살펴보라.

이름을 붙여라 그 특징에 최대한 재미있는 이름을 붙여라. 그 특징을 즐거움을 주는 것으로 받아들이게 말이다. 자기가 이름 붙인 특징을 유머러스하게 포착해내는 일은 상위 자아를 발전시키는 비결이다. 특징들은 우리에게 붙박이장처럼 내장돼 있어서 사라지지 않는다. 따라서 숨어 있는 하위 자아를 애완동물 다루듯 하는 편이 낫다. 목욕을 시켜주고 나비 리본도 달아주고 빗질도 해줘야 하는 애완동물처럼. 그리고 목줄도 확실히 채워야 한다.

통제하라 이제는 당신의 특징을 통제해야 한다. 당신이 어떤 행동을 하고 있는지 그리고 그 행동이 다른 사람들에게 얼마나 깊은 영향을 끼치는지 이해하고 나면, 그 행동을 멈추기 위한 올바른 약속과 벌칙을 찾아낼 수 있다. 예컨대 당신이 앞으로 재수 없는 행동을 할 때마다 자녀나 배우자, 동료에게 10달러씩 주겠다는 약속을 하라. 그리고 그 행동을 고치기까지 얼마나 오래 걸리는지 보라.

대체하라 부정적인 특징을 어떻게 대체하고 싶은지 설계하라. 예를 들어 당신이 나와 비슷하게 무덤덤한 사람이라면, 무심함이라는 특징을 배려심이라는 특징으로 대체하는 것이다.

실행하라 무언가를 바꾸기 위해서는 그 변화를 일으킬 수 있는 약속을 실행해야 한다. 예를 들어 '무심함'을 '배려'로 대체하고 싶다면 느긋함, 상냥함, 경청, 선행 등으로 새로운 약속을 정해야 한다. 그리고 새로운 당신에 대해 다른 사람들에게 이야기해야 한다.

과거는 되풀이된다

* * * * * * * * * * *

사람들의 삶을 연구하면 할수록 그 반복성에 놀라움을 금할 수 없다. 중독자 부모를 극복하고자 하는 아이들은 자부심을 지니고 술을 멀리한다. 그렇지만 나는 그 아이들이 자라서 사회에 나가 중독 증세가 있는 사람들과 함께 일을 하게 되면서 여전히 자기 부모나 조부모와 똑같은 문제에 맞닥뜨리는 것을 보아왔다.

행동 후성유전학(behavioral epigenetics) 분야의 연구에 따르면, 우리의 경험 그리고 우리 조상들의 경험은 잊힐 수는 있어도 절대 사라지지는 않는다고 한다. 그 경험들은 우리 일부가 되어 분자로 남는다. DNA는 겉으로는 똑같은 상태를 유지하지만, 정신적·행태적 성향은 좋은 것이든 나쁜 것이든 유전될 수 있다. 에모리대학교의 신경과학자들은 수컷 쥐를 아세토페논에 노출시킬 때마다 발에 충격을 주었다. 아세토페논은 벚꽃과 비슷한 향을 지닌 물질이다. 2주 후에 그 수컷 쥐들을 암컷들과 교배시켰다. 그 사이에서 태어난 새끼들은 아세토페논 냄새에 처음으로 노출됐을 때 불안과 두려움 증세를 보였다. 새끼 쥐는 뇌와 코에 벚꽃 냄새를 감지하는 신경 세포를 정상보다 훨씬 더 많이 지니고 태어났다. 벚꽃 냄새에 대한 기억이 다음 세대로 전파된 것이다.

우리에게 일어나는 일들이 우리의 혈통, 가족의 과거와 직접 연관돼 있다는 사실을 많이 알면 알수록 그 패턴을 더 잘 바꿀 수 있다.

당신의 가족 내력 살펴보기

유전적 특성이나 집안 내력을 살펴보는 방법들을 소개하겠다.

당신의 이야기를 적어라 먼저, 당신 집안의 내력을 적어라. 특히, 이 책에서 당신이 노력을 기울이고 싶은 영역, 그리고 당신의 현재 상황에 대해서 적어본다. 예를 들어, 당신이 특히 돈이라는 영역에서 고생하고 있다면 당신 가족과 돈 사이의 관계에 대해서 조사해본다. 어머니, 아버지, 할아버지, 할머니 얘기까지 조사해서 그분들에게 금전과 관련해 무슨 일이 있었는지 확인한다. 사랑이라는 영역에 대해서도 마찬가지다. 부모님과 조부모님, 친척들의 이야기까지 알아낼 수 있는 건 모두 알아내라.

가족들과 면담하라 부모와 만나서 얘기하라. 부모님의 어린 시절, 삶, 그리고 결혼 생활에 대해서 알아내라. 조부모, 증조부모에 관한 것까지. 고모와 삼촌도 들여다보라. 그러면서 패턴을 찾아보라. 가족 내에 존재하는 모든 비밀과 거짓을 밝혀내라. 결혼 생활, 부정행위, 개인적 특성, 돈에 대한 태도, 비극적 사건에 대해 진실을 알아내라. 1장에서 적었던 12가지 영역 모두에 대해 직접 만나서 이야기를 들어라. 당신의 어린 시절과 가족 개개인이 겪은 일에 대해서 얘기를 나눠라. 분명히 같은 일에 대해서도 서로 다른 이야기를 할 것이다. 형제들이 기억하고 있는 것이 무엇인지 알아내라. 당신의 생활 그리고 성장 과정에 대한 모든 사실을 얻어내라.

자료를 분석하라 당신이 바꾸고 싶은 것이 무엇인가? 가족의 어두운 비밀 중에서 당신이 전철을 밟을 만한 것은 무엇인가? 가족 내력 중에 당신이 빠져들 만한 부분이 어디인지 솔직한 태도로 대하라. 당신은 술을 과하게 마시는 삼촌, 양다리의 달인인 고모를 닮았는가? 아니면 온 세상을 향해 분노를 터트리며 자신이 시작한 일을 끝낸 적이 없는 할아버지를 닮았는가? 친척 중에 당신의 모습이 보이는 사람이 누구인가? 누군가에게서 드러나는 당신의 모습을 찾아내라.

당신의 운영체제를 업그레이드하라 당신의 특성, 혈통 그리고 과거사에서부터 발생할 수 있는 위험을 알아냈다면 당신은 이제 그 패턴을 멈추거나 결과를 바꾸기 위해 약속을 정할 수 있다. 가족에게 이어지는 정서적, 신체적 DNA를 존중할 수 있는 개인적인 규칙들을 만들어라. 예를 들어, 유방암이라는 가족력이 이어진다면 매년 유방암 검진을 받겠다는 약속을 하라. 당신 집안에서 중도 포기자의 패턴이 나타나고 당신에게도 그런 경향이 있다면, 다음에 시작하는 활동은 중도에 그만두지 않겠다는 약속을 정하라. 당신의 어머니가 겪는 분노 조절 문제가 당신에게도 있을 가능성이 있다면 분노 패턴에 목줄을 채울 수 있는 약속을 하라.

❶ 당신 부모의 긍정적. 부정적인 성격적 특징에 관해 목록을 작성하라.

- 성격마다 그 특징을 설명할 수 있는 단어 하나를 골라라. 예를 들면 고약한, 냉담한, 모험적인, 세심한 등이 있다.
- 각 특징의 뉘앙스를 설명해주는 문장 몇 개를 적어라.
- 그 특징과 설명 아래에 그 특징이 당신에게 어떤 식으로 작용하는지 적어라. 즉, 당신의 이야기를 적어라.

❷ 당신 부모의 결혼 생활에서 드러나는 특징과 두 분의 상호 관계에 대해서도 똑같이 목록을 작성하라.

❸ 당신의 부정적인 특징 중 하나를 골라서 당신의 꿈과 방향을 같이하는 새로운 긍정적인 특징으로 대체하라. 그런 다음 새로운 특성을 탄생시킬 수 있는 약속들을 만들어내라. 그리고 그걸 지켜냄으로써 당신이 할 수 있음을 증명하라.

❹ 이번 장에서 제시한 지시사항을 따라 당신의 가족사를 조사하라.

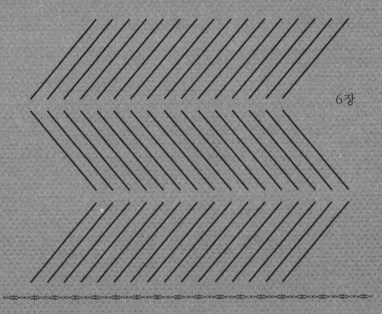

6장

거짓말이 나를 외롭게 한다

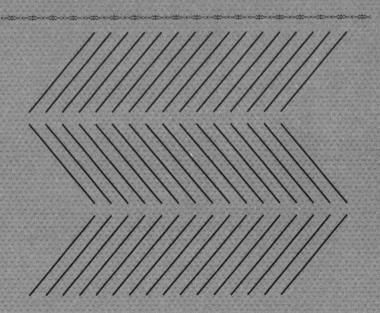

"모든 사람에게는, 정말로 한 사람도 빠짐없이, 거짓말 목록이 있다."

세상은 거짓말로 가득하다

· · · · · · · · · · · ·

먹지 않고 사는 사람이 없듯 절대 거짓말을 하지 않는 사람은 없다. 미처 인식조차 하지 못한 채로 자동으로 거짓말이 튀어나올 때도 있다. 문제는 우리가 거짓말이 자존감, 건강, 커리어, 나아가 인간관계에 어떤 영향을 끼치는지 제대로 이해하지 못한다는 점이다.

다른 사람들이 당신에게 하는 말의 진정성을 의심해본 적이 있는가? 당신이 입고 있는 옷이나 당신이 쓴 글, 당신이 만든 요리 등에 대해 칭찬하는 말을 듣고 왠지 그냥 예의상 하는 말은 아닐까 싶을 때 말이다. 왜 그런 것일까? 당신도 다른 사람들에게 과잉 친절을 베풀 때가 있기 때문이다. 간단하게 말하자면, 당신 역시 거짓말을 하기 때문이다.

세상은 거짓말로 가득하다. 그런데도 아무도 거짓말에 대해 진심으로 얘기하지 않는다. 거짓말에 대한 대화는 사실상 금기사항으로 여겨진다. 도서관에도 거짓말을 다루는 섹션은 없다. 당연한 말이지만, 거짓말은 그리 자랑스러울 게 못 된다. 그러니까 우선 숨기고 보려 한다. 숨길 뿐만 아니라 거짓말을 정당화하고 방어하기까지 한다. 이제는 '나는 거짓말을 한다'는 사실을 인정하고 드러내서 가벼운 마음으로 받아들여야 할 때가 됐다.

다음에 나오는 부분을 읽으면서 당신 내면의 속삭임을 그만두게 할 수 있는지 보라. 우리가 다양한 거짓말을 파고들 것에 대비해서 내면의 속삭임은 이미 방어체제를 가동하고 있을 것이 분명하다. 이건 자책한다고 될 일이 아니라 내면의 속삭임을 멈추고 자신에게 솔직해져야 하는 일이다. 그래야 당신은 흩어진 점들을 연결해서 왜 당신이 스스로를, 그리고 자신의 꿈을 믿지 못하는지 이유를 찾아낼 수 있다.

결론부터 말하면, 당신도 바깥세상에 나가면 진정한 당신의 모습으로 행동하지 않기 때문이다. 당신은 진정한 자신의 모습에 족쇄를 채워놓았다. 다른 사람들에게 비치고 싶은 모습으로 자신을 포장해놓았다. 당신이 진정으로 어떤 사람인지를 발견할 수 있는 유일한 방법은 당신이 누구로 살아왔는지에 대해 솔직해지는 것이다. 당신의 거짓말을 밝혀내는 것만이 빠져나갈 수 있는 유일한 길이다.

자신을 보살핀다는 것의 궁극적 의미는 오로지 진실만을 말하는 것이다. 내게 라이프 코칭을 받은 사람들 중에는 자신의 거짓말 목록을 정리하고 큰 거짓말을 해결한 후에 우울증이 치료된 사람이 정말 많다. 1970년대에 '연인과 헤어지는 50가지 방법'이라는 노래가 있었는데, 나는 그 노래의 제목을 '거짓말쟁이와 헤어지는 50가지 방법'으로 바꿔 부른다.

그렇다고 놀라지는 마라. 진짜 50가지 방법을 다 사용해야 하는 건 아니니까. 얼마나 많은 방법이 필요한지는 당신이 그 가면을 얼마나 오래 써왔는지에 달려 있다.

거짓말의 7가지 유형

모든 사람에게는, 정말로 한 사람도 빠짐없이, 거짓말 목록이 있다. 그 목록을 들키지 않으려고 때로는 선제공격을 날리기도 한다. 나는 20년 동안 수많은 사람을 만나고 라이프 코칭을 진행하면서 온갖 거짓말을 접했다. 거짓말 하나하나가 우리에게 얼마나 많은 영향을 끼치는지 완전하게 이해하는 사람은 거의 없다. 하지만 모든 거짓말을 일일이 다루면서 그것이 우리의 오늘을 만들어냈다는 사실을 보기 시작하면, 마침내 그 영향력을 이해하게 된다.

예를 들어, 나는 당신의 새 옷이 별로라고 생각한다. 하지만 그렇게 얘기하지 않는다. 당신은 그 옷을 아주 좋아하고 비싼 가격에 샀기 때문에 내가 그런 말을 하면 속상해할 테니 말이다. 그런데 아주 괜찮지 않냐며 빙그르르 도는 당신 앞에서 내가 아무 말도 하지 않고 그저 웃기만 한다면 '예쁜 옷'은 사실이 되어버린다.

당신이 생각하고 느끼면서도 말할 수 없다고 결정한 것들은 그 목록이 점점 늘어나고 커지면서 습지의 이끼처럼 퍼져나간다. 당신에겐 생각하면서도 말하지 않는 것들이 턱밑까지 차 있다. 이것 역시 거짓말의 하나다.

거짓말의 일곱 가지 유형을 정리했다. 당신이 주로 어떤 유형의 거짓말을 하는지 찾아보라. 좀 더 손쉽게 알고 싶다면 당신 부모가 어떤 거짓말을 하는지 살펴보면 된다.

노골적인 거짓말 완전히 지어낸 이야기로 거짓말을 할 때다. 변명으로 발뺌하거나 곤경을 모면하기 위해서 사용한다. "차가 꽉 막혀서 꼼짝 못 했어", "그런 메일 받은 적 없는데?", "청소기 돌리느라 전화벨 소릴 못 들었어" 정도는 애교다. 멀쩡한 친구 부모님 문상을 간다는 거짓말에 비하면 말이다.

누락하는 거짓말 상대방에게 모든 걸 알리고 싶지 않을 때 하는 거짓말이다. 상대방이 물어보지 않아서 대답을 안 했을 수도 있고 모든 걸 알려줄 필요까진 없다고 생각해서 안 했을 수도 있다. 예를 들어 바람피워서 이혼당했는데 그냥 사랑이 식어서 이혼했다고 말하는 경우가 그렇다. 사실을 누락하는 또 다른 이유는 어떤 사실을 무시하고 싶어서다. 자신에게는 정말 중요한 일이지만 아직 자신과 협상을 벌이며 극복하려고 노력하는 중일 때다. 예를 들어 당신의 약혼자가 직장이 없는 사람인데 부모에게는 그 부분을 빼고 말하는 경우다. 사실 그 일은 아직 당신에게도 문제가 되고 있다.

과장하는 거짓말 있는 그대로 정확하게 이야기하지 않을 때를 말한다. 좋은 것이든 나쁜 것이든, 이야기를 치장한다. 예를 들면 당신이 집에 돌아와 "우리 과장님이 사무실에 들어와 나를 찾더니 프레젠테이션 정말 멋졌다고 그러는 거야. 그러더니 본 좀 받으라는 시선으로 사람들을 둘러보더군"이라 했다 하자. 하지만 사실은 과장이 사무실에 들어와서 자기 자리로 가는 길에 당신을 보고 "프레젠테이션 잘했어요"라고 한 게 전부였을 것이다. 이처럼 듣는 사람들이 더 깊은 인상을 받거나 더 많은 연민을 느끼기를 원하면서 이야기를 꾸미는 게 과장하는 거짓말이다.

축소하는 거짓말 이야기의 중요성을 떨어뜨리고자 하는 거짓말로, 무의식적으로 가볍게 취급한다. 예를 들면 당신의 남편이 술을 좋아한다. 매일 밤마다 술을 몇 잔씩 마시는데, 당신은 그 정도면 별로 문제가 되지 않는다고 자신에게 얘기한다. 남편의 음주 습관에 대처할 마음이 없는 것이다.

왜곡하는 거짓말 사람들에게 사실을 호도하는 거짓말이다. 누군가 그 책 읽었느냐고 물어보면 "열심히 읽고 있는 중"이라고 대답하지만 실제로는 두어 장 읽다가 손을 놓은 지 한 달이 넘었다. 책이 어디 있는지는 알지만 다시 집어 들 마음은 없다.

대결 회피 거짓말 급격한 변동을 야기하고 싶지 않아서, 싸움이 일어나는 걸 피하려고, 어쩌면 상대방의 마음을 상하게 하고 싶지 않아

서 하는 거짓말이다. 친구가 당신에게 물어본다. "내 남자 친구 어
때?" 당신은 그 남자가 지난주에 다른 사람에게 들이대는 장면을
우연히 봤다. 하지만 전혀 모르는 척 눈을 동그랗게 뜨며 "오늘 처
음 봐서 뭐라고 말할 수가 없는걸?"이라고 한다.

무덤까지 비밀을 유지해야 하는 거짓말 살아생전에는 절대 꺼내지 못할
뿌리 깊은 거짓말도 있다. 가족이나 친구 등 아무도 모르는 내용이
다. 너무 깊이 숨겨놓은, 바보 같은, 속상한, 난처한 그리고 불쾌한
이야기라 누구에게도 말하지 않겠다고 맹세했다. 낙태, 학대, 중독
경험, 성적인 비밀 등이 있다. 당신은 무덤까지 이 비밀을 안고 갈
것이다.

이제 당신은 사람들이 흔히 하는 모든 거짓말의 유형을 알았으니
당신의 거짓말 목록 맨 위에 있는 거짓말을 지울 수 있다. '나는 거짓
말하지 않는다'라는 항목 말이다! 그래, 그렇게 시작하면 된다.

가면을 쓴 당신과 진정한 당신

· · · · · · · · · · · ·

만약 내면에서 자신의 진정한 자아가 모든 광기, 그러니까 내면의
속삭임, 개인적 특성, 믿음, 생각, 거짓말을 관리하고 있다면 우리는
세상에서 무엇을 보게 될까?

진정한 당신의 모습이 실제로 있다. 그리고 세상에 보여주는 당신의 모습도 있다. 다시 말해 남들 눈에 비치는, 실제 성격과는 다른 당신의 모습이 있다는 말이다. 당신이 거짓말을 하고, 다른 사람의 눈에 보일 당신의 모습을 관리하고, 사실을 일부만 말한다면 당신은 자신의 대변인 역할을 하는 셈이다. 인간관계를 유지하고 체면을 세우기 위해 세상에 드러내는, 가면을 쓴 모습을 보여주고 있는 것이다.

사실상 진정한 당신의 모습은 외부로 드러나는 것이 허용되지 않는다. 진정한 당신이 가짜 당신에게 조종당하고 있기 때문이다. 가짜 당신은 마음에 들지 않는 사람에게 커피를 대령하고, 과장해서 이야기하며, 행복하지도 않으면서 행복한 척한다. 하지만 그렇게 해서 진정으로 행복해질 수 있을까?

당신은 사람들이 보는 당신의 모습을 열심히 조작하고 있다. 그리고 진짜 당신은 뒤에 숨어서 인형극을 벌이고 있다. 당신이 대변인을 내세워 이야기를 하게 할수록 진정한 당신은 점점 작아지고, 급기야는 사라지고 말 것이다.

예를 들어보자. 당신은 어떤 사람과 세 번째 데이트를 하고 있다. 당신은 그 사람이 매우 마음에 들고 그 사람에게 물어보고 싶은 것도 많다. 하지만 내면의 목소리는 당신에게 이렇게 얘기한다. "그러지 마. 그러면 상대가 널 가볍게 생각한단 말이야." 그 목소리에 조종당하는 당신은 질문을 그만둔다. 그런데 시간이 지나 그 데이트 상대가 당신을 좋아하게 된다면, 상대방이 좋아하는 당신은 진정한 모습의 당신일까 아니면 가면을 쓴 당신의 모습일까?

만약 당신이 살면서 누군가와 함께 있을 때 진정한 당신의 모습을 드러낼 수 없다면 그 사람과의 관계는 이미 손상됐다. 그것은 상대방을 속이는 관계다. 어떤 사람이 당신 인생에서 중요한 사람이고, 당신이 새롭고 진정한 자기 모습을 찾아가는 길에 동행했으면 싶은 사람이라면 그 앞에서는 최대한 솔직해져라. 모든 것을 이야기하는 바람에 도리어 용서받지 못하고 회복 불가능한 관계가 됐다면, 마음은 아플지라도 그 나름대로 의미가 있다. 적어도 자신은 자유롭게 해줬으니 말이다. 실제로, 나도 솔직한 내가 되는 길을 택하면서 많은 사람을 잃었다. 그건 그 사람들의 잘못이 아니었다. 내 잘못이었지.

자신을 자유롭게 하는 일, 다른 말로 하자면, 진정한 내가 아니었을 때 나를 잘 알고 사랑해주었던 오랜 친구들을 떠나보내는 일은 성장 과정의 일부이자 진정한 자신이 되는 과정의 일부다. 이 과정은 시간도 걸리고 용기도 필요하다.

나도 방법을 찾아내고 나와 함께하고 싶어 하는 사람들이 누구인지 알아내는 데 몇 년이나 걸렸다. 하지만 내 말을 믿어라. 당신이 잘났든 못났든 당신을 한결같이 사랑하는 친구가 진정한 친구다. 그런 친구는 당신을 있는 그대로 좋아한다. 나는 그 친구들을 인형극 무대 뒤로 초대해서 진정한 나의 모습을 보여주었고, 그들은 나의 초대에 응해 찾아왔을 뿐만 아니라 그곳에 나와 함께 머물러주었다.

비밀이 하는 일

. . . .

다른 사람과의 관계에서 진실을 말할 수 없다면 그 사람과 함께 있다는 것이 무슨 의미가 있을까? 진짜 당신은 숨기고 보여주고 싶은 모습만 조작해서 보여준다면 그것이 진정한 사랑일까?

어떤 사람들은 사생활이라는 핑계로 비밀을 지켜야 한다고 주장하기도 한다. "그건 그 사람의 인생이고 그 사람의 생각이고 그 사람의 감정이니, 비밀을 남과 나누든 말든 모든 것은 그 사람이 선택할 문제다"라고. 과연 그럴까? 그게 왜 틀렸는지를 설명하겠다.

비밀은 현실을 만들어낸다 비밀을 유지하고 숨기는 행위가 그 비밀에 무게와 신빙성을 부여한다. 우리는 비밀이 사라지길 바라고 숨기지만, 결과는 바람과 정반대로 나타난다. 비밀은 우리가 소중히 여기는 바로 그 관계에서 불화를 일으키는 근본 원인이 된다. 비밀은 우리의 행복을 점점 갉아먹고, 어느새 우리를 연옥에 가둔다.

비밀은 진정한 당신의 모습을 감춘다 어느 정도까지는 비밀을 간직하는 것도 괜찮아 보인다. 때때로 신비로워 보이기까지 한다. 하지만 이런 행동이 길어지면 자아는 점점 더 깊이 숨게 되고, 결국엔 자아와의 접촉이 끊기고 만다. 그러면 거짓말이 점점 세력을 키워 당신을 꼼짝 못하게 한다. 자기가 한 거짓말에 구속당하는 것이다.

비밀은 다른 곳에서 문제를 드러낸다 비밀에는 큰 비밀과 작은 비밀이 있다. 큰 비밀이 불러올 결과에 대해서는 많은 사람이 공감한다. 예를 들어, 배우자 몰래 바람피우는 행동이 드러나면 중대한 영향을 불러온다는 점을 알고 있다. 그런데 마음속 생각을 솔직하게 얘기하지 않거나 상대방 기분 좋으라고 하는 작은 거짓말들이 쌓여가는 것은 어떤가? 예를 들면, 내가 코칭을 진행한 어떤 사람은 여자 친구의 몸무게에 대해 솔직하게 말하지 못했다. 여자 친구가 계속해서 자기가 어떻게 보이냐고 물으면서 살이 쪄서 속상하다고 말하는데도 그는 아무 말도 하지 않았다. 남자는 여자 친구가 이미 그 사실을 알고 있고 속상해하고 있으니 굳이 말할 필요는 없다며 자신의 생각과 행동을 정당화했다. 하지만 입을 다물면 다물수록 그는 오히려 그 문제에 집착하게 됐고, 결국에는 여자 친구의 외모에 더는 매력을 느끼지 못하게 됐다.

비밀은 당신을 고립시킨다 비밀을 토대로 관계를 형성하는 것은 모래 위에 집을 짓는 것과 같다. 조심스럽게 다듬어진 당신의 모습만을 보는 사람과는 마음속 깊이 통하는 관계를 유지할 수 없다. 당신의 진짜 생각을 말하지 않으면 사람들은 당신을 알지 못한다. 당신 역시 있는 그대로의 자기 모습으로 사랑받는다는 감정을 전혀 느끼지 못한다.

타인의 거짓말 엿보기

· · · · · · · · · · · ·

이제 거짓말 목록을 작성해볼 때다. 이 단계에서 모든 사람이 처음에는 어떻게든 목록을 줄이려고 한다. 어떤 사람들은 고의로 '까먹기도' 한다. 그걸 비난할 생각은 없다. 나도 그랬으니까. 하지만 자신에게 솔직해져야만 목적지에 더 수월하게 도착한다는 사실을 명심하기 바란다.

도나의 거짓말 목록

먼저 도나의 거짓말 목록을 살펴보자. 다음은 그녀가 적은 모든 거짓말 중에서 일부를 뽑은 것이다.

— 나는 학교에 가기 싫어 꾀병을 부렸다.

— 나는 아버지 지갑에서 돈을 훔치고 잡아뗐다.

— 나는 남편 존에게 여러 가지 일에 대해서 거짓말을 해왔다. 돈을 얼마나 쓰는지를 숨겼고, 신발이나 바지를 새로 사놓고 원래 있던 것인 척했다. 올해 남편이 스페인에 가자고 했을 때도 거짓말을 하고 혼자 보냈다. 남편에게는 우리 엄마가 함께 갈 수 없게 되었으니 이번엔 혼자 가는 게 좋겠다고 말했지만 사실은 남편에게서 잠시 벗어나고 싶었기 때문이다. 내 행방에 관해서도 거짓말을 했다. 내게는 남편 몰래 임대한 비밀 사무실이 있다.

거기다가 쇼핑한 물건을 숨겨놓는다. 나는 아이들이 아빠한테 혼나는 것이 싫어서 아이들에 대한 어떤 부분을 남편에게 거짓말하거나 숨기거나 사실대로 얘기하지 않는다. 나는 필러 시술을 받아왔다는 사실도 남편에게 말하지 않았다.

— 아이들 하굣길에 늦게 데리러 간 이유에 대해서 아이들에게 거짓말했다. 아이들에게는 약속이 생겼다고 했지만 사실은 쇼핑 중이었다. 내가 남편에게 상처받았거나 화났던 일에 대해서 또는 남편이 잘못했다고 생각하는 일에 대해서 아이들에게 말하지 않았다. 애들이 친구들을 집으로 불러 연극을 하고 싶다고 했는데, 친구 엄마에게 전화했더니 다른 일 때문에 올 수 없다고 하더라고 거짓말했다. 사실은 귀찮아서 전화도 하지 않았다.

— 사람들이 어떻게 남편을 만나게 됐느냐고 물으면 종종 내가 재혼이라는 부분은 빼놓고 대답한다.

— 나는 의사에게 처방해준 약을 계속 먹고 있다고 거짓말했다. 사실은 그 약을 복용하는 게 싫고 도움도 되지 않는 것 같아 그냥 안 먹는다. 머리가 빠지기 시작해서 걱정되었기 때문이다.

— 나는 이웃을 속였다. 옆집 큰딸이 우리 딸에게 못되게 굴기 시작한 시기에, 그 애 엄마가 내 딸과 자기 딸을 함께 놀게 해달라고 부탁했다. 나는 우리 딸은 지금 다른 데 가 있어서 그럴 수 없다고 대답했다. 우리 딸은 그 옆집에서 놀고 있었다. 엄밀히 말하면, 거짓말은 아니지만 기만행위라 할 수 있다.

— 아픈 것에 대해서 나 자신에게 거짓말했다. 스스로에게 괜찮다고, 병이 사라질 거라고 말하곤 했다.

— 병에 대해서 남편과 어머니에게 거짓말했다. 어머니에게는 걱정을 끼치고 싶지 않았고, 남편에게서는 "아주 병을 달고 사는구먼"이란 말을 듣고 싶지 않아서다.

— 남편과 나는 몰래 결혼했다. 나는 우리 집에 솔직하게 얘기했는데 남편은 자기 어머니가 화를 낼까 봐 그 사실을 숨겼다. 그래서 2년 동안이나 남편 부모님을 보러 가도 사실대로 말하지 못했다. 기분은 좋지 않았지만 그냥 그렇게 지냈다.

모든 사람의 거짓말에는 나름대로 특징이 있다. 도나가 즐겨 사용하는 거짓말은 많은 사람이 하는 거짓말과 비슷하다. 도나의 거짓말은 언제까지나 좋은 아내이자 엄마 그리고 친구 같은 사람으로 보이고 싶어서 하는 것들이다.

분명한 점은 우리 모두에게 도나의 모습이 있다는 사실이다. 도나는 사실을 인정하지 않고, 이야기를 와전하는 명백한 거짓말 목록을 만들어놓고 있다. 당신도 그녀의 거짓말 목록을 살피다 보면 나도 이랬는데, 나도 저랬는데 하는 부분이 보일 것이다.

그런데 질문이 있다. 당신은 도나의 남편 존이 도나의 과소비에 대해 정말 모르고 있다고 생각하는가? 우리가 부모님을 속이려 할 때 부모님은 정말 전혀 눈치를 못 채고 있을까? 설사 우리의 교묘한 술수를 하나에서 열까지 다 알지는 못한다 해도 그건 우리가 능숙한 거짓말쟁이이기 때문이 아니다. 그보다는 상대방이 차라리 알고 싶지 않다고 생각하거나 자기들도 무언가 찝찝한 것이 있어서 모른 척하기 때문이다.

도나가 남편에게, 자기 어머니에게, 아이들에게 그리고 심지어 이웃에게까지 사실을 털어놓는다면 어떤 일이 벌어질 거라고 생각하나? 다들 도나에게 욕을 할까? 도나는 이사를 해야만 할까? 도나의 이웃집 여성은 자기의 10대 딸이 가끔 못된 성격을 드러낸다는 걸 정말 모르고 있었을까? 자기 지갑에서 돈이 사라진 걸 모르는 아빠가 있고, 아프다는 딸이 진짜 아픈지 꾀병을 부리는지 눈치채지 못할 엄마가 있을 거라고 생각하나?

당신의 대변인에게 그 입 다물라고 하라. 당신이 숨기고 있던 일에 대해 책임을 지고 누군가에게 사실을 말하면 어떻게 될 것 같은가? 대변인이 뭐라고 술수를 부리든 진실을 말하면 마법 같은 일이 일어난다. 살면서 처음으로, 실제로 존재하는 온전한 자신이 됐음을 느끼게 된다. 진정한 우정이 가능해지며, 가짜 우정이 종말을 고한다.

도나는 고백을 하기로 했다. 남편과 마주 앉은 도나는 겁에 질렸지만 일이 꽤 잘 풀렸다. 3장에서 봤듯이 도나는 이 과제를 하기 훨씬 전에 성의 영역에서 자신과 약속한 것이 있다. 일주일에 한 번은 부부관계를 주도하겠다던 약속 말이다. 그 약속을 충실히 지켜오고 있었고, 과한 쇼핑 역시 자제해왔다.

도나는 자신의 무절제한 쇼핑에 대해 남편에게 낱낱이 얘기했다. 존은 도나의 쇼핑 행태에 관해 어느 정도 눈치를 채고 있었고 도나가 새 옷을 입고 있는 걸 보기도 했었지만, 씀씀이가 어느 정도인지까지는 전혀 알지 못했다. 그는 자신이 전혀 모르고 있었다는 사실에 충격받았고 당황스러웠다. 하지만 동시에, 아내가 정신을 차리기 시작했다는 생각에 안도했다. 존은 도나를 사랑했다. 도나는 사랑스럽고 명랑하며 재미있는 여성이었다. 존은 아내의 무기력과 순종적인 경향이 세 아이에게 시달리는 데다 병까지 더해졌기 때문이려니 생각했다. 그는 아내에게 무슨 일이 일어나는지 알지 못했다. 아내가 얼마나 불행하고 불만스러운 기분 속에서 살아가고 있는지를 새삼 깊이 생각하게 됐다.

도나 역시 계속 거짓말을 하고 비밀을 지키기 위해 자기가 남편을 나쁜 사람으로 몰고 간다는 사실을 발견했다. 또한 도나는 존이 결혼 생활에 대해 진심으로 관심을 가지고 신경 쓰고 있다는 사실을 새로이 느끼게 됐다. 존은 멍청이가 아니었다. 그는 도나와 이런 대화를 나눌 의향이 있었고 정말로 상황을 더 좋게 만들고 싶어했다. 그는 도나의 말에 귀를 기울이고 관심을 쏟았다.

존은 도나를 용서했고 심지어 그런 도나의 행동이 재미있다고까지 생각하게 됐다. 두 사람 다 그랬다. 세 자녀를 키우는 부부에게는 정말 필요한 일이었다.

존과 도나는 두 사람 모두에게 거짓에 대한 책임이 있다는 사실도 알게 됐다. 도나와 마찬가지로 존 역시 두 사람의 관계에서 도나가 사라지고 있다는 느낌을 받았음에도 그 감정을 숨겨왔다. 두 사람의 거짓말이 결혼 생활의 숨통을 조이고 있었던 것이다.

도나는 거짓말 목록을 비우면 비울수록 존과 더욱 깊이 통한다는 느낌을 받았다. 자신의 솔직하지 못한 행동에 대해 솔직해지면 솔직해질수록 자신이 인정받고 사랑받는다는 느낌이 들었다. 부부 사이도 좋아졌다. 이제는 쇼핑백, 비밀 사무실, 과민성 대장 증후군, 수동 공격성 등 도나의 별스러운 특징이 모두 온전히 사랑받고 있기 때문이다.

이 모든 과정을 통해 도나는 자신이 아버지의 딸이라는 사실을 이전보다 한층 더 확실하게 알 수 있었다. 아버지가 술을 마시고 음주 사실을 숨기던 행동과 자기가 쇼핑을 하고 구매 사실을 숨기는 행동 사이에 흩어진 점들을 연결해 결론을 도출할 수 있었다. 쇼핑을 하고 혼자 미소를 띠며 아무 말도 하지 않는 행동으로 복수하던 어머니와도 점들이 연결됐다. 자기도 모르는 사이에 어머니의 발자취를 따르고 있었던 것이다!

어쩌면 당신은 지금쯤 거짓말을 털어놓는 행동이 어떤 후폭풍을 불러올지 걱정하고 있을지도 모르겠다. 도나는 사실을 털어놓고도 어찌어찌 살아남았지만 자신은 살아남을 수 없을 거라는 두려움에 긴장하고 있을 수도 있다.

내 생각은 이렇다. 이건 당신이 저지른 일을 속죄할 기회다. 모든 이들을 자유롭게 해주는 일이기도 하다. 당신의 고백에 사람들은 당신을 용서해줄 수도 있고 용서하지 않을 수도 있다. 어느 쪽이든, 이제 당신과 그들은 진정한 관계를 맺게 되는 것이다.

진실한 모습은 감추는 것이 아니라 드러내는 것이다. 당신이 진실을 밝힐 때 일어날 수 있는 일은 두 가지 경우밖에 없다는 사실을 알아야 한다. 하나는 당신이 거창하고 중요하게 생각했던 거짓말이 알고 보니 별것도 아니었다는 걸 알게 되는 것이다. 단지 그동안 숨기고 숨기다 보니 머릿속에서 거짓말이 세력을 키워 대단한 것이라도 되는 양 여기게 됐을 뿐이다. 다른 하나는, 거짓말을 한 데 대한 벌칙을 받아들이는 것이다. 그게 다다.

이선의 거짓말 목록

그럼 이선의 거짓말은 어떨까?

— 주기적으로 관심을 끌기 위해 아프거나 다친 척을 한다. 그럴 때는 절뚝거리며 걷거나 미리 체온계 온도를 높게 해서 증상을 부풀리거나 눈에 비눗물을 넣어서 충혈되게 한다.
— 어머니가 큰 소리로 앓는 소리를 내거나 우스운 행동 등으로 관심을 받으려고 할 때 당황스럽다. 어머니가 인종차별적 발언을 할 때도 그렇다.
— 아버지가 아끼는 기타를 훔쳐서 친구 집에 갖다 놓았다.

— 예전 여자 친구 룸메이트랑 잤는데 여자 친구에게는 자지 않았
  다고 했다.
— 고등학교 때 여자 친구를 임신시켜 낙태까지 했다는 사실을 부
  모님에게 절대 말하지 않았다.
— 친구 은행 계좌에서 수표를 위조했다.
— 침대에 오줌 싼 친구가 있었는데 뒤에서 몰래 그 친구를 놀리곤
  했다.
— 예전 여자 친구에게 우리 관계에 확신이 서지 않는다며 헤어지
  자고 한 적이 있는데 거짓말이었다. 엄청 밝히는 여자애가 있는
  데 그 애가 나와 만나고 싶어 한다는 얘기를 친구로부터 전해듣
  고 그런 것이다.
— 친구들이랑 차 타이어를 찢다가 걸렸는데, 다들 전과가 없으니
  이미 전과가 있던 친구가 혼자 뒤집어쓰도록 설득한 적이 있다.

이선의 목록을 읽고 당신은 이렇게 물을지도 모른다. "살면서 지
금까지 한 거짓말 모두를, 심지어 어린 시절에 했던 거짓말까지 불
러내야 한다는 말인가요? 큰 거짓말이라면 계속 뇌리에 남아 있겠지
만, 이미 기억도 가물가물한 사소하고 그저 멍청한 거짓말까지 다뤄
야 하는 건가요? 과거는 과거로 묻어두고 그냥 현재를 살 수는 없는
건가요?"
이선의 거짓말을 읽어보면서 당신은 이선이 과거에서 놓여났다고

생각하는가? 이선이 자신을 높이 평가하고 존중한다고 생각하는가? 아마 그렇지 않다는 걸 당신도 알 것이다. 숨기고 거짓말하고 움츠러들기 시작하는 순간부터 자기 본연의 모습은 점점 줄어든다.

이선은 자기가 저지른 행동으로부터 자신을 자유롭게 하는 길을 선택했다. 중요한 사실은 실제 거짓말 하나하나의 크기와 관계없이 자신의 전체 삶을 정화하고 자신을 완전히 자유롭게 하기 위해서는 솔직해져야 한다는 것이다. 이선은 자신이 어떤 사람인지 다른 사람들이 알지 못하게 감췄지만, 이제는 바보 같은 가짜 자신의 모습을 끝내고 싶어 했다.

당신의 현재 상태와 꿈꾸는 당신 사이에는 넓은 틈이 있다. 그 틈의 폭은 당신이 현재 깨닫지 못하는 것들을 얼마나 깨닫고 싶어 하는지에 달렸다. 이선은 자신의 과거가 자신의 현재에 얼마나 많이 스며들어 있는지를 알게 됐고, 그 순간 그에 대한 조치를 취할 수 있었다. 자기의 감정적 진실성(어떻게 느끼는지), 육체적 진실성(무엇을 하는지), 정신적 진실성(무슨 생각을 하는지)의 방향을 바꿀 수 있었다. 한마디로, 현재의 운영체제를 업그레이드할 수 있었다.

나중에 알았지만, 당연히 이선의 부모님은 이선이 고등학교 시절에 술을 마시고 담배를 피웠으며 여자관계가 복잡했다는 사실을 이미 알고 있었다. 나는 내가 코치했던 많은 사람이 자기만 성관계를 하고 마음대로 놀러 다녔던 사람인 양 생각하는 것을 떠올릴 때마다 웃음을 금할 수 없다. 이선의 부모님은 고등학교 시절에 공부만 했으리라 생각하는가?

게다가 이선이 어머니에 대해서 불편하게 생각하는 점들을 털어 놓았을 때 어머니의 반응이 어땠을 것 같은가? 이선의 어머니는 이 선에게 사과했다. 자기도 힘들었다면서 말이다. 그 순간에 이선은 태어나서 처음으로, 어쩌면 문제는 어머니에게만 있는 것이 아닐 수도 있다는 사실을 보게 됐다. 물론, 어머니의 정신은 불안정했다. 하지만 이선의 어머니는 적어도 의사를 만나 진단을 받고, 치료도 진행중이었다. 하지만 이선은?

입을 열어 자신에 대한 사실을 밝히지 않는 이상, 의식적으로든 무의식적으로든 스스로 원망하고 나쁘게 생각했던 모든 것을 밝히지 않는 이상 그 거짓말들이 당신을 얼마나 무겁게 짓누르고 있는지 알아낼 수 없다. 거짓말을 관리하는 데 시간을 낭비하고, 누가 당신의 비밀을 알까 봐 조심하는 데 인생을 허비할 필요가 없을 때 그저 있는 그대로의 당신으로 살아갈 수 있는 시간이 훨씬 더 많아진다.

케이티의 거짓말 목록

이제 케이티의 사례를 보자.

— 내가 여덟 살 때, 옷을 다 벗고 옆집 남자애랑 침대에 누워 있는 걸 오빠한테 들켰다. 나는 다시는 안 그러겠다고 맹세했지만 또 그랬다. 학교에 다니면서 열한 살까지 그렇게 한 남자애들이 적

어도 네 명은 된다. 아무도 알지 못한다.

— 열네 살 때, 나랑 제일 친한 친척 애랑 둘이서 지하실의 아버지 와인 저장고에 있던 와인 한 병을 훔쳐서 한밤중에 길모퉁이에서 마셨다. 엄청나게 비싼 고급 와인이었다. 그 일로 친척이 야단맞았는데, 나는 아무것도 모르는 척하면서 아무 말도 하지 않았다. 그다음에도 여러 번 지하실에서 맥주, 와인, 위스키 등 이것저것을 계속 훔쳐 마셨다. 때때로 아버지가 어떻게 이걸 모를까 궁금해하면서. 아버지는 내가 고등학교와 대학교에 다니는 내내 술 공급자 역할을 했다.

— 혼자 운전할 수 있을 만한 나이가 되어서는 거의 일요일마다 성 패트릭 성당에서 열리는 12시 반 미사에 간다고 하고 옷을 챙겨 입었다. 집을 나와서는 세 블록 정도 떨어진 친구 집으로 운전하고 가서 친구네 가족과 함께 점심을 먹었다. 거기서 45분 정도 놀다가 성당으로 차를 몰고 가서 주보를 한 장 집어 들고 집으로 왔다. 나보다 늘 이른 시간에 미사를 다녀오는 부모님은 내게 예배가 어땠는지 물었다. 나는 거짓말을 했다. 심지어 성당에서 나오다가 신부님과 얘기를 나눴다는 거짓말을 하기도 했다. 고등학교 내내 일요일마다 이랬다.

— 나는 부모님 침대에서 첫 성관계를 했다. 당시 어머니는 쓸개 수술 때문에 병원에 입원 중이었고, 아버지는 아시아에 출장 중이었다. 나는 그 침대 시트를 빨지도 않았다.

— 대학 때 축구팀 코치 중 한 명과 편하게 즐기는 사이로 지냈다. 우리 관계에 대해 아는 사람은 아무도 없었다. 눈치를 챈 친구가 그 남자와 무슨 관계인지 물었지만 나는 거짓말로 둘러댔다.

— 대학 때 남자 친구와 함께 살고 있었는데, 어느 날 밤 술집에서 남자 친구와 싸우게 됐다. 남자 친구는 나를 두고 혼자 집으로 가버렸다. 나는 그 술집에서 술 한잔을 더 했다. 그러다가 처음 보는 남자를 만나서 그날 밤에 같이 자고 새벽 세 시 정도에 집으로 돌아갔다. 남자 친구에게는 바람을 쐬고 왔다고 거짓말을 했다.

— 나는 남자를 만날 때마다 다른 남자와 바람을 피웠다. 남편과 결혼하기 전에도 바람을 피웠다.

— 내가 스물두 살 때 사랑하던 남자의 아이를 가졌다. 그 남자는 바람을 피웠고, 나는 임신한 줄도 모르는 상태에서 그 남자와 헤어졌다. 나는 임신중절 수술을 받았지만 그에게는 한 번도 말한 적이 없다.

— 나는 영화학교에 다니면서 산타모니카에서 바텐더로 일했다. 어느 날 사장한테 아버지가 심장마비를 일으켰다고 거짓말하고 나흘 동안 일을 쉬었다.

— 영화학교에 다닐 때 장거리 연애 중이던 남자 친구가 런던에서 비행기를 타고 왔다. 그는 50여 명이 모인 파티에서 청혼해 나를 놀라게 했다. 나는 결혼하겠다고 대답했다. 거짓말이었다. 나는

그와 결혼하고 싶지 않았다. 그 남자가 내 전남편이다.

— 나는 내 라이프 코치인 로렌에게 거짓말했다. 로렌이 처음 확인 전화를 했을 때 내 몸무게는 93킬로그램이었는데 87킬로그램이라고 했다. 또 내가 얼마나 술을 마시는지에 대해서도 거짓말을 했다. 로렌이 나를 포기하지 않기를 바랐다.

뭐 그리 특별하거나 놀라운 점은 없다. 하지만 한 가지, 케이티는 속으로는 전혀 순진하지 않으면서도 겉으로는 정말 좋은 사람인 양 행동한 듯 보인다. 그런 생각이 들지 않나? 케이티는 술을 마시고 바람을 피웠다. 심지어 성당 가는 것에 대해서도 거짓말을 했다.

하지만 한 가지 물어보자. 만약 다른 사람들을 기쁘게 해주기 위해서 거짓말을 하는 거라면, 자기 자신의 진실보다 다른 사람이 더 중요하다는 뜻 아닌가? 다른 사람들을 위한다는 명목 아래 당신은 본질적으로 자신을 주인공이 아닌 조연으로 끌어내리고 있지 않은가?

케이티는 결혼하고 싶지 않았지만 결혼했다는 얘기까지 포함해서 자기가 했던 모든 거짓말을 전남편에게 털어놓았다. 그 순간 무슨 일이 벌어졌는지 아는가? 두 사람은 서로에게 진정한 연민을 느끼게 됐고 서로를 용서했다.

당신의 거짓말 기록하기

당신 차례가 다시 돌아왔다. 지금 이 순간 당신은 이 책을 읽으면서 앞의 어느 곳에서보다 더 "제발 좀 그만하자!"라고 소리치고 싶을 것이다.

당신은 이렇게 생각할 수 있다. '나는 그 정도로 나쁜 사람이 아니고, 설사 그렇다 해도 왜 이제 와서 10년 전에 있었던 일이며 수십 명의 친구까지 들춰내야 하는 건가?'라고 말이다. 그리고 막상 과제를 하면서도, 자존감이 부족하든 친밀감이 부족하든 그건 자신이 택한 운명이고, 그게 나라고 생각할 것이다. 입을 다물고 내가 했던 일을 상대방에게 밝히지 않으면 그냥 지금처럼 지낼 수 있을 거라고 생각하면서.

이해한다. 그리고 당신이 그렇게 인정한다는 것만으로도 처음 시작했을 때보다 이미 향상됐다는 것을 보여준다. 하지만 당신이 알아야 할 것이 있다. 라이프 코칭을 진행하다 보면, 아무리 큰 성공을 거둔 사람이라도 삶에서 막힌 부분은 꼭 있다. 그리고 함께 그 영역의 모든 부분을 하나도 빠짐없이 살펴보았다고 생각했는데도, 파고들다 보면 언제나 또 다른 거짓말이 발견되곤 했다. 그 오랜 시간이 지나서도 여전히 우리를 괴롭히는 무언가가 숨어 있는 것이다.

내가 장담한다. 자신을 자유롭게 해주기 위한 과정에서, 자신의 거짓말을 인정하는 것보다 더 멋지고 감동적인 작업은 없다. 그동안은 자신의 거짓말을 들여다보기보다는 방 여기저기에 계속 쌓아놓고 있었다. 그러다가 어느 순간 발 디딜 틈을 찾을 수도 없는 형편에 이르렀다.

일단은 당신이 적절하다고 생각하는 일을 할 필요가 있다. 간단한 문제가 아닌 일들(예를 들면, 외도, 도둑질, 성적인 비밀 등)은 전달 과정도 쉽지 않고 책임감 있는 태도로 전달하기가 더 어렵다. 나는 모든 사람에게 당장 엉망인 결혼 생활을 날리고 이혼 수속을 시작하라고 시키지 않는다. 대신에 자기 자신과 일종의 정신적인 계약서를 작성하게 한다.

예를 들어, 몇 년 동안 바람을 피우고 있는데 남편에게 그 사실을 털어놓고 싶긴 하지만 그 때문에 이혼으로 몰리는 상황은 원하지 하는 여성이 있다. 그녀는 애들에게 미움 받는 것도 싫었다. 그래서 자신에게 맞는 적절한 전략을 세웠다. 그녀는 남편에게 이혼을 요구했다. 그녀는 이혼하고 5년 후에 남편에게 외도 사실을 밝히기로 자신과(그리고 나와) 약속했다. 애들이 적당한 나이가 되면 애들에게도 자신의 외도에 관해 얘기하기로 약속했다. 그녀의 계약은 진실되고 책임감을 담고 있었다.

사람들은 자기가 감수할 수 있는 불만과 진실성에 대해 저마다의 기준이 있다. 자기가 포기한 솔직함을 견딜 수 없을 때에는 신경안정제로 대체하며 사는 사람도 있다. 나는 죄책감을 심어주거나 준비되기도 전에 다그쳐서 일을 그르치게 할 생각은 없다. 뭐가 옳은지는 각자가 선택할 문제다. 당신에게 적절한 방식을 찾아내면 된다.

자유를 얻을 수 있는 열쇠가 거짓말을 멈추는 것이라는 사실을 누구보다 잘 아는 나 역시 지금도 여전히 거짓말을 청소하고 있다. 우리는 대형 유조선에서 유출된 기름 때문에 오염된 환경과도 같다. 오염을 모두 청소하고 다시 깨끗해지기까지는 오랜 시간이 걸린다.

....

❶ 지금껏 살면서 했던 거짓말을 기억나는 대로 모두 적어라. 평생 해온 거짓말에 대해서 모두 생각해보려면 시간이 필요할 테니 서두르지 말고 천천히 시간을 두고 하라고 조언하는 바이다. 기억해야 할 점은, 목록을 작성하면서 여유 있는 시각으로 바라봐야 한다는 것이다. 다음에 나오는 거짓말 유형을 참고하면 목록을 작성하는 데 도움이 될 것이다.

- 노골적인 거짓말
- 고의로 숨기거나 사람들이 몰랐으면 하는 모든 것
- 과장
- 부분적인 진실
- 잘못된 묘사
- 밝혔어야 하는 정보를 밝히지 않는 것
- 누군가를 아프게 할 만한 말은 아예 하지 않는 것
- 부상을 당했다거나 누구의 친구를 사칭하는 등 무언가를 꾸며대는 것
- 대결 회피
- 상대방이 신경 쓸 일이 아니라고 생각하는 비밀
- 말하면 피해를 주거나 나쁜 사람으로 보일까봐 의견이나 판단을 숨기는 것
- 자기가 하는 말에 극적인 요소를 더하는 것
- 무덤까지 가지고 갈 비밀

❷ 다른 사람이 당신에게 한 거짓말을 모두 적어라.

❸ 거짓말 목록에서 당신이 청소해버리고 싶은 거짓말 다섯 개를 선택하라. 쉬운 것부터 시작하라.

❹ 살면서 당신의 대변인이 나타나는 상황이 어떤 때인지 적어라.

❺ 다음에 제시한 고백의 5단계를 따라, 3번에서 당신이 선택한 다섯 가지 거짓말을 깨끗하게 하라.

고백의 5단계

❶ 고백해야 할 것이 있다면 고백하라. 당신이 무슨 일을 했고 어떤 기분인지 솔직하게, 최대한 자세하게 말하라. 당신이 사과해야 할 부분 또는 오랫동안 숨겨왔던 부분에 대해 사과하라.

❷ 당시 상대방이 같이 있었다면 그가 어떤 경험을 했는지, 그 일에 대해 어떻게 기억하는지, 지금 당신의 고백을 듣고 어떻게 생각하는지 물어보라.

❸ 상대방이 할 말이 있다고 하면 그의 말을 경청하라. 그런 다음 당신이 상대방의 말을 주의 깊게 들었다는 점을 알리기 위해 당신이 들은 말을 상대방에게 그대로 되풀이하라.

❹ 상대방이 당신의 고백을 듣고 당신을 용서했다면, 당신도 자신을 용서하라. 그리고 거기서 그 일과 관련된 모든 것을 끝내라.

❺ 필요한 경우, 앞으로는 어떻게 행동할 것인지에 대해 약속을 정하라. 그 약속을 지키지 못했을 때의 벌칙도 함께 정하라.

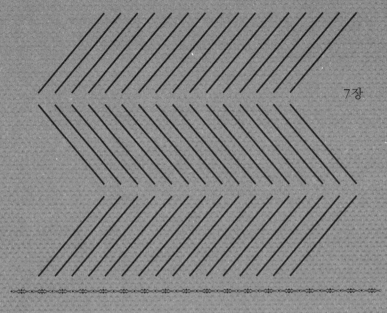

7장

우리는 나쁜 기억에서 벗어날 수 있다

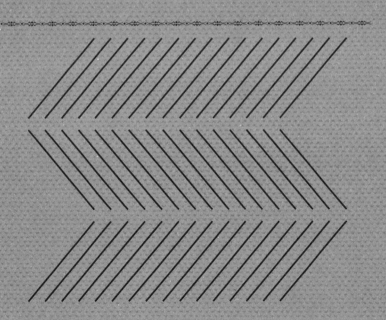

"용기를 내서 망령에 맞서는 행동, 삶에서 변화를 끌어낼 수 있는 주체는 나 자신이라고 믿는 행동, 앞으로 나서서 자신을 변화시키려는 행동은 그 자체만으로도 나를 바꿔놓는다."

주위를 맴도는 기억의 이유를 알아야 한다

. . . .

당신은 날마다 수많은 이메일, 문자, 전화를 받는다. 그중 어떤 내용이 머릿속에 오래 남던가? 아마도 미소를 띠게 했던 기분 좋은 내용보다는 기분을 나쁘게 했던 내용일 것이다. 왜 그럴까?

그 이유는 당신이 생각하는 것보다 사소한 데 있다. 단지 기분이 나빠서가 아니라 그 말에 동의하기 때문이다. 의식적으로든 무의식적으로든, 기분 나쁜 내용의 전화나 문자가 신경 쓰인다는 말은 우리의 믿음과 생각이 그 말에 동의하고 있다는 반증인 셈이다.

그렇다면 지금도 계속 떠오르는, 털어버리지 못할 것 같은 어릴 적기억들은 어떤가? 물론 왜 계속해서 기억나는지 그 이유가 분명한경우도 있다. 예를 들면, 부모가 이혼을 선언한 일이나 축구를 하다다리가 부러진 일은 뇌리에서 사라지지 않고 오래오래 남는다. 하지만 굳이 분명한 이유가 없는 일이었는데도 여전히 머릿속을 떠도는기억은 무엇 때문일까?

그 기억들은 우리의 가장 큰 두려움과 연결돼 있다. 어떤 기억이 우리에게 더는 도움이 되지 않는다거나 소용이 없다고 생각하면 우리는 그 기억을 덜 중요하다고 생각하는 다른 많은 기억과 함께 걷어서 치워버린다. 그럼에도 특정 기억이 여전히 우리 주위를 맴돈다면, 그 이유를 이해해야만 한다. 주위를 맴도는 기억들이 우리의 삶에 관한 결정 또는 우리가 살면서 다음에 무엇을 할지에 대한 결정에 영향을 미치기 때문이다. 또한 그 기억들이 당신이 인식하지 못하는 중요한 정보를 담고 있기 때문이다.

당신이 모든 사실을 알고 있는 것은 아니다. 아니, 당신은 실제로 무슨 일이 있었는지 제대로 알지 못한다. 당신은 아버지, 어머니, 형제, 친구에게 무슨 일이 있었는지에 대해 중요하게 생각하는 기억을 가슴 깊이 묻어두었지만 25년 동안 그 일에 대해 말하지 않았다. 다른 사람들이 당신에게 깊은 상처를 주는 말이나 행동을 했고, 그 사건은 당신이 자신을 바라보는 시각을 바꿔놓았으며, 그래서 당신은 지금의 성격이 됐다. 하지만 당신은 그 일과 관련이 있는 누구에게도 질문조차 하지 않았다. 당신은 무슨 일이 있었는지 알고 있다고 생각하면서 늘 같은 상황을 머릿속에 그리고 또 그려보지만, 실제로 누군가와 그 일에 관해 대화를 나눈 적은 단 한 번도 없다. 5년, 10년, 25년이 지난 후에도 당신은 여전히 모든 사실을 알지는 못한다.

뇌리를 떠나지 않는 기억 중에는 다른 사람이 당신에게 또는 당신이 다른 사람에게 저지른 범죄에 대한 기억도 있다. 그 범죄에 대한 기억을 묻어버렸음에도 그 기억은 상처가 돼 더 곪아간다. 점점 더 커져 주위로 퍼져나간다. 그리고 시간이 지나면서 그 기억은 점점 더 중요한 의미를 지니게 된다. 누구에게도 그 얘기를 꺼낸 적이 없지만 그 기억은 결코 사라지지 않는다.

상황이 악화되면, 그 기억이 다른 사람에 대한 생각, 자신에 대한 생각, 그리고 인생 전반에 대한 생각을 형성한다. 때로는 실제로 일어났던 일이 얼마만큼 자기를 속상하게 하는지 또는 그 일 때문에 자기가 어느 정도 속상해야 하는지 알지 못하는 사람도 있다.

당신은 그 기억을 정리했다고 생각한다. 하지만 그게 낙태처럼 아무도 몰래 했던 일이든 아니면 아버지가 버스에 치인 사건처럼 사람들 앞에서 벌어진 일이든, 그 사건들은 당신에게 영향을 준다. 비록 당신이 그 일을 날마다 곱씹어보지 않는다 하더라도, 그 사건들은 여전히 당신을 따라다닌다. 그런데도 우리는 자신이 힘들어하는 문제의 근본 원인을 깨닫는 대신에, 자기가 왜 불안에 시달리는지 또는 왜 비행기 타는 걸 무서워하는지 정확한 이유를 모른 채 어리둥절한 상태로 돌아다닐 뿐이다.

어쩌면 당신은 자신이 만들어낸 현실의 이야기가 더 마음에 들 수도 있을 것이다. 실제로 있었던 일에 충격과 파괴와 우울함을 더해 만들어낸 현실 말이다. 따지고 보면, 당신이 만들어낸 현실이 당신 내면의 속삭임에 계속해서 부채질을 해대고 있는 것이다. 당신이 만들어낸 현실은 수십 년 동안 당신 머릿속의 대화를 책임지고 주도

해왔다. 거울을 바라보는 당신에게 부정적인 말을 속삭인다. "나는 돈 버는 재주가 전혀 없어", "사랑하는 사람을 절대 찾지 못할 거야", "나는 아침형 인간이 되기는 틀렸어"라고.

당신이 만들어낸 현실은 당신이 기억하는 과거의 모든 내용을 들이대며 당신의 이야기를 꾸며낸다. 내가 그걸 어떻게 아느냐고?

나는 이 일을 20년 넘게 하면서 사실이 펼쳐지고 진실이 드러나는 과정들을 보아왔다. 내면의 속삭임이 '변호사를 고용해' 증거를 공정하지 못하게 활용하고, 자신이 기억에 시달리는 이유를 정당화하는 데만 집중하는 모습을 지켜봤다. 예를 들어, 당신이 약혼하겠다는 말을 했을 때 아버지가 당신을 안아주며 축하의 말을 건넨 사실은 당신의 기억에 남아 있지 않다. 오로지 아버지가 말씀하셨던 "앞으로 힘든 일이 많을 거야"(실제로 그렇게 된다)라는 한마디만이 가슴속에 박혀 있다. 내면의 속삭임은 그때 잡아낸 그 한마디로 아버지를 쩨쩨하고 무정한 사람으로 낙인찍고 '내가 아버지의 은행 계좌보다 덜 중요한 존재구나'라는 생각을 당신의 머릿속에 심어놓는다. 당신을 괴롭히는 기억을 변호하려는 존재는 당신이 치워버린 기억, 즉 아버지의 포옹, 눈물을 글썽이던 모습, 다른 사람들에게 당신을 자랑스럽게 이야기하던 장면 등에 관해서는 관심이 없다.

사실, 늘 따라다니는 기억에 대해 밝혀보고 싶은 마음이 있었다면 당신은 그 기억의 실체에 대해 좀 더 잘 알아보았을 것이다. 현명한 당신은 내면의 목소리가 속삭이는 말 속에서 허점을 찾아낼 수 있었을 것이다. 아니면 적어도 그 말이 사실인지 아닌지 궁금해하고 사실 여부를 캐볼 수도 있었을 것이다. 하지만 그렇게 하지 않았다.

누구도 그렇게 하지 않는다. 왜냐고? 인간은 너무 똑똑해서 자신의 무지함을 인정할 수가 없기 때문이다. 게다가 바로 그게 우리를 아프게 하는 일이라면, 우리가 자신에 대해 지닌 생각과 믿음이 옳다는 것을 보여주는 일이라면 더욱 그렇다.

충치처럼 썩어가는 오래된 기억들

우리를 괴롭히고 성가시게 하는 기억들을 처리하지 않고 내버려두면 둘수록 이 기억들은 마치 오랫동안 방치한 충치처럼 뿌리까지 치료를 받아야 하는 상황을 불러온다.

잊히지 않는 기억은 우리에게 딱 달라붙어 있다. 이는 우리가 그 기억 때문에 벌을 받고 있기 때문이 아니라 아직 해결하지 못한 문제, 기억 속에서 곪아가는 무언가가 있기 때문이다. 분명히 말하는데, 각각의 기억에서 당신은 아직 올바른 교훈을 얻지 못했다. 당신이 교훈을 얻었다면 그 기억이 그렇게 반복해서 떠오르거나 당신을 그토록 무겁게 짓누르지는 않을 것이다. 올바른 가르침을 깨닫고 그 기억에 대해 모조리 자백하는 순간, 당신은 그 기억에서 자유로워진다. 오랫동안 당신을 괴롭히고 영향을 끼쳤던 기억에서 벗어나 해방감, 새로운 깨우침, 한층 더 성장하는 심오한 경험을 하게 된다.

나는 사람들에게 다음과 같은 부분에서 상처가 곪도록 오랫동안 방치했던, 그래서 자신을 괴롭혔던 문제점이 있는지 애써서 찾아보라고 한다.

- 누군가를 떠올릴 때 보기 싫은 사람
- 과거에 한때 사랑했지만 더는 사랑하지 않는 사람
- 당신이 부모에게 말하지 않았던 행동. 예를 들어 물건을 훔쳤다거나 친구를 때렸던 일 등
- 당신을 배반했던 사람들 또는 당신이 배반했던 사람들
- 누군가를 속였거나 누군가에게 속았던 일. 또는 누군가를 속이는 건 불가능하다고 생각하는 일
- 무덤까지 가져갈 비밀
- 과거에 일어났던 당황스러운 사건
- 자신에 대해 결정을 내려야 했던, 아직도 기억하는 심오한 순간
- 당신이 팔아버린 꿈
- 당신이 포기했거나 실패했던 것

이렇게 글로 적어놓으니 별것 아닌 것처럼 보이지만, 사실 찾아내기가 쉽지는 않다. 자신의 아픈 기억과 연관된 사실을 찾아내는 일은 우리 인간의 본능과 거리가 멀기 때문이다. 특히 우리가 누구이며 어

디서 왔는지에 대해 이미 자신의 생각과 믿음이 고착돼 있고 머릿속 일기예보관의 말을 굳게 믿고 있는 상황에서는 더욱 그렇다. 수십 년 동안 잘못 알고 있던 사실을 불편함을 느끼고 자신의 취약한 모습을 드러내면서까지 굳이 파헤치고 싶은 사람이 몇이나 되겠는가. 하지만 그렇게 해야만 빠져나올 수 있다. 기억과 관련된 사실을 깨닫지 못하면, 살면서 똑같은 실수를 끝없이 반복하게 된다. 각자의 패턴을 찾아내고, 배워야 할 교훈을 이해하는 것이 매우 중요하다.

우리를 괴롭히는 것이 무엇인지 조사하고 비밀을 풀어내야 현재의 삶에 충실함이 찾아온다. 중요한 사건에 대해 그동안 잘못 알고 있는 일이 있었다면 그 일에 대한 진실을 바로잡을 수 있다.

타인의 왜곡된 기억 엿보기
· · · · · · · · · · ·

우리는 어떤 사실을 있는 그대로 기억하지 않는다. 왜곡, 오해, 누락, 거짓말이 가미된다. 그러면 기억은 시간이 지날수록 일종의 망령이 된다. 오래전 일임에도 강렬하다면 그럴 가능성이 더 크다. 우리가 기억의 망령에 얽힌 미스터리를 풀어내고 정확한 사실을 밝혀내면 내면의 속삭임은 곤경에 처하게 된다. 기억의 망령은 당신의 거짓말과 두려움을 양분으로 삼아 당당히 자리 잡았다. 기억을 파헤쳐서, 그 안에 귀신은 없으며 단지 겁이 만들어낸 환상일 뿐이라는 사실을 확인한다면 당신이 서 있는 곳이 지옥에서 천당으로 변할 수 있다.

예를 들어, 당신에게는 비판적인 아버지와 정신적으로 건강하지 못한 어머니가 있다. 두 분이 당신에게 했던 말을 기억하면서 당신은 살을 뺄 수 없다는 믿음을 갖게 됐다. 그 기억을 없애버린다면 당신은 살을 뺄 수 있다. 하지만 먼저, 당신이 전에는 대면하고 싶지 않던 것을 마주하겠다는 마음을 가져야 한다. 즉, 자신이 알고 있는 사실이 잘못됐을 수도 있다는 점을 깨달아야 한다. 부모님은 당신의 마음을 아프게 할 의도가 전혀 없었고 심지어 그런 말을 하지도 않았는데 당신이 그렇게 기억할 수도 있다.

그런데 수십 년 동안 지녀온 자신의 믿음이 잘못됐다는 사실을 기꺼이 받아들일 사람이 몇이나 될까? 하지만 스스로를 동여맨 사슬을 끊어버리기 전까지는 새로운 미래를 설계할 수도, 꿈을 꿀 수도 없다. 현재의 운영체제에서 벗어날 수 있는 유일한 방법은 낡은 운영체제의 결함을 명확히 밝혀내고 이해하는 것뿐이다.

이선의 망령

이선을 괴롭히는 기억이 무엇인지 살펴보자.

| 이선의 기억 |

나는 18년 동안 생부와 같은 도시에서 살았지만 그를 만나본 적이 없다. 나는 생부를 만나고 싶다는 마음을 늘 외면했다. 그리고 혹시 아버지가 날 보고 싶어 한다 해도 모든 책임은 아버지에게 있고, 혹시 나를 인생의 일부로 여기지 않는다 해도 완전히 무시하고 살면 그만이라고 생각했다.

그런데 나이가 들면서 분명 나의 일부인 아버지가 어떤 사람인지는 알 필요가 있다는 생각이 든다. 게다가 이복 여동생이 두 명이나 있는데 한 번도 본 적이 없다는 사실에 마음이 불편하다. 나는 아버지의 인생을 망치거나 일을 복잡하게 만들고 싶은 생각은 전혀 없지만, 그래도 좀 더 알아야 할 권리가 내게 있지 않나 하는 생각이 든다.

이선이 이 기억에 시달리는 이유는 이해하고도 남는다. 그럼에도 나는 이선에게 자기를 괴롭히는 기억으로 되돌아가 그 기억에 대한 더 많은 진실과 자신의 걱정거리에 대해 얘기하고 곪아가는 부분이 어디인지 찾아보라고 조언했다.

내 말을 듣고 나서 이선이 내놓은 나름대로 공정한 설명은 이랬다.

| 이선의 이야기 |

내가 아버지에게 한 번도 연락하지 않은 이유는 그와 결혼한 사람이 속상해하는 걸 원치 않기 때문이다. 아버지는 내게 연락할 기회가 있었는데 연락하지 않았고, 어릴 때의 나 역시 아버지가 있든 없든 상관없다고 말하곤 했다. 일테면 다 때려치우라는 식이었다.

좀 더 솔직히 말하면, 내가 또 거부당할까 봐 두렵다. 아버지와의 관계에서 내 존재 자체가 거부당했다는 느낌이 든다. 아버지에게 또다시 무시당하는 위험을 감수하고 싶지 않다. 아버지가 "나는 아들이 없다. 어떤 정신 나간 여자가 나를 네 아버지라고 하는지 모르겠지만 그건 사실이 아니다"라고 하는 소리를 나는 정말이지 듣고 싶지 않다.

적어도 이 설명을 통해, 이선은 자신의 두려움에 대해 전보다 솔직한 태도를 드러냈다. 아버지를 찾지 못하게 오래전부터 자신을 가두고 있던 겁쟁이가 보인다. 또 이선의 머릿속 대변인이 왕성하게 활동하는 것도 보인다. 그 둘은 이선이 자신의 약한 모습을 드러내면서 생부에게 전화하는 행동을 좋은 계획이라고 생각하지 않는다. 그래서 전화를 걸었다가 상처받을 수도 있다는 얘기를 계속 속삭이는 것이다. 실제로 아버지를 한 번도 만난 적이 없는데도 그가 마치 아들로 인정할 수 없다고 선언이라도 한 것처럼 여기게 하고 있다.

하지만 이선은 다 큰 어른 아닌가. 상대방의 반응을 알려면 직접 물어보는 수밖에 없다. 이선은 고심 끝에 실행에 옮겼다.

| 이선의 이야기 |

나는 아버지에게 전화했고, 짧고 어색했지만 그래도 긍정적인 대화를 나눴다. 아버지는 우리 관계에 대해 대화를 나눌 마음이 있다고 했다. 우리는 대화를 위한 시간을 조율했다. 나는 아버지에게 전화해서, 아버지에 대해 어머니에게 들은 이야기(그리고 내가 마음속으로 만들어낸 이야기)를

설명했다. 그리고 아버지 입장에서 하고 싶은 얘기를 해주면 고맙겠다고 했다.

아버지는 어머니와의 관계부터 얘기해주었다. 두 분이 데이트를 한 지 몇 주 정도 됐는데 어머니가 사라져버렸다. 1년 정도 지나서 아버지 앞에 다시 나타난 어머니는 아이를 임신했지만 아무것도 바라지 않는다고 했다. 아버지는 군대에 갔고 그 후 몇 년 동안 어머니에게서 아무런 소식도 듣지 못했다. 나중에 친자 확인을 위한 법원 심리가 있었고 아버지는 거기서 자신이 친부일 가능성이 있음을 인정했지만 어머니는 아무런 연락도 취하지 않았다고 했다. 그렇게 7~8년이 흐른 후에 어머니가 아버지 부인의 직장에 찾아와 따진 일이 한 번 있었지만, 그 후로 내가 전화하기 전까지는 아무 연락도 없었다고 했다. 아버지는 스스로 확실하게 행동하지 못한 점에 대해 사과하고 책임을 받아들였다. 그 많은 세월 동안 연락 한 번 하지 않은 점에 대해 죄책감을 느낀다고 고백했다. 우리는 앞으로 연락하고 지내면서 관계 개선을 위해 힘쓰기로 약속했다.

다음 날, 아버지의 배우자에게서 이메일이 왔다. 아버지에게 잘해줘서 고맙다는 말과 함께 가족 모두가 나에 대해 더 알고 싶어 하며 나를 '그들의 삶 일부로 받아들일 마음'이 있다고 했다.

감동적인 결말 아닌가? 물론, 전화를 걸었다고 해서 모든 일이 이렇게 멋진 결말을 맞이하는 것은 아니다. 대부분 아름다운 결말로 끝나지만 그렇지 않은 경우가 있는 것도 사실이다. 결말이 아름답든 아니든, 대화가 원하는 방향으로 흘러가지 않거나 심지어 상황이 악화된다 해도 연락을 했다는 자체가 옳은 행동이다. 그만한 가치가 있는 행동이다. 전화를 걸거나 이메일을 보내는 순간 당신은 이미 전과 다른 사람인 것이다.

이선은 자기를 부당하게 대우하지 않았느냐며 아버지를 공격할 수도 있었다. 하지만 그렇게 행동하지 않았기 때문에 아버지와의 통화가 아름답게 진행될 수 있었다. 그리고 이선이 용감하게 행동하면서 과거 일에 대해 생부 입장에서 하는 이야기를 진심으로 듣고 싶어 했기 때문에 그의 아버지도 자신을 방어할 필요가 없었다. 이선의 아버지도 곤란한 상황에 처하지 않았다. 그저 자유롭게 자기가 생각하는 사실을 말할 수 있었고, 심지어 사과도 할 수 있었다. 그리고 이선은 그 오랜 세월을 사랑받지 못하고 살았다는 자신의 기억이 정확하지 않다는 걸 알게 됐다.

| 이선의 이야기 |

내 생일이 3월이었는데 그때 아버지와 그 가족을 찾아갔다. 정말 놀라웠다. 우리는 그동안 어떻게 지냈는지, 무슨 생각을 하며 살았는지에 대해 얘기를 나눴고 앞으로의 계획에 대해서도 대화를 나눴다. 아버지 부부는 이복 여동생들과 할머니, 조카들까지 불러서 작은 가족 만남의 자리를 마련해주었다. 이제 그 사람들 모두가 내 가족이다. 그리고 그 사실은 내 삶의 모든 것을 바꿔놓았다.

이로써 이선 머릿속의 시끄러운 목소리들은 전부 완전히 패배했다. 대변인도 더는 할 말이 없게 됐다.

당신을 괴롭히는 기억은 이선을 괴롭히던 기억과 다를 것이다. 그래도 주목해야 할 점은 있다. 과거의 기억이 악몽 같든 평화롭든, 우리 각자는 부모님에 대한 기억의 망령을 움켜쥔 채 지내왔다는 것이다. 오랫동안 뒷주머니에 넣어두고 혼자 꺼내보던 그 일에 대해서 그들과 솔직한 대화를 나누는 일은 정말 중요하다. 피하기만 하던 일을 해결하고 성장을 이룰 기회이기도 하다. 부모님으로서도 우리에게 숨겨온 비밀이 있다는 사실을 깨달을 기회가 될 것이고.

당신의 대변인이 내게 이렇게 물어보라고 충동질할지도 모른다. "이봐요, 로렌. 만약 내가 그 일을 완전히 극복한 상태라면 어쩔 건데요? 왜 다시 그 일을 끄집어내야 하죠? 내가 중요하다고 생각하면 중요한 거지만, 아무렇지도 않다고 생각한다면 아무것도 아니잖아요?"

내가 늘 흥미롭게 생각하는 게 무엇인지 아는가? 사람들은 보통 자기에게 가장 중요한 일을 처리하려 할 때 저항부터 한다는 것이다. 사람들은 자신이 어떤 사람이었는지 증명하고 싶어 하지 않는다. 사랑했던 사람들, 진심으로 중요했던 사람들, 자신을 아프게 했던 사람들과의 기억으로 되돌아가고 싶어 하지 않는다. 실제로 어떤 일이 있었는지 또는 없었는지 깨끗하게 밝히는 것은 물론이고, 그들을 용서하거나 그들에게 용서받는 일조차 꺼린다. 그저 왜곡된 기억을 안고 살아가는 쪽을 택하려 한다.

전화를 하고, 마땅하다고 생각하는 사과를 하고, 그동안 멀리했던 사랑을 회복하기 전까지는 당신의 정서적 동맥이 얼마나 꽉 막혀 있는지 알 길이 없다. 당신이 그 기억 때문에 조금이라도 시달리고 있다면 그들 또한 그렇지 않을까? 내가 장담한다. 당신이 사랑했거나 사랑하는 사람들, 당신이 기억하는 사람들도 당신을 기억하고 있다.

그럼에도 우리 대부분은 지금 이 상태가 편하다는 이유로, 상대가 당혹해할지 모른다는 이유로 문제 해결을 회피한다. 당신 같으면 예전에 알던 사람이 전화해서 사과하는데 기분이 나쁘겠는가? 또는 누군가가 전화해서 오래전 어떤 일에 대해 사과를 요구한다면? 당신이라면 잘못한 일에 대해 사과하지 않겠는가? 잠깐은 불편할 수도 있지만 말이다. 그것이 새로운 인생의 출발점이 될 텐데 사람들은 왜 기를 쓰고 피하는지 나는 이해할 수가 없다.

냉소적인 태도를 지닌 사람들을 보라. 행동에 따르는 결과나 괴로움 따위는 없다고 믿으며, 혼자 위안하는 사람들이다. 하지만 사실은 그렇지 않다. 용기를 내서 망령에 맞서는 행동, 삶에서 변화를 끌어낼 수 있는 주체는 나 자신이라고 믿는 행동, 앞으로 나서서 자신을 변화시키려는 행동은 그 자체만으로도 나를 바꿔놓는다.

스테파니의 망령

이제 스테파니 차례다. 그녀는 기억의 망령을 어떻게 파헤쳤고, 비밀을 어떻게 풀어냈을까?

| 스테파니의 기억 |

어렸을 때 있었던 일이 생각나는데, 어머니와 함께 백화점에 갔을 때다. 나는 옷걸이 아래 들어가서 놀고 있었기 때문에 어머니 발만 보였다. 그때 "딸이 정말 예쁘네요"라는 여자 목소리가 들렸다. 엄마가 갑자기 옷걸이 아래의 내 손을 확 잡아채더니 나를 일으켜 세웠다. 그러고는 그여자가 볼 수 있도록 내 손을 앞으로 내밀며 말했다. "얘 손이 얼마나 못생겼는데요. 보세요, 정말 못생겼죠."

내가 열세 살 때인데, 언니가 엄청나게 취해서 집에 돌아왔다. 집에는 나만 있었다. 언니는 다시 외출하려고 차에 탔지만 나는 언니가 운전할 수있는 상태가 아니라는 걸 알았다. 나는 차 앞을 가로막고 서서 언니가 차를 움직이지 못하게 했다. 언니는 나를 향해서 차를 몰았고 나는 차에 치일까 봐 옆으로 피했다. 우리 언니는 중독자다. 그 일을 기억하지 못한다. 우리 둘은 예전에도 친하지 않았고 지금도 마찬가지다. 나는 속으로 언니의 행동을 비난했고 그런 언니를 오냐오냐하는 부모님의 태도를 비판했다. 그러니까 내가 당시 영웅적인 행동을 했다 하더라도 어차피 결과는 늘 똑같았을 것이다. 불쌍한 인생 같으니라고. 주위에는 실패자들만 가득하고 '그 사람들'을 구하기 위해 아무리 애쓴들 아무 소용이 없다. '그 사람들'은 늘 형편없는 모습만 보인다.

내가 낙태를 한 건 한 번만이 아니다. 사실 나는 두 번 낙태 수술을 받았다. 그리고 지금까지도 나 자신을 용서하지 못하고 있다. 그리고 어머니와의 관계가 좋은 적이 한 번도 없었기 때문에 부모 노릇을 제대로 하지 못하는 어머니의 모습에서 나도 부모가 되는 걸 무의식적으로 피해왔다. 그러니까 내가 낙태를 하고 아무도 모르게 고통받는 것은 일종의 어머니에 대한 보복인 셈이다.

그리고 정말 얼마 전까지도 어머니와 언니를 만나지 않았다. 관계를 맺었던 남자들에게도 아무 말 하지 않았다. 그래서 깨끗하게 정리해야 할 나의 거짓말 목록에 이것도 들어가야 한다고 생각한다.

사람들은 모두 처음에는 자신의 관점에서만 말한다. 실제 상황에 대한 이야기, 상대방의 관점에서 생각하는 이야기까지 더한 솔직한 얘기를 하기에 앞서 자신의 슬픈 이야기만을 나열한다. 그렇지 않은 사람을 단 한 명도 만나보지 못했다. 스테파니의 이야기를 들어보면, 마치 그녀의 어머니가 아프고 싶어 했고 심술궂은 행동을 하고 싶어 했고 앙심을 품고 싶어 했던 것처럼 느껴지지 않는가?

스테파니는 고약한 어머니와 중독자 언니와 이상한 남자들과의 데이트 등 때문에 자기 인생을 망쳤다는 생각에서 빠져나오지 못하면, 결국엔 다른 사람을 계속 손가락질하면서 살 수밖에 없다는 사실을 깨닫게 됐다. '그 사람들'이라고 비난할 대상은 주위에서 얼마든지 찾을 수 있으니까.

이선과 마찬가지로, 스테파니 또한 기억의 근원을 찾아갈 만큼 용감해져야 했다. 자기 부모님을 찾아갈 만큼 그리고 자기가 우려먹던 슬프고 오래된 이론, 즉 자신이 피해자라는 망령에 대해 확인할 만큼 용감해져야만 했다. 그동안 자기의 생각이 옳았다는 것이 아니라 틀렸다는 것을 증명하기 위해서.

| 스테파니의 이야기 |

나는 마치 어제 일처럼 기억하고 있는 그 백화점 일에 대해서 어머니에게 물어보았다. 사실 어머니가 내게 그렇게 못되게 군 적이 한두 번이 아니다. 어머니는 의학적으로 우울증과 나르시시스트 증상을 진단받았다. 어머니는 하나도 기억하지 못했다. 어머니는 이것저것 따지지 않고, 당신이 건강하지 못해서 미안하다면서 당시 내게 무슨 일을 했든 모두 사과한다고 했다.

케이티의 망령

케이티가 시달리는 기억의 망령을 살펴보자. 마음 단단히 먹어라. 이번 이야기는 특히 어둡고 가슴 아픈 내용이니까.

| 케이티의 기억 |

내가 여섯 살 때 어느 날이었다. 집 앞 베란다에 앉아 있었는데 같은 학교에 다니던 나보다 나이 많은 남자애가 우리 집 마당으로 들어왔다. 나는 자리에서 일어나 그 애랑 같이 놀러 갔다. 그 애는 내게 성적인, 이상한 행동을 했다. 나는 그 애에게서 도망쳤다. 내가 몇 시간 동안 보이지 않자 동네 사람들 모두가 나를 찾아 나섰다. 이웃 사람이 길에서 울고

있는 나를 발견했다. 나는 그날 무슨 일이 있었는지 아무에게도 말하지 않았다. 그리고 어느 순간부터 그 기억을 마음에서 차단해버렸다. 내가 기억하는 거라곤 내가 베란다에서 일어나 그 애와 함께 집을 나섰고 그 다음에는 이웃 사람에게 발견됐다는 게 다다. 올해 초, 아동보호단체의 홍보 업무를 하던 중 갑자기 그때 기억이 오래된 영화처럼 떠올랐다.

로렌과 상담을 시작하고 나서, 로렌은 내게 그날 무슨 일이 있었는지 가족과 함께 이야기를 나누며 살펴보라고 했다. 어머니는 그날이 인생 최악의 날이라고 했다. 아버지는 그날을 기억하지 못했다. 언니는 다시는 나를 보지 못할 거라고 생각했다고 했다. 오빠는 그 애가 나를 자기 집에 데려갔다는 사실에 화가 나서 그 애를 패버리고 싶었다고 기억했다. 그리고 뭔가 이상하다고 생각했다고 했다.

기억의 망령에 대한 케이티의 설명이 모호하다는 게 보이는가? 세세한 내용까지는 기억하지 못하는 게 당연할 수도 있지만, 당시 일이 매우 충격적인 사건이었다는 점에 비춰볼 때 너무나 두루뭉술하다.

케이티가 기억에 대해 적은 확장 버전을 보자.

| 케이티의 이야기 |

나는 여섯 살이었다. 우리 오빠하고 언니하고 동네 애들 몇 명이 뒷마당에서 높이뛰기 놀이를 하고 있었다. 뒷마당에는 부모님이 얼마 전에 버린 침대 매트리스가 있었다. 나도 같이 놀고 싶었지만 다들 내가 너무

어리다고 끼워주지 않았다. 나는 화가 나서 집 앞 베란다에 혼자 앉아 있었다.

얼마나 오래 앉아 있었는지 모르겠는데 어느 순간 그 애가 우리 집 마당으로 들어왔다. 그 애는 여덟인가 아홉 살이었는데 우리 오빠와 같은 반이었다. 그 애는 학교에서 괴짜 취급을 받았고, 쉬는 시간에도 그 애랑 노는 애가 아무도 없었다. 내가 그 애에게 같이 놀 상대가 없다고 말하자 그 애는 자기가 나랑 놀아주겠다고 했다. 나는 이 층으로 뛰어 올라가서 어머니에게 케니 집에 갔다 오겠다고 했다. 우리 옆집에 살던 애이름도 케니여서, 어머니는 내가 옆집에 놀러 가겠다고 하는 줄 알았다. 그 애랑 같이 나가면서 속으로 '그러니까 언니, 오빠가 나를 놀이에 끼워줬어야지' 하고 생각했던 게 기억난다.

우리는 옆 동네에 있던 그 애 집으로 갔다. 나는 그 애 어머니를 만났다. 좋은 사람인 듯했다. 그 애 어머니가 간식을 권했지만 나는 거절했다. 나는 땅콩 알레르기가 있고, 음식을 조심해야 했기 때문이다. 우리는 방으로 가서 그 애가 만든 '게임'이라는 걸 했다. 그 애는 내게 옷을 벗으라고 한 다음에 내게 괴상한 성적 행동을 했다. 나는 울음을 터뜨렸고 집에 가고 싶다고 했다. 그 애는 나를 때렸고 나는 무서웠다. 그래서 그 이후로 한마디도 하지 못했다. 그 애가 내 몸 위로 올라왔던 게 기억난다. 그 다음은 마치 내가 내 몸 밖으로 나와서 우리 둘을 내려다보는 비현실적느낌이었다. 그 애 방에 얼마나 오래 있었는지 모르겠다. 어느 순간, 나는 다시 옷을 입고 있었다. 우리가 방에서 나오기 전에, 그 애는 내가 그

게임에 대해서 누구에게라도 말하면 우리 가족을 해치겠다고 했다. 나는 아무에게도 말하지 않겠다고 했다. 우리는 밖으로 나왔다. 내가 집에 가고 싶다고 하자 그 애는 내가 절대 집에 갈 수 없다면서 이제 나는 자기 거라고 했다.

그 애가 잠깐 등을 보이는 순간에 나는 뛰기 시작했다. 그 애가 나를 쫓아와서 땅에 쓰러트렸다. 몇 번이나 도망가고 쓰러지고 하다가 마침내 그 애를 따돌리고 다른 집 뒷마당으로 들어갔다가 내가 아는 길로 나올 수 있었다. 벌써 몇 시간이 지난 후였다. 동네 사람이 나를 찾기 위해 차를 타고 돌아다니다가 길 한가운데서 울고 있는 나를 발견했다. 그 사람은 내게 부모님이 걱정하고 계신다면서 빨리 집으로 뛰어가라고 했다. 나는 집으로 뛰어갔다.

집으로 들어가면서 어머니와 언니가 우는 소리를 들었던 게 기억난다. 두 사람은 부엌 식탁에 앉아 있었다. 어머니는 나를 보자 울면서 소리쳤다. "어디 있었던 거니! 우린 네가 죽은 줄 알았잖아!" 나는 어머니에게 오빠와 같은 반인 케니의 집에 갔었다고 했다. 오빠는 그 애가 이상한 애고 친구도 없는 애라고 했다. 어머니는 혹시 그 애가 나를 다치게 하기라도 했는지 물었다. 나는 그 애가 나를 때렸다고 했다. 하지만 그 외에 다른 얘기는 하지 않았다.

다음 날, 학교에서 오빠가 그 애를 두들겨 팼다. 며칠 지난 어느 날, 내가 복도를 걸어가고 있었는데 그 애가 맞은편에서 오고 있었다. 그 애 얼굴을 보기가 두려웠지만 그래도 그 애를 쳐다봤다. 나는 아무에게도 그 일을 얘기하지 않았다고 소리쳐 말하고 싶었다. 그 애랑 단둘이 있었던 건 그때가 마지막이었다.

그날 이후 언젠가, 나는 그 기억을 마음에서 차단했다. 내가 기억하는 거라곤 내가 집 앞 베란다에서 일어나 그 애와 함께 나갔고 그다음에는 이웃 사람에게 발견됐다는 게 다. 올해 초, 아동보호단체의 홍보 업무를 하던 중 갑자기 그때 기억이 오래된 영화처럼 떠올랐다.

케이티는 망령과 마주하기도 싫어할 뿐만 아니라, 기억의 비밀을 푸는 일에도 소극적이었다. 그녀는 30년이 지난 지금도 여섯 살 때 자기를 위협했던 그 남자가 어떤 행동을 벌일지 모르기 때문이라고 책임을 돌렸다.

케이티는 그 기억의 망령을 되살리고 싶지 않은 이유로 세 가지를 들었다. 첫째 아주 오래전에 일어난 일이기 때문이고, 둘째 그 기억을 대부분 극복했기 때문이고, 셋째 심지어 가해자가 정신적으로 건강하지 못한 사람이기 때문이라고 했다. 그게 사실이라면, 몇 년이 지난 후에 그 남자에게 전화해서 당시 일을 깨끗이 정리하는 게 뭐가 그리 큰일이라는 말인가?

당신이 정말 그 일을 극복했다면 상대방이 전화로 무슨 소리를 할지에 대해 왜 그렇게 신경을 쓰는가? 사실인지 아닌지를 확인하는 것보다 그냥 묻어두고 편안한 체하며 살아가는 것이 어떻게 더 중요하다는 말인가? 당신의 인생에서 발생한 그 일로 다시 돌아가 잘못된 부분을 새로이 정리한다면, 당신이 그동안 포기했던 힘과 권리를 되찾을 수 있지 않을까?

케이티는 그 일을 숨기면 숨길수록 그 기억이 더욱더 자신의 일부가 된다는 사실을 진심으로 이해했다. 내게 수차례 격려의 말을 듣고 몇 번의 고민을 거듭한 끝에, 그리고 자기가 하고 싶었던 말을 글로 정리한 후에 케이티는 그 남자에게 전화했다.

| 케이티의 이야기 |

나는 SNS로 그를 찾아내서 이메일로 내 전화번호를 알려주었다. 그리고 그와 얘기하고 싶다는 말을 전했다. 그는 내게 바로 전화했고, 그 점이 나를 놀라게 했다. 그는 내게 연락한 이유를 물었다. 나는 그에게 내가 집에 놀러 갔던 날을 기억하느냐고 물었다. 그는 기억한다고 했다. 나는 그날 있었던 일 때문에 내 기억에서 그 사건을 차단해버렸다고 얘기했다. 그리고 최근 그 기억이 다시 떠올랐다고 했다. 나는 그날 있었던 일에 대해 내가 기억하는 내용을 이야기했다.

우리는 그의 방에 있었다. 나는 옷을 벗은 상태였고 그는 내 몸을 만지며 내게 성적인 행동을 했다. 나는 그와 더는 놀고 싶지 않았다. 그는 나를 때리고, 집에 보내주려 하지 않았다. 내 얘기를 들은 그는 그 일에 대해서는 아무 기억도 나지 않는다고 했다. 어쩌면 자기가 내게 입맞춤하려고 했을 수는 있다고 했다. 그러고 나서 자기가 했을지도 모르는 일 때문에 내가 상처받았다는 점에 대해 사과했다. 그는 그날 일어난 일에 대해 다시 생각해보겠으며 어떤 일이라도 기억이 나면 알려주겠다고 말했고, 우리는 전화를 끊었다.

우리 대화는 그날 일에 대해 새로운 정보를 찾는 데 도움이 되지 않았다. 하지만 대화 덕분에 나는 그날의 기억을 더는 붙잡지 않고 놓아버릴 수 있었고 더는 그 애가 두렵지 않게 됐다. 현실에서 단지 어린 소년에 불과한 그의 모습을 보았기 때문이다. 무슨 일이 있었는지 누가 알겠는가. 나는 안다고 생각하지만, 혹시 겁에 질렸던 여섯 살 어린 소녀의 눈을 통해 본 일은 아닌지 확신할 수 없다. 내가 정확히 아는 사실은 30년 동안 내 기억에서 그날을 지우고 살았으며 그 일을 나 자신과 사람들, 특히 남자들과 거리를 두는 수단으로 사용했다는 점이다.

케이티가 시달렸던 것과 같은 기억의 망령은 깊은 상처를 남기고, 실제로 범죄 행위가 발생했다는 점에서 쉽게 지워지지 않는다. 이선의 기억처럼 해결되는 것들이 있는 반면에 해결되지 않는 것들도 있다. 케이티가 그랬듯이, 어떤 이들은 의식적이든 무의식적이든 자신과 사람들을 단절시키기 위해서 기억의 망령을 붙잡고 살아간다. 하지만 숨기고 거짓말하고 불신하고 자기 자신으로 살아가지 않으면서, 어떻게 가장 중요한 인생의 교훈을 얻을 수 있겠는가.

케이티(그리고 우리)가 봐야하는 중요한 점은 그녀가 그 날 있었던 일을 숨기기 시작한 순간부터 평생 따라다니는 기억의 망령이 시작되었다는 사실을 깨닫는 것이다. 케이티는 집에 돌아와서도 자신과 가족을 지킨다는 명목, 자신에 대해 사람들이 떠들어댈 말로부터 방어한다는 명목 아래 그 날 이후로 자신의 삶과 연관된 사람들에게 특정 사실을 숨기고 거짓말하는 행동을 정당화했다.

당신도 용기 있게 과거의 일로 되돌아가야 과거의 기록을 바로잡을 수 있다. 평생 마음에만 담고 살아가는 방식으로는 어떤 범죄도 심판대에 올려놓을 수 없다. 당신이 그 일에 대해 모두 기억하고 있는지 아닌지가 중요한 것이 아니다. 정말 중요한 것은 당신이 스스로에 대해 어떻게 생각하느냐다. 케이티는 흩어진 점들을 연결함으로써 자신을 자유롭게 했다. 자기 삶의 모든 것, 자신의 특성에서부터 집안의 계통과 기억의 망령에 이르기까지 모든 것이 변화를 위해 아무런 행동도 취하지 않았기 때문에 생겨났다는 점을 알게 됐다.

케이티보다 더한 경험을 한 사람이 많다. 그런 경험이 깊고 지우기 힘든 상처를 남긴다는 것도 분명히 안다. 하지만 당신의 삶에서 중요하지 않은 것은 없다. 모든 것이 중요하다. 그리고 당신이 자랑스럽게 느끼지 못하는 그 어떤 부분도 당신이 바로잡을 수 있고 치유할 수도 있다. 내가 생각하는 살아 있다는 말의 핵심 의미는 이것이다. 모든 사람들이 자기가 한 일에 책임을 지는 사회가 된다면 우리 모두는 더욱 존중받는 인간이 되지 않을까? 그게 내가 생각하는 변화의 길이다.

당신을 괴롭히는 기억의 망령 정리하기

자기 삶의 내부로 다시 돌아가서 먼지를 털어버리고 오래된 기억과 관련된 비밀을 해독하면, 자신이 삶에서 얼마나 많은 힘을 쥐고 있는지를 충분히 파악할 수 있다. 그러면 그동안 자신이 기억을 저장해온 방식 그리고 기억 속에서 자신이 해왔던 역할이 언제든 바뀔 수 있다는 사실을 보게 된다.

나는 이렇게 기억의 망령을 정리하는 일을 '인생사 내시경'이라 고 부른다. 내시경 검사를 받기 전에 엄청난 양의 장 세척제를 마셔야 하듯이 기억을 털어내려면 먼저 많은 정보를 흡수해야 한다는 의미에서다. 그런 후에야 당신은 자유로워지고 자신을 재정비해서 꿈에 완전하게 다시 접속할 수 있다.

혹시 당신의 인생을 망쳐버린 사람들을 심문하고 오래된 적들에게 고통을 주고 싶다면, 그러지 마라. 당신의 세상에 함께 살고 있는 사람들을 보살펴라. 그들이 당신의 세상에 함께 있는 데는, 설사 당신 마음속에 응어리로 남아 있다 하더라도 그럴 만한 충분한 이유가 있기 때문이다. 조심스럽게 진행하라. 그리고 여러 일에 대해 수년 동안 자신이 정확히 알지 못하고 있었다는 점을 당당하게 받아들여라. 확신하건대, 당신은 그럴 능력을 이미 가지고 있는 사람이다.

❶ 당신의 삶에서 당신을 괴롭히는 사건들을 모두 적기 바란다. 깊이 파고들어라. 목록에 적어도 열 가지 이상을 적을 수 있을 것이다. 기억의 망령 하나하나에 대해 적어도 세 문장 이상으로 설명하라.

❷ 기억의 망령들을 살펴보라. 그 영향으로 당신의 삶에 나타난 어떤 패턴이나 주제를 찾아 적어라.

❸ 특히 비밀을 파헤치고 싶은 기억의 망령 세 가지를 선택하고, 다음에 제시한 절차에 따라 문제를 해결하라.

기억의 망령을 파헤치는 절차

❶ 자신을 위한 무한한 연민을 지녀라. 이 책에서 제시하는 모든 과정에는 놀라울 정도의 용기가 필요하다. 자신을 위로하고 끝까지 믿어라.

❷ 대화의 틀을 잡아라. 당신이 왜 그런 질문을 하는지 질문을 받는 사람에게 설명해주어라. 당신이 자신에 대해 더 많은 것을 알기 위해서이고, 당신이 사실과 사실이 아닌 생각을 알아내는 데 도움을 받기 위해서라는 점을 알려주어라. 당신이 진실을 원하고 알 필요가 있기 때문이라는 점을 상대방이 알게 해라.

❸ 질문을 받아주는 사람에 대한 연민과 감사를 보여라. 상대방을 방어적인 입장에 처하게 하지 마라. 그렇다, 아니다 식의 대답이 나올 질문보다는 상대방의 생각과 관심을 끌어내는 질문을 해라. 상대방을 곤혹스럽게 만들지 말고 당신의 현실 반대편에 있는 상대방 입장이 어떨지 이해하고 인정하기 위해 노력해라. 이 말을 상대방에게 하는 것도 좋다.

❹ 상대방이 마음의 준비를 할 수 있도록 먼저 허락을 받아라. 당신이 할 얘기가 그리 아름다운 내용이 아닐 수도 있다는 점을 사전에 이야기해라. 혹시 상대방이 불편하게 느낄 수도 있다는 점을 당신도 이해한다고 말해도 된다. 또한 당신이 그동안 그 기억을 숨겨왔기 때문에 실제보다 더욱 암울한 기억이 되어가고 있다는 사실을 깨달았다고 설명해주어도 괜찮다.

❺ 상대방의 생각을 들어라. 상대방의 관점에서 바라본 사실에 대해 알 필요가 있다는 점을 설명해라.

❻ 목적을 밝혀라. 당신은 단지 각자의 관점에서 생각하는 사실을 수집할 뿐이지 옳고 그름을 가리기 위한 것이 아니라는 점을 설명해라. 어떤 대답을 하든지 상대방을 곤란한 상황으로 몰고 가지 않도록 주의하되, 그걸 약속하지는 마라. 그런 약속을 하면, 당신의 거짓말 목록에 또 하나의 항목이 추가될 것이다.

❼ 대화의 목적을 상대방이 이해했는지 확인하라. 이 대화는 상대방을 판단하거나 상대방의 반응을 판단하기 위해서가 아니며, 그저 당신이 원하는 것은 솔직한 대답이다. 이 점을 상대방이 이해했는지 다시 한 번 확인해라.

❽ 자신의 속도대로 하라. 이런 대화에 무턱대고 뛰어들기 전에 해결해야 할 다른 중요한 문제들이 있다. 예를 들어, 케이티는 기억의 망령을 마주하기 전에 체중을 줄이고 술을 끊고 자신의 커리어 문제를 풀어가야 했다. 또한 그 남자와 있었던 일을 처리하기 전에 여러 다른 망령을 해결했다. 이 과정은 신속히 하는 게 중요한 것이 아니고 그래서도 안 된다. 자신에게 알맞은 속도를 찾아내라. 당신에게 중요한 것을 찾아내라. 그리고 혼자 하지 마라. 당신을 깊이 알고 있어서 손을 잡아주고 뒤를 받쳐줄 수 있는 사람을 찾아 함께해라.

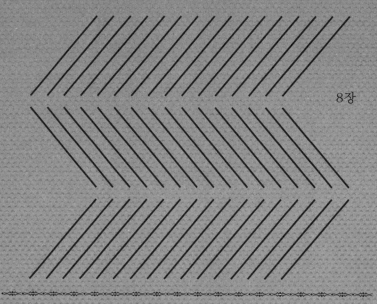

8장

속마음 쏟아내기의 기술

"쏟아내기 작업에서 드러나는 것들이야말로 당신이 한 걸음 물러나 살피면서 실체를 파악하고 변화시킬 필요가 있는 것들이다. 그것이 지금껏 당신을 가로막고, 당신을 괴롭히고, 당신을 꼼짝 못 하게 가둬둔 존재다."

바꾸지 않으면 반복된다

· · · · · · · · · · · ·

나를 찾아오는 사람들 중에는 자기는 정말로 빠져나오고 싶은데, 그럴 수 없는 불편한 상황에 처해서 상심하는 이들이 있다. 나는 그들에게 '쏟아내라'고 한다. 이 말은 의식의 흐름 속에서 생각이 떠오르는 그대로, 자신을 속상하게 하고 좌절감을 주는 모든 것을 적어서 나쁜 생각과 감정을 몰아내고 정화하라는 뜻이다. 여기서 '모든 것'은 말 그대로 모든 것을 가리킨다. 당신을 화나게 하는 동료의 행동, 출근길의 교통 혼잡, 사춘기를 아주 길고 심하게 겪고 있음이 분명한 10대 자녀, 얇은 지갑, 밀가루 음식 안 먹기 열풍에 이르기까지 모든 것을 포함시키면 된다.

당신 내면의 목소리는 당신이 화를 내는 이유가 당연한 듯 얘기할 것이다. 하지만 일단 그 내용을 종이에 적어놓고 보면 그 목소리가 얼마나 허무맹랑한지를 알 수 있다. 모든 것을 종이에 적으라는 이유가 바로 그 때문이다. 쏟아내기는 당신 머릿속의 속삭임을 하나에서 열까지 모두 몰아내는 일이다. 머릿속에서 떠들어대는 소리를 밖으로 꺼내서 종이에 옮겨 적지 않는 이상, 당신이 지어낸 머릿속 이야기가 사실로 굳어버린다. 당신이 해결책을 찾지 못하도록 가로막고 있는 내면의 목소리가 엉터리라는 사실을 밝혀내고, 당신의 현실과 태도와 의견을 잘못된 방향으로 이끄는 실체를 집중 조명하기 위해서는 모든 것을 글로 토해내야 한다.

쏟아내는 과정에서 당신의 행동에 작용하는 생각, 예를 들어 당신이 저녁으로 뭘 먹을지에 대해 직접적으로 영향을 주는 생각들이 드러난다. 많은 사람들은 진실을 이해하기보다 자기는 늘 "이래 왔다고" 그냥 믿어버리고 만다. 머릿속 속삭임을 따라서 행동을 반복하고 반복하다 결국 그 속삭임이 우리의 현실이 되어버린다.

"난 늘 이런 식이야"라고 생각하는 것과 "난 계속 이런 식으로 행동해"를 이해하는 것 사이에는 엄청난, 인생을 바꿀 만한 차이가 있다. 보기에는 둘 사이에 무슨 차이가 있냐 싶을지 몰라도, 그 차이를 발견하는 것은 매우 중요한 일이다.

쏟아내기 작업에서 드러나는 것들이야말로 당신이 한 걸음 물러나 살피면서 실체를 파악하고 변화시킬 필요가 있는 것들이다. 그것이 지금껏 당신을 가로막고, 당신을 괴롭히고, 당신을 꼼짝 못 하게 가둬둔 존재다. 다 쏟아낸 후에는, 모든 걸 쏟아냈으니 당연히 엉망이고 지저분하겠지만, 그것들을 하나씩 들고 찬찬히 살펴볼 수 있으며, 그 가운데서 활용하고 배울 점을 찾아낼 수 있다.

타인의 쏟아내기 엿보기

· · · · · · · · · · · · ·

당신이 삶의 영역에서 6점 이하를 주는 부분이 있다면 당신에게는 그 부분에서 쏟아내야 할 의무가 있을지도 모른다. '쏟아내야 할 의무'라는 말을 쓴 건, 오랫동안 관계를 맺어온 내면의 속삭임과 작별을 고하기 위해 안에 담아두고 있던 모든 극적인 일을 밖으로 꺼내야만 하기 때문이다.

나는 여차여차할 때 화가 난다, 나는 주위의 모든 것을 내 입장에서 이렇게 또는 저렇게 바라본다 하는 식으로 사람은 저마다 어떤 문제에 대해 생각하고 궁리하는 자신만의 방법이나 태도를 가지고 있다. 이런 자신의 사고방식을 우리는 온전히 포착하고 묘사하고, 결국에는 웃어넘길 수 있어야 한다. 그래야만 바꿀 수 있다.

쏟아내는 방법을 소개하겠다. 당신도 실제로 해보면 쏟아내기와 혼잣말이 어떻게 다른지 알게 될 것이다.

특정 주제에 관해 머릿속에 있는 모든 것을 기록해라 노트도 좋고 컴퓨터도 좋고 하다못해 냅킨도 상관없다. 모든 것을 밖으로 끄집어내라. 당신이 두려워하는 것에 대해, 당신을 화나게 하는 것에 대해, 슬프게 하는 것에 대해 쏟아내라. 당신의 감정, 좌절, 누구 탓, 죄책감, 변명, 타당한 이유, 의심 드는 점 등을 모두 포함시켜라.

일인칭 형식으로 쏟아내라 예를 들면 이런 식이다. '나는 결혼식을 싫어한다. 나는 결혼식에 가고 싶지 않다. 신부 들러리 옷을 심지어 돈을 주고 사서 입어야 한다는 게 어이가 없다. 나는 결혼 안 한 사람들을 위한 테이블에 앉는 것도 싫다.'

잔인할 정도로 솔직해져라 자기모순에 빠지더라도 걱정하지 마라. 그냥 머릿속에 있는 모든 것을 적어라. 지나치게 솔직해져도, 비논리적 태도를 보여도, 악마적 성격을 드러내도, 미친 것 같다는 생각이 들어도, 말도 안 되는 소리를 하는 것 같아도 괜찮다. 무슨 내용이든 괜찮다. 쏟아내기 공간은 머릿속에 들리는 어떤 소리든 다 적을 수 있는 안전한 공간이다. 마음속 실타래를 모두 풀어놓아라.

스테파니와 케이티의 예를 보여주겠다. 그들이 그동안 두고두고 곱씹은 것들이 무엇인지 보라. 두 사람이 쏟아낸 목록에서 다음 중 어떤 요소가 나오는지 찾아보라.

— 잘못된 논리
— 변명
— 겁쟁이 치킨
— 일기예보관
— 기억의 망령
— 거짓말

— 이상한 이론
— 개인적 특성
— 버릇없는 아이
— 행동 또는 약속의 실종
— 정보 실종

스테파니의 쏟아내기와 말대꾸

다음은 스테파니가 데이트 사이트에 관해 쏟아낸 내용 중에서 발췌한 것이다. 주저리주저리 되는 대로 마구 털어놓았다는 점을 염두에 두고 읽어보자.

| 스테파니의 쏟아내기 |

결혼 같은 거 그냥 포기하면 안 되나? 아니, 정말 시간을 들여가면서 이런 걸 하는 사람이 있단 말이야? 이런 데이트 사이트에는 아무도 없어. 여긴 그냥 섹스 상대를 찾는 곳이라고. 숫자 놀음. 설사 이런 데 사람이 있다 해도 모두 루저거나 이상한 사람 아니면 둘 다겠지. 그렇다고 내가 50대하고 데이트할 수는 없잖아. 그동안 너무 열심히, 너무 오랫동안 일해왔으니 이제 결혼해서 정착하기는 틀렸어. 만약 남자가 성공을 거둔 사람이고 출장도 자주 다니는 사람이면? 뭐, 스카이프로 영상통화하면서 데이트를 하나? 나는 그런 화면에서는 예쁘게 나오지도 않잖아. 거기다가, 에이 씨, 잘나가는 사람들은 나를 이미 한물갔거나 아니면 결혼에 안달 난 사람으로 볼 거야. 그냥 제이슨이랑 결혼해야 했어. 그 남자가 청혼했는데. 완벽한 사람은 없잖아, 안 그래? 사랑은 개뿔. 사랑이 별건가. 나는 독립적이고 똑똑한 데다 맨해튼에 방 두 개짜리 아파트도 있잖아. 불평 그만해. 난 아무도 없어도 돼. 혼자서도 잘 살 거야. 어쩌면 혼자가 더 나을 수도 있지. 그냥 그러려니 하고 받아들여.

이 글에는 우리가 가장 좋아하는 변명, 이상한 이론, 잘못된 논리, 가시지 않는 여운, 풀리지 않는 기억의 망령 등 다양한 요소가 몽땅 들어 있다. 스테파니의 머릿속 목소리가 생생하게 들리는 듯하다. 그것도 반복해서.

스테파니가 진정한 사랑을 찾고 싶어 하는 것처럼, 우리에게도 저마다 절실한 욕구가 있다. 하지만 우리는 스스로 자신의 이론 밖으로 빠져나오는 길을 찾을 수 없다. 사실, 말로는 자신의 마음을 바꾸고 싶다고 열심히 말하고 있지만 실제로는 그렇지 않을 수도 있다.

당신이 쏟아낸 내용을 하나하나 들여다보며 각각이 어떤 내면의 속삭임과 연관되는지 알아내라. 그 순간이 당신이 주도권을 쥐게 되는 순간이다. 그러고 나면 당신의 시스템 안에서 독을 제거할 수 있고, 내면의 속삭임이 당신을 옭아매고 있는 힘을 약화시킬 수 있으며, 당면한 문제를 좀 더 건설적인 관점에서 바라볼 수 있다. 당신이 사실과 논리에 근거하지 않은 정보, 심지어 실제로는 일어나지도 않았지만 당신 생각에서만 있었던 일에 대한 정보를 모으고 있었다는 사실을 깨닫게 된다.

스테파니의 내면을 장악한 이상한 이론들을 보자.

— 이런 사이트에는 아무도 들어오지 않는다.
— 여긴 그냥 섹스 상대를 찾는 곳이다.
— 이거는 숫자 놀음이다.

— 50대하고 데이트할 수는 없다.

— 나는 영상 화면에 형편없이 나온다.

— 나는 한물갔다.

그렇다면 스테파니가 가장 즐겨 사용하는 변명은 어떤 것들일까?

— 시간   — 일

— 일   — 또 일

— 전반적으로, 남자들   — 스카이프

— 나이

스테파니가 쏟아낸 글에서 그녀가 시달리는 기억의 망령이 누구와 관련되어 있을지 짐작할 수 있는가? 아마 다들 알 것이다.

— 전반적으로 남자(특히, 제이슨)

— 자기 자신의 나이

그녀의 머릿속 목소리는 정말 그녀를 위해 사랑을 찾아주려고 노력했을까? 절대 그렇지 않다. 스테파니는 모든 것을 기꺼이 털어놓기 전까지는 자신이 질 수밖에 없는 게임을 하고 있다는 사실을 알지 못했다.

나는 사람들이 모든 것을 쏟아내고 나면 '말대꾸'라는 걸 하게 한다. 자신이 쏟아낸 말 각각에 대해 다른 색의 글씨로 반대 의견을 적게 하는 것이다. 자신이 변호사도 되고 탐정도 되어 머릿속 속삭임에 '이의 있다'고 말하게 하는 작업이다.

스테파니가 데이트에 관해 쏟아낸 자신의 말에 어떤 식으로 말대꾸를 했는지 보자.

| 스테파니의 말대꾸 |

— 결혼 같은 거 그냥 포기하면 안 되나? 아니, 정말 시간을 들여가면서 이런 걸 하는 사람이 있단 말이야?

— 적당히 해. 나는 일은 자면서도 할 수 있어. 내가 마음만 먹는다면 데이트할 시간은 충분해.

— 이런 데이트 사이트에는 아무도 없어.

— 아니, 그건 사실이 아니야. 내 친한 친구 두 명도 온라인에서 멋진 남자를 만났잖아. 그건 어떻게 설명할 거야?

— 여긴 그냥 섹스 상대를 찾는 곳이라고.

— 물론이지, 하지만 난 최고잖아.

— 숫자 놀음.

— 그럴지도. 그렇다면 그냥 실컷 즐겨.

— 설사 이런 데 사람이 있다 해도 모두 루저거나 이상한 사람 아니면 둘 다겠지.

― 나는 정말 못된 여자야. 정말 그렇게 말해도 되는 거야? 남자들을 싹 다 이 상한 사람으로 몰아서 대상자 목록에서 제외해놓고 어떻게 재미있는 시간 을 보내겠다는 거야?

― 내가 50대하고 데이트할 수는 없잖아.

― 그러면 하지 마.

― 그동안 너무 열심히, 너무 오랫동안 일해왔으니 이제 결혼해서 정착 하기는 틀렸어.

― 그러면 하지 마.

― 만약 남자가 성공을 거둔 사람이고 출장도 자주 다니는 사람이면? 뭐, 스카이프로 영상통화하면서 데이트를 하나? 나는 그런 화면에서 는 예쁘게 나오지도 않잖아.

― 나도 집에서 쓰는 헤어밴드 벗고 머리 풀어헤친 다음에 신경 좀 쓰면 스카 이프로도 예뻐 보일걸.

― 에이 씨, 잘나가는 사람들은 나를 이미 한물갔거나 아니면 안달 난 사람으로 볼 거야.

― 우리 엄마는 안 그럴 거야.

― 그냥 제이슨이랑 결혼해야 했어. 그 남자가 청혼했는데.

― 사실이 아니야. 제이슨과 사이는 좋았고, 재미도 있었어. 잘 되어가기도 했 어. 그렇지만 결혼할 만큼 깊고 심각한 관계는 아니었어. 내가 인생의 최고 순간에서 느끼고 싶은 그런 느낌이 아니었어. 그 정도 느낌을 받지 못했다 면 안 한 게 잘한 거야.

— 완벽한 사람은 없잖아, 안 그래? 사랑은 개뿔. 사랑이 별건가. 나는 독립적이고 똑똑한 데다 맨해튼에 방 두 개짜리 아파트도 있잖아. 불평 그만해. 난 아무도 없어도 돼. 혼자서도 잘 살 거야. 어쩌면 혼자가 더 나을 수도 있지. 그냥 그러려니 하고 받아들여.

— 이런! 결과가 좋지 않았던 일에 아직도 화를 내면서 다시 도전하기를 회피하다니 나는 아직도 무책임한 어린애나 다름없어. 게다가 나를 제외한 모든 사람 탓을 하고 있잖아! 내가 일을 사랑하고 그걸로 돈도 벌고 독립적으로 살 능력이 되는 데다 일을 중요하게 생각하니까 나는 거기에 숨으면 된다 이거지. 그리고 내가 진심으로 중요하게 생각하는 사랑과 가족, 그리고 나 자신이나 경력 외에도 삶의 의미를 주는 것들을 전혀 대면할 필요가 없다는 말이지. 그래, 계속 그렇게 살아봐.

스테파니가 말대꾸를 하면서, 겁쟁이 치킨을 다시 우리에 가두면서, 상위 자아를 하위 자아 앞에 당당히 맞서게 하면서, 완벽하게 사건에서 이기는 법을 알아가면서 얼마나 즐거워하는지가 보이는가? 스테파니는 자신의 꿈인 사랑을 위해 멋진 변론을 하고 사건을 승리로 이끌었다.

케이티의 쏟아내기와 말대꾸

이제는 케이티가 쏟아낸 내용 일부를 보자. 우연찮게도, 케이티가 술을 마시지 않고 세인트 패트릭 데이(Saint Patrick's Day, 3월에 열리는 아일

랜드인들의 축제) 맞이한 건 16살 이후로 이번이 처음이다. 당연히 케이티가 "루시"라고 이름까지 붙여준, 케이티의 술친구인 내면의 버릇없는 아이는 기분이 좋지 않다.

| 케이티의 쏟아내기 |

나는 즐겁지가 않다. 내가 하는 거라곤 일밖에 없다. 나는 일하고 또 일하는데 아무것도 보상 받지 못한다. 세상 모든 사람에겐 도피처가 있는데 나한테만 없다. 나는 뭔가를 이뤄내기 위해 노력 중이다. 그렇다고 내가 뉴욕 같은 대도시로 진출할 일은 없을 것이다. 나는 작가가 되지 말았어야 했다. 혼자서 이런 여정을 나선 기분이 어떤지, 정말 아무도 모른다.

나는 라이프 코칭을 받고 약속에 또 약속을 거듭하면서, 순서대로 따르고 지켜야 할 약속과 일정의 목록이 너무나 많아졌다. 종이에 약속을 적기는 하지만 아직도 가끔은 깜박하고 지키지 못할 때도 있다. 아니면 전화한다고 해놓고 잊어버리기도 한다. 세인트 패트릭 데이는 나를 위한 날이다. 늘 그랬다. 나는 100퍼센트 아일랜드 사람이기 때문이다. 그러니 그냥 나가서 마시고 싶다. 왜냐하면 나는 오늘 케이티가 되고 싶지 않기 때문이다. 그냥 사라져버리고 싶다.

다음은 케이티가 말대꾸한 내용이다.

─ 나는 즐겁지가 않다.

─ 그건 거짓말이야. 지난 몇 년에 비하면 난 지금이 훨씬 더 즐거워. 체중이
   27킬로그램이나 줄었어. 나는 나 자신이 자랑스러워. 지금 하고 있는 일이
   너무 좋아. 이렇게 술을 마시고 싶어 하는 건 내가 아니라 루시 너야. 자기가
   술 마시고 싶으니 별소릴 다 하네.

─ 내가 하는 거라곤 일밖에 없다. 나는 일하고 또 일하는데 아무런 보상
   도 받지 못한다. 세상 모든 사람에겐 도피처가 있다. 나한테만 없다.

─ 또 다른 거짓말일 뿐이야. 나는 일만 하는 게 아니라 충분히 놀기도 해. 그
   리고 도대체 탈출하고 싶은 게 정확히 뭔데? 그냥 아무 생각 없이 살겠다는
   거야?

─ 그렇다고 내가 뉴욕 같은 대도시로 진출할 일은 없을 것이다. 나는
   작가가 되지 말았어야 했다.

─ 나는 글 쓰는 일을 사랑해. 많이 발전하기도 했고. 솔직히 말해서 뉴욕에 간
   다는 게 두려울 뿐이야.

─ 혼자서 이런 여정을 나선 기분이 어떤지, 정말 아무도 모른다.

─ 지금 장난하는 거야? 나는 혼자 있는 걸 더 좋아해. 걱정하지 마. 나를 사랑
   해주고 내 곁에 있어줄 친구는 많아. 네 말은 전부 거짓말이야. 그리고 이혼
   도 이젠 흔한 일이잖아.

─ 그리고 나는 약속에 또 약속을 거듭하면서, 순서대로 따르고 지켜야
   할 약속이 엄청나게 많다. 종이에 약속을 적기는 하지만 아직도 가끔

은 깜박하고 지키지 못할 때도 있다. 아니면 전화한다고 해놓고 잊어 버리거나.

— 불평 그만해, 루시. 약속 덕분에 체중을 줄였어. 약속 목록이 내 인생을 구해준 거라고. 최근 몇 년 동안 요즘처럼 행복한 적이 없었어. 나는 멋져 보여. 원래부터 어설프다는 변명은 그만둬.

— 세인트 패트릭 데이는 나를 위한 날이다. 나는 100퍼센트 아일랜드 사람이다.

— 그래, 어려서 세인트 패트릭 데이는 파티를 즐기고 술에 취해서 도피하는 날이었지. 나는 정말로 지금의 내 삶이 좋아. 아일랜드 사람인 걸 강조하고 싶은 건 내 안의 술고래 루시겠지.

— 왜냐하면 나는 오늘 케이티가 되고 싶지 않기 때문이다. 그냥 사라져 버리고 싶다.

— 내가 음식과의 전쟁, 술과의 전쟁에서 계속 지는 이유가 이거였군. 정말 잔인하다는 생각이 들어. 삶을 대면하는 대신에 술과 음식으로 잠깐 행복할 수 있게 도피하라는 루시의 말은 알코올 중독자들이 하는 말과 똑같아. 꺼져버려, 루시. 난 행복해. 인생을 포기한 사람처럼 먹고 마시는 게 즐거운 적은 없었어. 단 한 번도.

케이티의 순교자, 외로운 여인, 희생자라는 특성이 얼마나 극성을 부리고 있는지 보이는가? 케이티를 술집으로 끌고 가기 위해 내면의 속삭임은 허탈하고 의기소침한 분위기를 만들어낸다. 맑은 정신으로 지내겠다고 약속한 케이티가 그 약속을 어기도록 꼬여낼 수 있는지 알아보기 위해서다. 이혼에서부터 커리어 선택, 자기가 얼마나 힘든지 아무도 몰라준다는 점까지 들어가며 술 마실 핑계를 찾는 것이다. 그녀가 술을 마시지 못하는 이유가 자신이 한 약속 때문이지 내가 술을 못 마시게 시켰기 때문이 아니라는 점을 밝혀둔다. 케이티에게는 간단한 음주 규칙이 있었다. 하지만 케이티는 계속해서 자신이 약속했던 음주량을 초과해서 마셨을 뿐만 아니라 그 사실을 수개월 동안 숨기면서 거짓말을 했다. 케이티는 술과 관련한 약속을 어겼을 시 맞이할 결과, 스스로 정한 대가를 지불하고 있던 것이다. 즉, 1년 동안 음주 금지하기로 했던 것이다.

이래도 내면의 목소리가 내 편이라고 할 수 있겠는가? 내면의 대화가 나쁜 짓을 응원하는 만큼 우리의 꿈도 이룰 수 있도록 도와준다면 정말 좋을 텐데 말이다.

당신 마음속의 숨은 말 쏟아내기

이제 당신의 속삭임을 날려 버릴 시간이다. 이 작업은 자기 의견을 고집하는 당신의 머리가 특정 주제에 대해 진심으로 무슨 생각을 하고 있는지 알아낼 기회다. 그리고 당신의 마음이 말하는 것에 대해 당신에게는 권한이 없다는 생각을 심어주기 위해 내면의 속삭임이 어떤 계책을 부리는지도 똑똑히 밝힐 기회다.

이 과제는 당신의 뿌리 깊고 부정적인 이론을 파헤침으로써 당신이 원하는 무언가를 갖지 못하는 이유를 밝혀주려는 것이다.

❶ 이번 장에 나온 절차에 따라 어떤 사람, 상황, 삶의 한 부분 등 당신이 갇혀 있거나 악전고투하고 있는 주제에 대해 쏟아내기를 하라. 그 주제에 관해 머릿속에 있는 모든 것을 기록하라. 당신이 두려워하는 것이 될 수도 있고 화나는 것, 슬픈 것이 될 수도 있다. 거기에 감정, 좌절, 책임 소재, 죄책감, 변명, 정당성 그리고 의심스러운 점도 포함시켜라. 말이 되게 다듬으려고 애쓰지 말고 그냥 떠오르는 대로 와르르 쏟아버려라. 쏟아내기란 생각하는 대로 거리낌 없이 방출하는 것이다. 글로 적을 때는 일인칭을 사용하라.

❷ 당신이 쏟아낸 내용 안에는 당신 자신과 특정 상황에 대한 깨달음과 정보가 무더기로 담겨 있다. 내용물을 잘 살피면서 다음 요소 중 어떤 것과 관련이 있는지 표시하라.

- 잘못된 논리
- 이상한 이론
- 변명
- 개인적 특성
- 겁쟁이 치킨
- 버릇없는 아이
- 일기예보관
- 행동 또는 약속의 실종
- 기억의 망령
- 정보 실종
- 거짓말

❸ 쏟아낸 내용물의 특징과 관련 있는 요소를 표시한 후에는 요소별로 별도의 목록을 만들어라. 이런 식으로 정리하면, 머릿속에서 활동하고 있는 자신의 특성을 모두 볼 수 있을 뿐만 아니라 그 특성들이 어떤 식으로 혀를 끌끌 차고, 투정하고, 거들먹거리고, 거짓말하고, 이상한 이론을 들먹이는지 모두 들을 수 있다.

❹ 일단 쏟아낸 내용물을 분석한 다음에는 문장마다 말대꾸를 해라. 즉, 그 말이 사실이 아닌 이유를 대거나 희생자가 아닌 글쓴이의 위치에서 그 내용을 어떻게 바꿀 수 있는지 적어라.

❺ 이 과정을 통해 파악한 자신의 상태에 대해 해야 할 행동들을 적어라. 어떤 일과 관련된 상대방에게 고백하기, 과거 사건의 실태 파악하기, 가족과 면담하기, 약속하기 등 당신이 진실에 가까이 가도록 안내해줄 수 있는 것은 무엇이든 좋다.

··

쏟아내기를 방해하는 목소리

당신의 내면에는 쏟아내기에 교묘하게 대처하는 목소리가 반드시 있다. 우울해하고 힘들어 비틀거리는 친구에게 당신이 해주는 말과 같다고 보면 된다.

"괜찮아, 괜찮아. 다 잊어버려."

만약 이런 속삭임이 들려온다면, 그건 당신을 위한 목소리가 아니다. 그 목소리를 찾아내라.

내면의 목소리를 포착할 수 있으면 그 목소리를 처리할 수도 있다. 당신의 무의식 가장 깊고 어두운 곳에 들어앉아 있는 논리, 관념적으로 조작된 논리를 끄집어내서 그 논리들이 당신의 현실에 어떤 영향을 미치는지 보라. 케이티가 했던 것처럼, 당신도 자신이 안에 담아두고 있던 오물의 실체를 살펴보고 그 정체를 알아낼 수 있다.

그리고 당신이 오랫동안 쥐고 있던 슬픔과 아픔이 온전한 사실이 아니라 허점투성이에 왜곡된 사실이었음을 알 수 있다. 당신이 쏟아낸 내용을 들여다보며 강력히 반박하라. 그리하여 진실이 승리할 수 있게 하라.

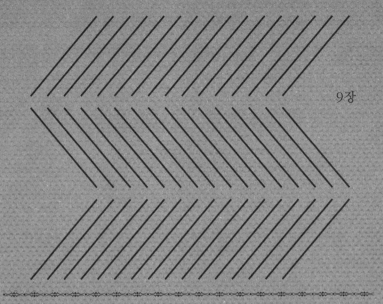

9장

엄마의 짐을 내려놓을 수 있다면

"사람들은 대부분 '그럭저럭 괜찮은' 관계를 유지하는 데 만족하며 살아가는 듯이 보인다. 하지만 실제로는 관계 속에서 깊은 행복감을 느끼지 못하면서 상대방의 문제점과 분한 마음을 기록한 목록을 지니고 있을 확률이 높다."

불만은 시간이 흐를수록 곪아간다

· · · · · · · · · · ·

배우자와 사랑을 유지하고 부모, 자식, 형제자매, 친한 친구, 사업 파트너 등과 관계를 이어가기 위해서는 실천과 책임이 필요하다. 시간이 지나면서 많은 관계가 악화되는 이유는 발생하는 문제에 제대로 대처하고 해결하는 방법을 모르기 때문이다. 그 결과 서로를 향해 해결되지 않은 불만사항이 점점 더 쌓여간다. 그리고 그 불만은 시간이 흐를수록 뒤틀리고 과장되면서 어둠 속에서 조용히 곪아간다. 점점 커지고 범위를 넓혀가다가 이윽고 기정사실로 자리 잡는다.

사람은 누구에게나 자신의 배우자, 부모, 자녀, 상사가 '잘못한, 나의 기분을 상하게 한' 일에 대해 상세히 기록해놓은 목록이 있다. 당신은 자신이 만든 목록을 상대방을 비난하기 위한 무기로 사용할 수도 있고 아니면 그 목록을 더 나은 관계, 더 성숙한 관계, 성취감을 주는 관계를 구축하는 도구로 사용할 수도 있다. 당신이 맺고 있는 관계에서 고통을 주는 부분이 있다면, 아마도 당신이 그 부분에 대해

할 수 있는 일이 아무것도 없다고 생각하면서 포기해버렸기 때문인지도 모른다. 그렇다면 당신이 잘못 생각한 것이다. 어차피 당신 인생의 최고경영자는 당신이다. 따라서 남을 비난하며 살든, 부정적인 생각을 자유롭게 풀어주든, 당신 인생의 모든 부분에 대해 책임을 지며 살든 당신이 선택할 일이다. 당신의 삶과 인간관계를 지휘하고 조종하는 사람은 바로 당신이니까.

사람들은 대부분 '그럭저럭 괜찮은' 관계를 유지하는 데 만족하며 살아가는 듯이 보인다. 하지만 실제로는 관계 속에서 깊은 행복감을 느끼지 못하면서 상대방의 문제점과 분한 마음을 기록한 목록을 지니고 있을 확률이 높다. 그리고 목록이 점점 길어지다 보면 상대방에 대한 생각과 그 사람 앞에서 실제로 하는 말이 달라지는 위선적인 현상이 발생한다. 이런 상황은 두 개의 현실, 즉 '가짜' 외부 현실과 '진짜' 내부 현실을 만들어낸다.

건강한 관계를 지켜가기 위해서는 문제가 발생할 때 서둘러 대처하고 해결해야 한다. 사랑을 유지하는 데 쉬운 길은 따로 없다. 제대로 돌아가지 않는 일이나 상황에 대해 스스로에게 솔직하고 온전하게 진실을 털어놓아야 한다. 그러기 전에는 친밀한 관계를 결코 회복할 수 없다.

털어내야 할 감정의 세탁물

· · · · · · · · · · ·

당신은 8장에서 쏟아내기를 연습해보았기 때문에, 세탁물 목록을 작성하는 일이 그리 어렵지는 않을 것이다. 세탁물 목록이란 세탁해야 하는 지저분한 빨랫감처럼 당신이 털어내야 할 감정의 목록을 말한다. 당신이 가지고 있는 누군가에 대한 세탁물 목록은 당신에게 많은 영향을 준다.

아마도 당신은 누가 보더라도 전혀 알아볼 수 없도록 아무도 해독할 수 없는 암호로 목록을 작성하고 있을 것이다. 다시 말해 세탁할 생각이 없는 세탁물 목록인 셈이다. 하지만 그렇게 몰래 목록만 늘려나간다면 어떤 일이 일어날까? 문제는 갈수록 쌓이고, 당신은 더 나은 인생을 꿈꾸기 어려워질 것이다. 이것이 남들도 다 알아보게 목록을 작성해야 하는 이유다.

세탁물 목록을 작성하는 것은 당신에게 하나의 기회다. 당신의 인간관계에 어둠을 드리웠던 오래된 상처, 슬픔, 분노의 대상을 정리할 기회 말이다. 세탁물 목록을 작성할 때는 자신의 깊은 속마음과 감정을 털어놓아야 한다. 그중에는 말하기 무서운 것도 있다. 어떤 것은 비열하기도 하다. 솔직하게 털어놓거나 적다 보면, 어떤 목록은 그 내용이 사실이 아니라는 걸 스스로도 인정하게 돼 지우기도 한다. 반면에 분명한 사실이고 마음속 깊은 곳에 담아둔 내용이므로 확실히 처리할 필요가 있는 목록도 드러난다.

이 목록을 작성하는 이유가 누군가를 공격하기 위해서가 아니라 상대방과 좋은 관계를 유지하기 위해서라는 점을 기억하라. 당신에게 소중한 사람, 그러니까 마음에 들지 않는 점들을 적은 목록을 가지고 있다는 게 신경 쓰일 만큼 중요한 사람에게 더는 표리부동한 언행을 보이지 않기 위해서라는 점을 기억하라.

세탁물 목록을 적을 때 유의할 사항은 다음과 같다.

종이에 쏟아내라 이 작업은 처음으로 자아가 진실을 대면할 기회라 할 수 있다. 종이에 목록 형식으로, 당신이 다른 사람에 대해 지니고 있는 생각들을 하나에서부터 열까지 모두 쏟아내라. 이 작업은 당신을 위한 것이다. 누군가에 대해 머릿속에서 돌아다니는 어수선한 생각을 말끔히 청소할 기회다. 확실히 해야 할 점은, 모든 걸 쏟아내야 한다는 점이다.

  — 상처를 주는 것
  — 화가 나는 것
  — 숨기는 것
  — 해결하지 못한 것
  — 자신을 괴롭히는 것
  — 매달리는 것
  — 여전히 속상한 것

이런 것들을 모두 끄집어내지 않는 한, 어떤 점이 사실이고 어떤 점이 무작정 쌓인 분한 마음인지 구분할 수가 없다. 이 목록을 솔직하게 작성하면 진실을 마주할 수 있다.

목록과 잠시 거리를 둬라 산책을 하고 심호흡을 하라. 자신이 작성했지만 사실인 듯도 하고 아닌 듯도 할 것이다. 그 목록에서 한 걸음 물러서서 거리를 두어라. 그리고 하루 있다가 아니면 며칠이라도 있다가 다시 펼쳐서 새로운 마음으로 들여다보라.

거짓이 없게 하라 잠시 거리를 두었다가 돌아와 하나씩 다시 확인하면서 좀 더 정직하고 진실한 내용이 되도록 수정하라. 이때 상대방 입장도 고려해라. 백 퍼센트 정확하게, 균형을 유지하면서, 공정하게 해라. 진실을 말하기 위해 그리고 상대방을 더욱 이해하기 위해서 해야 할 말들을 다시 적어라.

연민을 지녀라 인간에겐 어느 정도 잔인한 면이 있다. 싫어하는 사람이 있으면, 그 사람에 대해 안 좋은 증거를 신이 나서 수집하게 되는 이유가 그 때문이다. 그러지 말고 연민을 발휘해라. 내면의 속삭임이 부추기는 바람에 나쁜 쪽으로만 과도하게 여기게 됐는지를 한 번쯤 생각해보라는 얘기다.

현실성을 유지하라 목록에서 자신이 과장하는 부분, 예를 들면 '절대' 또는 '항상' 같은 단어를 사용하는 부분이 있는지 보라. 비록 상대방이 '항상' 그러는 것처럼 느껴지더라도, 이렇게 표현하면 당신이 하는 말의 신빙성이 떨어진다. 상대방은 당신의 말을 부당한 공격으로 받아들일 것이다. 따라서 "당신은 우리가 싸울 때마다 항상

비열하게 굴어"라고 말하고 싶더라도 그렇게 하면 안 된다. 그보다
는 좀 더 구체적으로 표현하는 것이 더 좋다. 예를 들면 "당신은 우
리가 세 번 싸우면 그중 두 번은 '당신은 형편없는 아빠야'라거나
'나를 이런 정도로만 생각한다면 이혼하는 게 좋겠어' 같은 말을 하
는데 나는 그런 말이 너무 싫어"라고 하는 게 낫다는 뜻이다.

모든 것을 다뤄라 두 사람이 이전에 터놓고 얘기한 적이 있는 사항까
지 포함해서 모든 것을 다뤄라. 당신이 아직도 그 일에 대해 생각
한다면 그 일도 목록에 포함시켜야 한다.

사례를 들어라 구체적으로 말하라. 당신이 무슨 말을 하는지 상대방
이 정확하게 알 수 있도록 해야 한다. 상대방이 어떤 행동을 하는
지 또는 하지 않는지, 어떤 말을 하거나 하지 않는지를 확실히 포
함시켜라. 분명한 점은, 당신이 이야기하는 목록의 내용을 상대방
이 타당하다고 받아들일 수 있어야 한다는 것이다. 상대방이 다음
과 같은 반응을 보일 여지를 주지 마라.

— 내가 마지막으로 그런 게 언젠데?
— 늘 그런다고?
— 그래, 하지만 나아지고 있잖아.

당신이 말한 내용에 대해 상대방이 이런 반응을 보인다면, 당신이
언급한 상황의 진실성에 대해 다시 한 번 스스로에게 물어보라.

— 상대방은 자신 입장에서 어떤 변론을 펼칠까?

— 상대방의 시각에서 바라본 당신의 이야기는 얼마나 사실일까?

— 두 사람 모두 공감할 수 있는 사실은 무엇일까?

현재 상황을 말하라 당신이 여러 번 불만을 토로했지만 아직도 완전히 해결되지 않은 문제가 있다면, 그 문제에 대해 과거 사실을 언급하는 것으로 끝내지 말고 현재 상황도 설명하라. 예를 들면, "나 요즘 당신에게 매력을 느끼지 못하고 있어. 나도 당신이 다이어트를 하고 있다는 걸 알아. 잘하고 있다고 생각하지만 아직 나는 만족하지 못해"라고 말하라. 이런 표현이 듣는 입장에서 아주 가혹하게 들릴 수도 있다. 하지만 그래야 상대방이 "그렇지만"이라고 반박할 여지를 찾지 못한다. 그래야 당신이 어떤 감정을 느끼는지, 당신이 말하는 진실이 어떤 것인지 상대방이 이해할 수 있다.

어쨌든 목록에 올려라 세탁물 목록에 있는 항목이 위선적이고 유치하고 야비한 소리처럼 들리더라도, 또는 그냥 목록에서 지워버려도 될 것 같다는 생각이 들 때가 가끔 있더라도, 그 일에 대한 생각이 떠오른다면 목록에 남겨두는 것이 좋다.

주의를 기울여라 목록을 작성하는 과정에서, 어떤 내용을 일단 종이에 적고 믿을 만한 친구와 함께 큰 소리로 읽으며 연습해보라. 그러는 사이에 저절로 해결되거나 사라지는 내용도 있을 수 있다. 그렇게 문제가 해결된 항목은 표시를 해두어라. 그 문제로부터 어떤 점을 배웠는지 적어둬라.

솔직히 말하지만, 자기 삶에서 이중성을 끝내고 내면과 외면이 한목소리를 내는 방법을 배우는 일은 쉽지 않다. 많은 노력이 필요하다. 하지만 그 어느 때보다 큰 도약을 이룰 수 있다. 비밀이 없는 하나의 목소리를 내면서 당신의 인생에서 영적인 순간을 만들어내는 경험을 하게 될 것이다.

당신이 소망하는 관계는 얼마든지 구축할 수 있다. 하지만 그러기 위해서는 그 관계를 성스럽게 다뤄야 한다. 당신이 아는 사실과 내면의 속삭임이 만나는 지점을 정확하게 조사해서 '진실'이 무엇인지 밝혀내는 것만이 거짓 없는 사실을 밝히는 유일한 방법임을 이해해야 한다. 그래야 그동안 숨겨진 진실, 잘못 활용된 진실에 대해 책임을 질 수 있게 된다. 그래야 두 사람이 지니고 있던 각각의 진실에서 하나의 진실을 만들어낼 수 있다. 결국 진실이란 한 사람이 아닌 두 사람의 말을 들어봐야 밝혀질 게 아닌가.

두 사람 사이에 '진실'이란 것이 존재한다. 어떤 일에 대한 사실이 있고, 그 사실에 대한 당신 내면의 속삭임이 있다. 세탁물 목록을 적고 청소해내는 작업은 두 사람의 속삭임을 하나의 공감대에 도달하게 하는 일이다. 자신의 관점이 자신만의 관점일 뿐 상대방 입장에서는 사실이 아닐 수도 있다는 점을 이해하면, 이른바 '증오'의 무게가 줄어든다. 이 작업을 통해 당신은 상대방 입장에서 생각해보고, 상대방의 관점을 이해하고 연민을 느낄 기회를 갖게 된다. 그리고 당연히, 이런 대화를 좀더 일찍 나눴어야 했다는 점을 알게 된다. 진실은 자신이 책임지고 정면으로 대응해야 얻을 수 있는 오묘하고도 귀한 선물이다.

타인의 세탁물 엿보기

도나의 세탁물 목록

이제 도나의 사례를 소개하고자 한다. 도나가 존에 대해 가지고 있는 세탁물 목록이다. 나는 도나에게 남편 존에 대해 지닌 모든 것을 편지 형식으로 적으라고 했다. 그러면 나중에 상대방에게 읽어주기가 쉽기 때문이다. 내가 이 과정에서 택한 방식은 편지 형식으로 적어서 '읽어주는' 것이다. 이메일이나 문자 또는 우편으로 보내는 것이 아니라 상대를 앞에 두고 읽어주어야 한다. 그래야 상대와 직접적인 '소통'을 할 수 있다.

| 도나의 편지 |

존에게

내가 속으로만 생각하던 불만사항을 이제는 끄집어내서 끝을 내고자 이 목록을 적어.

나는 라이프 코치 로렌과 함께, 힘들어하고 불평하고 속으로만 참고 있는 나 자신에 대해 약속을 정하고 그 약속을 어길 때 어떤 벌칙을 받을지를 작성하는 작업을 하고 있어. 이 작업을 하면서 뭔가 잘못되고 있다고 느끼거나 어떤 일에 대해 행복감을 느끼지 못할 때 그냥 참고만 있으면 안 된다는 것을 알게 되었어. 뒤로 물러서서 혼자 옳고 그름을 판단하거나 남 탓을 하거나 순교자처럼 자신이 희생당하는 모습을 지켜보고 있어서도 안 되고. 내 생각을 털어놓음으로써 당신이나 다른 사람을 화나게 할까 봐 두려워도, 그것이 참아야 하는 변명은 될 수 없어.

나는 이제 내 의견과 생각을 참고 억누르는 일을 끝내는 대신 더욱 마음을 열고 당신과 더 사랑하는 관계를 갖고 싶어. 그동안 이렇게 당신에 대한 세탁물 목록을 쌓아놓으면서 지낸 것에 대해서는 미안하게 생각해. 내가 당신을 내 인생의 하나뿐인 사랑으로 받아들이지 못하고 있었어. 그리고 당신에게 계속 나의 가식적인 모습만 보이는 것은 당신에게 진정한 내 모습을 사랑할 기회를 주지 않는 것이라 생각해.

이 목록에서 내가 하는 말을 끝까지 들어줬으면 해. 당신이 힘들어할 때 내가 아무런 도움도 주지 못했다는 사실을 잘 알고 있어. 뭔가 달라지기를 바라면서도 내 입장에서 달리 행동한 게 아무것도 없었다는 것도.

이 목록에 있는 많은 내용은 우리가 이야기를 나누기 시작했던 것들이야. 당신도 분명히 나에 대한 목록을 가지고 있을 것이고 나도 진심으로 그걸 들어보고 싶어. 이제 이 목록을 통해, 내가 바라던 인생의 동반자, 연인, 동료로서 당신이 부족했던 부분에 대해 지적하고 불평하던 일을 끝내려고 해. 이제 하나씩 얘기할게.

규칙 적용에 대한 이중성 당신은 규칙을 지키지 않아도 되지만 다른 사람은 지켜야 하는 것으로 생각하는 것 같아. 예를 들어서, 당신 사무실은 너무 어수선해서 들어갈 때마다 뭐에 걸려 넘어질 정도면서 당신은 다른 사람의 책상이든 뭐든 지저분한 걸 용납하지 못하지. 당신이 보기에 깨끗하게 정리하지 못하는 다른 사람들은 아무 일도 신경 쓰지 않는 지저분한 게으름뱅이야. 자신에 대해서는 그렇게 생각하지 않으면서.

대충대충 하는 특성 애들이 손으로 베이컨을 집어 먹는 거나 당신이 샐러드를 손으로 먹는 거나 다를 바 없어. 엄밀히 말하면, 베이컨이 손으로 먹기에 편한 음식에 가깝고 샐러드는 그렇지 않으니 샐러드를 손으로 먹는 게 더 안 좋다는 걸 당신도 알 거야.

당신의 옷장이 깨끗한 이유는 청소하는 아주머니가 청소를 해주신 덕분이야. 청소하는 아주머니조차도 방금 다려서 정리해놓은 셔츠를 당신이 뒤적거려서 구겨놓으면 화를 낼 때가 있어. 나에게 귓속말로 당신 옷장이나 애들 옷장이나 다를 게 없다고 말할 때도 있어. 당신의 양쪽 귀가 가려운 이유는 집에 당신을 조용히 흉보는 사람이 둘이나 있기 때문이야.

욕설에 대한 이상한 규칙 당신은 온종일 욕을 입에 달고 살고 심지어 애들 앞에서도 욕설을 할 때가 있잖아. 그러면서 당신은 가족 중 당신을 제외한 다른 사람은 무조건 욕을 하면 안 된다고 말하지? 그게 공평하다고 생각하는 건 아니지?

당신의 불평 당신은 애들이 '칭얼거리고, 투덜댄다고' 불만이 많지. 나는 그게 모순된 행동이라고 생각해. 왜냐면 당신도 불평을 엄청 많이 하니까 말이야. 애들이 어떻다, 지저분하다. 과거의 사업 파트너가 어떻다 불평하고 지난번 피지에 휴가 갔을 때도 방에 대해서 불평했잖아. 당신이 시끄럽다고 해서 다른 방으로 옮겼지만 그 다음에도 당신은 계속 불평했지.

그렇다고 내가 당신에게 뭐라고 한마디라도 한 적 있어? 그러지 않았지. 난 당신에게 소리를 내어 말하는 대신, 혼자 머릿속으로 당신만큼 많은 불평을 하며 지냈어.

당신이 비열해지거나 냉담해지는 부분 당신이 집에 들어오는 순간 집안 분위기가 달라져. 애들과 내가 긴장하거든. 결국 저녁을 먹는 자리에서도 모두가 숨을 죽이고 당신을 피하려고 한 게 한두 번이 아니야. 하지만 나는 기분이 나빠도 조용히 물러서는 내 모습이 크게 신경 쓰이진 않아. 우리 가족을 실망시키는 당신 모습은 나를 실망시키던 아버지의 모습과 놀랄만큼 똑같거든.

당신이 "왜?"라고 할 때 내 기분 무슨 일이 생기면, 예를 들어 개가 마루에 오줌을 싸거나 벽에 자국이 생기거나 마루에 흠이 생기거나 차가 살짝 들이받히거나 하면 당신은 갑자기 '내 차', '내 개', '내 마루'를 들먹이면서 '왜' 그런 일이 일어났느냐고 묻지. 그런데 내가 보기에는, 당신이 진짜 하고 싶은 말은 '왜?'가 아니라 '누구 탓으로 돌려야 해?', '누구에게 책임을 지워야 하지?'인 것 같아.

내가 이 중에 하나라도, 뭐라도 잘못한 게 있어? 개에 대해서, 집에 대해서, 마루에 대해서 나한테 책임이 있어? 아, 그래. 나에게 책임이 있다고 볼 수도 있겠지. 하지만 가끔은 당신이 너무 예민하게 굴고 위선자처럼 행동하니까 책임을 당신에게 돌리고 나는 아무 책임도 없는 사람처럼 행동하고 싶어져.

이렇게 모든 목록을 작성하고 다시 보니 내가 그동안 당신 편을 들어주지 않았다는 게 확실하게 보여. 나와 애들과 청소 아줌마는 당신과 반대편에 있었어.

여보, 이제부터는 당신의 불평에 대해 불평하는 걸 그만두고 다른 걸 할 거야. 이제부터는 이 목록에 적은 상황이 발생하면 속으로 꾹 참으면서 아무 일 없는 듯 당신에게 거짓 웃음을 지어 보이는 대신, 당신에게 이야기를 꺼내보려고 해. 약속할게. 당신에겐 아무 말도 하지 않고 나와 애들만 피해자인 양 굴던 행동을 그만둘게. 아무 말 하지 않았다고 범죄에 대한 책임이 가벼워지는 것은 아니니까.

당신의 아내,

도나

당신이 함께하는 사람을 사랑하라

당신이 진심으로 관계를 바로잡고자 할 때 가장 먼저 해야 하는 일은 오던 길로 되돌아가서 빠진 부분, 회복할 수 있는 부분이 어디인지를 찾는 것이다. 이는 당신이 처음 그 관계를 시작할 때 서로에 대해 지니고 있던 배려와 헌신의 자세를 되살려야 가능하다. 서로를 알고 싶어 하는 마음이 샘솟던 그때. 두 사람이 단짝이 되어가면서 모든 것을 공유하던 그때는 사소한 일들조차 재미있고 흥미진진했다. 당신은 깊은 연결 고리를 만들어가며 서로의 마음이 통할 방법을 모색했다. 그러다가 시간이 흐르면서, 상대방의 말에 신경을 덜 쓰거나 상대방을 돌보는 일에 소홀해지기 시작했다. 흥분은 퇴색해갔고 관계는 지루해지기 시작했다. 당신은 이제 최선을 다하지 않는다.

그렇게 바뀌기 시작한 순간이 언제였을까. 당신은 그 변화를 눈치 챘을 수도 있지만 무엇이 변화의 계기가 됐는지는 확실치 않다. 아이가 태어난 이후부터였나? 돈이 궁해졌을 때인가? 직장에서 스트레스가 점점 심해졌을 때? 나이 들어가는 부모님과 함께 살기 시작하면서?

배우자와의 관계에서 행복하지 않은 자신의 모습을 막 발견했는데 상대방에 대한 세탁물 목록에 이미 많은 항목이 올라 있다면, 기본적으로 관계의 여러 분야에서 두 사람 간의 계약이 파기됐거나 바뀌었을 가능성이 크다. 대부분 사람은 살아가면서 유·무언의 계약들이 맺어진다는 사실조차 모른다. 하지만 우리가 알든 모르든 계약들은 이뤄진다.

도나가 남편에게 세탁물 목록을 다 읽어준 후에 두 사람은 앞으로 6개월 동안 매주 일요일에 회의를 하기로 했다. 그 회의에서 각자의 목록에 있는 항목들을 하나씩 검토하며 문제점을 풀어내기 위해서다. 처음 얼마간은 회의가 두 시간 정도 이어졌다. 해결해야 할 일이 무척 많았기 때문이다. 그들은 함께 앉아서 계약서 내용을 명확히 하는 작업을 했다. 결혼 생활에서 각자 맡아야 할 업무를 분명히 하고, 애들을 포함하여 모든 항목에 적용되는 올바른 약속과 그에 따르는 벌칙을 정했다.

이런 부부들을 도와줄 때 나는 해석의 여지를 남겨두지 말라고 조언한다. 그래야 수십 년을 함께 사는 동안 계약 내용을 파기하거나 바꾸거나 계약에서 벗어나려고 하지 않기 때문이다. 두 사람 사이에 동의한 부분을 확실히 이해할수록 언제 관계의 끈이 느슨해지며 무너져 내리는지 더 잘 이해할 수 있기 때문이다. 나는 부부들을 상담하면서 두 사람이 깊은 사랑이라는 탄탄한 토대를 지니고, 함께하고자 모든 노력을 기울이며, 필요한 일을 기꺼이 하고자 하는 마음만 있으면 언제든 관계를 고쳐나갈 수 있다는 사실을 배웠다.

도나와 존은 관계 개선에 필요한 일을 하고 있다. 그동안 꼭 쥐고 놓지 않고 있던 목록을 수정하고 나면 두 사람의 관계는 너무나도 멋진 관계로 발전할 수 있다. 목록에는 수정이 필요한 항목들이 늘 존재하기 마련이고, 그 대부분은 충분히 수정할 수 있는 것들이다. 그 항목들을 바로잡고 나면, 자신의 개인적인 관점보다 두 사람의 관계가 더욱 중요하다는 사실을 깨닫고 나면, 행복이 찾아온다. 이것이 진정한 '반려의 관계'라 할 수 있다.

케이티의 세탁물 목록

　자리를 잡고 앉아서 곰곰이 생각해보라. 당신이 살면서 해결하지 못한 문제가 무엇이든, 그 문제를 당신이 선택한 것이라면 어떨까? 달리 말해서, 당신이 연애 중이거나 결혼했거나 같이 사는 상대는 당신과 같은 수준의 사람이라는 뜻이다. 당신이 어떻게 생각하든, 두 사람 중에 누가 더 낫고 못하고가 없다. 당신이나 상대방이나 오십보 백보다.

　사실 어떤 이들은 무의식적으로 자기보다 약간 더 큰 죄를 저지른 사람을 선택함으로써, 자기는 그 뒤에 숨어 자신이 저지른 죄는 돌아보지 않으려 한다. 또는 자신이 저지른 잘못에서 되도록 멀리 벗어나 뜻밖의 새로운 기회를 찾으려 한다.

　분명히 말하는데, 자신이 택한 모든 것을 따라가 보면 그 뒤에는 혈통과 내림이라는 요소가 있다. 자식의 성격이나 생활습관은 부모에게서 대물림되기 때문이다. 한마디로, 피는 속이지 못한다.

　당신이 선택한 사람을 어떻게 또는 왜 선택하게 됐는지를 우연이라고 하기는 힘들다. 그걸 우연이라고 생각한다면 자신의 혈통이나 내력에 대해 생각하지도, 신경 쓰지도 않고 있었다는 뜻이다.

　선택이라는 흥미로운 주제가 나와서 말인데, 케이티가 전남편 손에 대해 적은 목록을 살펴보자. 나는 케이티에게 세탁물 목록을 적기 전에 두 사람이 얼마나 비슷한지를 적어보라고 했다. 케이티는 이 목록을 적으면서 당신이 상상하는 만큼이나 낯간지러워했다.

| 케이티와 숀의 유사점 |

— 우리는 둘 다 천주교 가정에서 자랐고 4남매의 막내다.

— 우리는 둘 다 똑똑하고 창의적인 극작가, 영화제작자다.

— 우리는 둘 다 잘난 체하고, 이 세상에 화가 난다. 다만, 숀은 자
신의 분노를 터놓고 큰 목소리로 드러내는 반면에 나는 내 분노
를 비밀 다루듯 조용히 안고 산다.

— 우리는 둘 다 결혼하면서 시민권을 취득했다. 숀은 미국, 나는
아일랜드.

— 우리는 둘 다 결혼할 때 비밀이 있었다. 숀은 자신의 성적 지향
에 대해 의문을 품고 있었지만 그 사실을 숨겼다. 나는 숀을 진
심으로 사랑하지 않았고, 그와 결혼하고 싶지 않았다는 사실을
숀에게 숨겼다.

— 우리는 둘 다 자신의 아버지 같은 사람과 결혼했다. 우리 아버
지는 숀처럼 거만했고, 자신의 의견을 큰 소리로 밝혔다. 그리고
숀의 아버지는 나처럼 술을 방패 삼아 도망가고 사라져버리는
분이었다.

— 우리는 둘 다 부모님의 결혼 생활을 따라 하고 있다. 우리 부모
님의 결혼 생활은 어느 한 분 또는 두 분이 화해를 끌어내는 비
즈니스 거래 같은 모습이었다. 반면에 숀 부모님의 결혼 생활은
분노와 싸움으로 가득한, 폭력적인 모습이었다.

자신들은 미처 몰랐지만, 케이티와 숀은 둘 다 자기 부모님의 전철을 밟고 있었다. 숀은 자신의 감정을 억누르고 침묵을 지키며 음식과 술로 마음을 달래던 케이티를 선택했다. 자기 아버지가 그런 어머니를 선택한 것처럼 말이다. 그리고 케이티는 자기 어머니의 특성과 패턴을 따라가고 있었다. 케이티의 말에 따르면, 그녀의 어머니는 열정적으로 사랑하지도 않았던 남자의 울타리에 갇혀 슬프게 지내던 여성이었다. 케이티 역시, 숀의 주위에 머무르면서 스스로를 인생의 희생자로 만들어가며 지냈다. 어머니에게서 늘 보았던 그 모습 그대로, 숀의 나르시시즘과 오만함에 희생을 강요당하는 사람으로 살아가기를 자처했다. 그러면서 케이티는 거짓말하고, 숨기고, 먹고, 마시는 자신의 모습을 정당화했다. 그리고 그 모든 것을 숀의 책임으로 돌렸다. 복종하고 주변 사람들의 기분을 맞춰주는 데 익숙한 사람들이 선택하기에 나르시시스트보다 좋은 대상도 없지 않을까?

만약 케이티가 숀의 거짓말에만 집중했다면 자신의 거짓말은 보지 못했을 것이다. 숀이 비밀을 숨긴 채 자신과 결혼했다는 사실만을 탓했다면, 자신도 사랑하지 않으면서 결혼했다는 비밀을 숨겼다는 사실을 그냥 지나쳤을 게 틀림없다. 자신과 숀이 얼마나 똑같은 사람인지를 알게 된 케이티는 자신을 향해 그리고 숀을 향해 진정한 연민을 느낄 수 있었다. 케이티는 진실을 말할 수 있었고, 사과할 수 있었다. 심지어 자신이 왜 애초에 숀과 결혼했는지도 이해할 수 있었다. 그리고 힘은 들었지만 전남편과 이에 대해 대화를 나눈 후에 자신을 치유하고 두 사람 모두를 자유롭게 해줄 수 있었다.

다음에 소개하는 내용은 케이티가 숀과 직접 만나 마음을 열고 수 차례 대화를 나눈 후에 숀에게 보낸 이메일이다.

| 케이티의 이메일 |

숀에게

당신에게 얘기하고 싶은 것도, 사과하고 싶은 것도 너무 많아. 둘이 대화를 나누다 보면 항상 얘기가 안 좋은 방향으로 흘러가기 때문에 나에게 일어나는 일, 내가 느끼는 점 그리고 내가 당신에게 말하고 싶은 점들을 이메일로 적고 있어.

나는 지난 6개월 동안 라이프 코칭을 받으며 나 자신과 내 인생을 돌아봤어. 지난 35년 동안 내가 어떤 사람이었는지 알게 되면서 내가 부끄러운 일들을 많이 했다는 걸 깨달았어. 먼저 내가 당신을 대했던 태도에 대해 얘기하고 싶어. 평생 나는 나 자신을 표현하지 못했고 사람들에게 내가 어떤 사람인지를 말하지도 못했어. 이제 더는 그런 사람으로 살고 싶지 않아. 세상으로부터 숨어 지내지 않으려고 해. 솔직하고 참되고 진실한 사람으로 살고 싶어.

그래서 이제는 나를 아는 모든 이들에게 진정한 내 모습을 보여줄 계획이야. 삶을 되돌아보면서 사람들에게 숨겨왔거나 거짓말했던 부분을 고백할 거야. 당신은 지난 11년 동안 내 인생에서 가장 중요한 사람 중 한 명이었어. 그래서 당신에게 당신과 함께 있을 때 보여준 내 모습 그리고 당신을 대하던 내 행동에 대해서 고백하고 사과하고 싶었어.

결혼 생활 동안 그리고 별거와 이혼 과정 동안 내가 당신에게 준 고통에 대해 진심으로 미안하게 생각해. 오랫동안 당신에게 냉담한 모습을 보이고 거리를 두며 지내서 미안해. 당신은 내가 마음을 열고 감정을 솔직히 말할 수 있게 하려고 참 많이 노력했지만, 나는 끝내 그러질 못한 거 같아. 당시로 돌아갈 수 있다면, 그러면 모든 걸 바꿀 수 있을 텐데 하는 후회도 들어. 당신이 내내 사랑받지 못하고 있다고 느꼈다면 그 점에 대해서도 미안하게 생각해. 당신은 내면에 많은 사랑을 지니고 있는 사람인데 내가 그걸 무시했어.

헤어진 후로 지난 2년간은 우리에게 힘든 시간이었다는 걸 나도 알아. 당신 입장에서는 생각하지 못하고 내 관점에서만 모든 걸 봤어. 내가 이기적이었어. 당신이 어떤 일을 겪는지 생각하지도 신경 쓰지도 않으며 살았어. 오로지 내 생각만 했어. 내가 못된 말, 당신 마음을 아프게 하는 말을 했다면 미안해. 당신이 누구보다 나를 잘 알겠지만, 나는 마음의 상처를 받으면 악을 쓰며 대들거나 아니면 아예 입을 다물어버리잖아. 내가 당신에게도 그렇게 했어. 미안해. 우리 결혼 생활에는 정말 우여곡절도 많았지만 우리 둘 사이에 어떤 일이 벌어져도 우리는 늘 친구처럼 지냈지. 그런 관계를 망치고 싶은 적은 단 한 번도 없었어.

무엇보다도, 내가 당신에게 마음을 쓰고 있고 당신이 잘되기를 바라고 있다는 점을 알아주었으면 해. 10년 전에 내가 솔직하게 행동했더라면 우리는 결혼하지 않았겠지. 그때는 사실대로 말하기가 겁이 났어. 대부분의 사람이 항상 솔직한 모습을 보이지는 않는다고 생각해. 나는 생각을 안에 담아두지 밖으로 표현하는 사람이 아니야. 당신도 그 점을 알고 있고. 진심으로 사랑하지 않는다는 말을 당신에게 어떻게 해야 할지 몰랐어. 당신 마음에 상처를 주고 싶지 않았어. 우리 둘 사이에는 사랑도 있었고, 우정도 있었고, 재미와 공통된 목표도 있었지. 그리고 그 속에는 당신은 당신이 두려워하는 것을, 나는 내가 두려워하는 것을 사실대로 말하지 않았다는 사실도 숨어 있었어.

그렇게 우리 두 사람은 부모님들과 마찬가지로 가면을 만들어냈어. 그리고 그런 진실을 대면하는 대신에 나는 모든 것을 당신 탓으로 돌렸지. 왜냐하면 당신이 동성애자라는 사실을 알고 나서는 모든 일의 원인이 당신 때문이라고 밀어붙이면서 당신을 꼼짝 못 하게 할 수 있었거든. 내가 솔직하지 못했어. 당신이 나를 사랑했다는 건 나도 알아. 하지만 우리 둘 다 당신의 성적 지향에 대해서나 결혼하면서 각자 시민권을 얻은 것에 대해서 전혀 얘기하지 않았지. 결혼 생활을 하는 동안 내 마음과 심장이 어디 있었는지 솔직하게 얘기해본 적도 없고.

추수감사절에 당신이 런던에서 LA까지 날아와서 내게 청혼했을 때 나는 너무 당황스러웠어. 당신이 함께 있고 싶다는 뉘앙스를 풍기긴 했지만 청혼할 줄은 꿈에도 생각하지 못했거든. 게다가 50명을 방에 모아놓고 그 사람들 앞에서 그렇게 하니 화도 났지. 당신이 내가 거절할 수 없는 상황을 만들어놓았다고 생각했거든. 그 일을 당신 입장에서는 전혀 생각하지 못했어. 당신은 비행기를 타고 와서 파티를 준비하고 그런 식으로 깜짝 청혼을 하는 것이 낭만적이라고 생각했겠지. 난 내가 승낙을 할 수밖에 없도록 몰아붙인다고 생각했어. 그래서 결혼하겠다고 한 거야. 당신의 감정을 상하게 하거나 당신을 난처하게 하고 싶지 않았어. 당신에게 솔직한 모습을 보이고 싶지도 않았고.

내가 메릴랜드에서 결혼을 취소하고 다시 당신과 데이트하는 중에도 나는 내가 진정으로 원하는 것이 무엇인지 알아내고자 했어. 나는 정말로 결혼하고 싶지 않았어. 그때 내 머리에는 온통 커리어 생각뿐이었어. 당신도 그걸 알고 있었다고 생각해. 하지만 어쨌든 라스베이거스에서 결혼하는 데 나도 동의했지.

결혼하기 6개월 전쯤 나는 바람을 피웠어. 누군지도 모르는 남자와 하룻밤을 보냈어. 그때 당신은 런던에 있었고, 결혼식을 하고 이후에 같이 사는 문제를 두고 당신과 전화로 싸운 며칠 뒤였어. 나는 계획하지도 않은 결혼식에 압박감을 느끼고 스트레스를 받았어. 그래서 바에 가서 술을 마시다가 어쩌다 보니 옆에 앉아 있던 남자와 그런 일이 생긴 거야. 난 내가 바람피운 걸 당신 잘못으로 돌렸지. 그렇게 치유하지 못할 상처와 비밀을 안고 결혼 생활을 시작했어. 두 사람이 결혼할 때는 서로에게 솔직해야 하는데 우리는 그러지 못했지. 적어도 나는 그러지 못했어.

당신에게 말하지 못한 비밀이 또 있어. 결혼식 날 내가 신경 쇠약 증세를 보였다는 거야. 결혼 허가증을 받기 전에, 카지노에서 당신과 싸우고 방으로 돌아갔을 때 난 거의 정신이 나간 상태였어. 결혼 생활이 잘될 리가 없다고 확신했거든. 우리가 의사소통에 문제가 있다는 것도 알고 있었어. 내가 당신을 사랑하지 않는다는 것도. 몇 시간 지나니까 마음이 진정돼서 어찌어찌 결혼식을 무사히 넘긴 거야.

이 모든 게 당신 입장에서 생각해보면 공평하지 못한 일이었어. 내가 그때 솔직하게 행동했더라면 우리 두 사람이 지난 세월 동안 그렇게 상처받지 않았을 텐데.

미안해, 숀. 내가 저지른 모든 일에 대해서. 나 자신을 똑바로 보고, 내가 어떤 사람인지를 알아가면서 울고 싶은 마음뿐이야. 왜냐하면 그동안은 나 자신이 어떤 사람인지 전혀 이해하지도 못했고, 우리 관계가 망가진 원인이 나에게도 있다는 사실도 보지 못했거든. 진실이 중요하다고 생각하지 않았어. 나만의 생각에 머무르면서 진실을 존중하지 않았어. 결국 그 때문에 우리가 서로를 학대하며 지내게 됐다는 걸 알아. 내가 당신을 대했던 태도 그리고 수모를 주고 밀어붙이고 밀쳐내고 무너뜨리려 했던 모든 언행에 대해서, 지난 세월 동안 당신을 아프게 했던 그 모든 것에 대해서 미안하게 생각해.

나를 용서해주든 아니든 모든 건 당신이 결정할 일이야. 하지만 나는 지난 모든 일에서 내가 잘못했던 부분들을 마침내 볼 수 있게 됐고, 모든 것을 당신 탓으로 돌렸던 것에 대해 미안하게 생각한다는 걸 이야기하고 싶어. 내가 한 말과 행동들이 당신에게는 부당했어.

마음을 담아,

케이티

케이티는 자신이 결혼 생활의 피해자가 아니라는 사실을 깨달으면서 모든 것을 바라보는 시각에도 변화를 겪었다. 자신만의 힘을 되찾을 수 있었다. 심지어 숀이 성적 정체성에 대해 혼란을 겪고 있었다는 사실을 처음부터 이미 어느 정도 눈치채고 있었다고 인정했다. 숀과 두 번째 데이트하던 날, 케이티는 숀에게 혹시 그가 양성애자인지 물었다. 숀은 아니라고 대답했고 케이티는 그의 말을 믿었다. 하지만 이렇게 생각해보라. 자신이 무언가를 숨기거나 거짓말하고 있는데, 상대방이 뭔가 숨기는 것이 있는지 알아보기 위해 계속해서 캐묻겠는가? 그러지 않을 것이다.

케이티는 자신을 조용히 숨기기 위해 자기가 숀을 이용했다는 사실을 깨달았다. 그리고 자기에게 두 개의 선택지가 있다는 사실도 깨달았다. 앞으로 나서서 솔직한 자신의 목소리를 내든지 아니면 아무 조치도 취하지 않는 것이었다. 그녀는 첫 번째를 선택했다.

부모님께 편지 쓰기

· · · · · · · · · · ·

당신이 부모님을 사랑하든 미워하든, 부모님과 함께 살든 멀리 떨어져 살든, 아니면 심지어 부모님이 돌아가셨더라도 부모님과 당신의 관계는 오늘날의 당신에게 영향을 끼친다. 그리고 부모님과의 관계가 좋았든 나빴든 간에 그 관계를 처리하지 않는 한 당신은 인생의 반려자를 찾을 때 부모님이 했던 대로 따라 하게 될 것이다.

　가족에 대해서 생각해보면, 누구나 혼자만의 비밀로 간직한 채 부모에게 말하지 못한 것들이 있을 것이다. 그 내용을 편지로 써보는 시간을 가지려 한다. 부모님께 편지 쓰기라니, 아마 평생 한 번도 해보지 않은 사람이 대부분일 것이다. 그런 만큼 어색하기도 하겠지만, 부모님과의 관계를 새롭게 하기 위해 꼭 필요한 과정이다.

　편지 쓰기에는 다음과 같은 4단계가 있다.

1단계 당신에게 상처를 주고 슬픔을 주었던 모든 것, 당신이 도저히 용서할 수 없거나 이해할 수 없는 모든 것을 쓴다. 어머니나 아버지에 대해 마음에 품고 있던 점들을 모두 쏟아내고, 당신이 말할 수 없었거나 물어보기 두려웠던 것들에 대해 진실을 구하는 기회를 갖는 것이다.

이 편지는 그동안 당신이 부모에게 숨겨왔던 것들을 하나에서 열까지 다 꺼내놓을 기회다. 1단계에서 적는 편지의 초안은 당신의 머릿속과 마음속 깊이 들어 있던 것, 애간장을 태우던 것 모두를 끄집어내기 위한 것이다.

2단계 초안에서 두서없이 마구 쏟아내고 나면 자기 이야기에 뭔가 어설픈 부분이 보이기 마련이다. 2단계는 사실과 일치하지 않는 부분을 모두 정리하는 단계다. 기자들이 하듯 사실 확인을 하는 것이다. 이렇게 해서 자신이 모르는 것은 무엇인지 알아내야 한다.

이번 단계에서는 이 책에서 지금껏 배운 모든 것을 활용해야 한다. 그리고 부모님이 지니고 있는 문제점을 당신도 지니고 있다는 점을 늘 알고 있어야 한다. 이번 단계는 당신의 숨겨진 진실을 발견할 기회다.

3단계 당신이 진짜 궁금해하는 것이 무엇인지를 정리했다면, 친척들을 만나 조사 형식의 대화를 나누고 정리한다. 당신의 기억 속에 있는 단편들을 연결하여 결론을 도출해낸다. 모든 이들의 관점이 서로 다를 수 있다는 사실을 명심하면서 자매나 형제, 숙모, 삼촌 등의 관점은 어땠는지도 알아낸다.

당신의 상위 자아와 내면의 기자가 힘을 합쳐 당신이 몰랐던 사실을 모두 찾아내는 단계가 여기다. 일단 단서를 찾아내고 나면 당신을 화나게 한 원인이 무엇인지 알아내고 그 일에 대해 공정한 입장에서 말할 수 있기 때문이다.

4단계 초안이 아니라 진짜 편지를 쓴다. 이 단계는 설사 부모가 당신에게 안 좋은 일을 한 것이 사실일지라도 당신 역시 마찬가지의 행동을 한 것은 아닌지 볼 수 있게 해준다. 당신이 모든 사실을 알지도 못하는 상태에서 얼마나 용서에 인색하고 그와 동떨어진 생활을 했는지 깨닫게 될 것이다.

궁극적으로, 이 과정은 새로운 미래를 위한 구상이라 할 수 있다. 부모와 최대한 건강한 관계를 구축하는 일은 우리가 맡아야 하는 역할이다. 사랑과 솔직함을 담은 행동을 통해서 건강한 관계를 구축하는 것이다.

한 걸음 물러서서 자기가 그동안 자신만의 기억에 얼마나 매몰돼 있었는지 알아내지 못하면, 자기가 저지른 범죄 현장에 남은 지문을 볼 수 없다. 부모님에 대해 그리고 자신의 어린 시절에 대해 자기가 어떤 이론을 세워놓고 살아왔는지 알 수 없다. 자신이 부모에 대해 어떤 생각을 하는지도 모른 채 더 나은 모습으로 바뀌도록 부모를 안내할 수는 없다.

아버지나 어머니에게 편지를 쓸 때 도움이 되는 몇 가지를 알려주겠다.

무작정 들이대지 않기 편지를 쓸 때는 처음에 편지 전체의 맥락을 설명하는 것으로 시작한다. 앞으로 나올 내용에 대한 예고편을 보여주는 셈이다. 예를 들면 이런 식이다. "이 편지는 제가 그동안 부모님에 대해 안 좋게 생각하고 부모님을 탓했던 것들에 대해 설명하고 사과하기 위한 거예요. 또한 특정한 일들에 대해 내가 느꼈던 점을 말하고, 궁금한 걸 물어보고, 자라면서 경험했던 일들을 해결하기 위한 것입니다."

치장하지 않기 고통의 감정을 피하려고 어떤 일을 왜곡하거나 겉치장하지 마라.

이랬다저랬다 하지 않기 병 주고 약 주는 게 아닌지 조심하라. 이는 상대방을 칭찬했다가 바로 다음 순간에 깎아내리는 걸 말한다. 만약 칭찬을 한다면 자신이 진심으로 칭찬한다는 걸 분명하게 드러내라. 확실치 않다면 아예 적지 마라.

뒤섞지 않기 긍정적인 내용과 부정적인 내용을 서로 다른 부분에 적어라. 이렇게 해야 편지를 읽는 부모가 내용을 더 정확히 이해할 수 있다.

쑤셔 넣지 않기 때로는 할 말이 많을 때가 있다. 그래도 사건마다 되돌아가서 살펴야 한다. 한 문장에 너무 많은 내용을 집어넣으려 하지 마라. 각각의 감정, 생각, 경험을 구분해서 적어라.

거짓말하지 않기 적는 내용에 모순이 있는지 항상 살펴라. 사실이 아닌 듯한 점이 있는가? 어린아이가 말하듯 들리는 부분이 있는가? 사실에 대한 오해가 있는지 밝혀낸다.

배척하지 않기 편지에는 자신이 받은 상처만이 아니라 그 관계에서 자신이 했던 역할도 포함되어 있어야 한다. 하나의 진실에 대해 균형을 맞춰야 한다. 만약 한쪽이 너무 거북하게 느낀다면 균형이 틀어졌다는 뜻이다.

없는 얘기 지어내지 않기 부모님의 인생 이야기에 대한 지식을 얻어라. 그 내용을 적어라. 부모님이 어떤 일을 겪었는지 알아내라. 당신이 부모님을 이해하고 연민을 느낄 수 있도록 부모님이 지금에 이르게 된 전체적인 상황을 파악하라.

타인의 편지 엿보기

· · · · · · · · · · · ·

부모는 물론이고 누군가에게 숨겨진 진실을 밝히는 일은 나이를 막론하고 사람들이 가장 싫어하는 과제다. 어쩌면 이제는 관계가 괜찮아져서, 또는 이 정도면 참을 만해서, 아니면 그 어느 때보다 좋아서 그럴 수도 있다. 모두 과거지사일 뿐이라고 생각하면서.

어떤 이들은 부모님이 최선을 다했다고 믿기도 한다. 진심으로. 그런데 '최선을 다했다'고 믿는다는 말은 진심으로 부모님을 용서한다는 뜻인가, 아니면 원래 뭔가 부족하니 노력해도 안 되는 사람으로 생각한다는 뜻인가? 그렇게 생각하는 이유가 진정으로 부모님을 용서하기 때문인가, 아니면 자신의 약점을 드러내는 대화를 피하고 싶기 때문인가?

다시 부모와 지내던 시절로 돌아가 자신을 성장시키는 일은 새로운 상태로 넘어가기 위해 치러야 하는 의식이다. 그 통과 의례를 거침으로써 당신과 부모님은 당신의 삶을 함께 이해할 수 있다. 부모 탓을 하자는 게 아니다. 설명하고 받아들이고 용서하자는 것이다.

스테파니의 편지

스테파니가 어머니에게 쓴 편지를 보자. 다음 내용은 스테파니의 편지를 요약한 것인데 지극히 불완전하고 정말 스테파니다운 편지라 할 수 있다. 요약했음에도 굉장히 길다. 하지만 여러 번 읽어볼 만한 가치가 있다. 자기 엄마처럼 냉담하고 비판적인 그녀의 성격이 한 눈에 보인다. 정말 힘든 어린 시절을 보낸 사람이 고백하는 내용으로, 이 편지에는 많은 고백과 사과가 담겨 있다. 이런 편지를 쓰는 과정 자체가 가치 있는 일이라는 점을 기억하라.

| 스테파니의 편지 |

엄마에게

우리의 과거를 치유하기 위해 엄마에게 이 편지를 씁니다. 이 편지는 내가 내 행동, 내 두려움, 부족한 연민에 대한 책임을 느끼면서 앞으로는 엄마를 더 신경 쓰고, 더 사랑하고, 더 많이 알아가기 위해 생각해낸 방법이에요. 오랫동안 엄마 주위에서 느꼈던, 그리고 내 몸에 지니고 있던, 그래서 엄마도 느꼈을 제 긴장감에서 벗어나는 방법이에요.

엄마는 늘 저와 좀 더 가까워지기를 원했지만 제가 받아들이지 않았다는 걸 저도 알고 있어요. 미안해요. 이 편지는 제가 그 일에 대해 책임이 있다는 사실을 솔직히 밝히고 그런 분위기를 더 일찍 만들어내지 못한 데 대해 사과드리는 공간이 되겠네요.

이제는 모든 걸 말씀드릴 시간이에요.

제 자신을 알아가는 일을 하면 할수록 엄마를 더 이해하게 되고 엄마의 사랑을 더 잘 알게 됐어요. 이제는 저도 제 사랑을 마음에 담아두고만 있지는 않으려고요. 예전에 엄마가 병원에서 쓰러지신 적이 있었죠. 제가 엄마를 부축하고 있었고 엄마는 일어날 기운은 없었지만 (제 생각에)

의식은 온전한 상태로 제 눈을 바라보았어요. 정말 이대로 모든 게 끝나나 싶은 순간이었죠. 저도 엄마를 바라봤어요. 그때 엄마의 사랑과 엄마의 연약한 모습을 보았어요. 그 기억을 평생 잊지 못할 거예요. 나는 엄마가 내 사랑을, 내가 그날 엄마에게 느낀 사랑을, 그리고 여전히 엄마를 사랑하는 이 마음을 그대로 느낄 수 있으면 좋겠어요.

내가 엄마와 성인 대 성인의 관계를 만들기 위해서는 먼저 완전하게 솔직한 모습을 보이고 열린 마음으로 시작해야겠죠. 이 편지에 내가 그동안 엄마를 멋대로 재단했던 일들에 대해 설명하고 사과드리려 해요. 그리고 고마웠던 일에 대해서도요.

이 편지에 쓴 어떤 내용도 엄마의 마음을 아프게 하려거나 엄마 탓을 하려는 게 아니라는 점을 알아주세요. 사실 이 편지는, 그동안 냉담하게 굴고 친밀감을 회피하면서 그런 태도조차 오히려 엄마 탓으로 돌렸던 내 행동을 끝내기 위해 쓰고 있어요.

먼저 내가 품고 있던 비판적인 생각에 대해서 말씀드릴게요. 모든 것을 해결하기 위해 엄마와 노력하지 않았다는 점에 대해서는 제 잘못이 커요. 그럼에도 저는 뒤로 물러서서 엄마 탓만 했어요. 미안하게 생각하고 있어요. 이제 제가 제 맘대로 판단했던 부분들에 대해서 고백할게요.

아버지를 과소평가했던 것 제가 어렸을 때, 그리고 지금까지도 저는 엄마를 심판하는 태도로 바라봤어요. 엄마가 아버지를 과소평가했듯이 말이지요. 성인이 되어서 보니, 아버지도 잘못을 하셨다는 점, 저 또한 결혼 생활이나 인간관계에서 전문가가 아니라는 점을 알게 되네요. 하지만 평생 저는 뒤로 물러서서 엄마가 몰래 또는 공개적으로 아버지에게 눈을 흘기고 인상 쓰고 구박하고 중얼거리고 업신여기는 모습을 냉정하게 바라보기만 했어요. 엄마는 아버지를 '멍청이', '뚱보'라고 불렀어요. 아버지가 살을 빼려고 노력할 때도 지지와 응원을 보내기보다 도리어 그런 행동을 우습게 여기고 불평만 하셨죠. 당시에는 도저히 민망해서 못 봐주겠다고 속으로 중얼거렸지만 최근에 와서야 나도 엄마와 똑같다는 걸 알게 됐어요.

그리고 살면서 내가 선택했던 남자들이 보이는 실망스러운 모습이 아버지가 엄마를 실망시켰던 모습과 똑같다는 것을 알았어요. 엄마가 아버지에게 그랬듯 나도 그 남자들에게 무능하고 비논리적이고 멍청하다는 소리를 머릿속으로 해댔죠. 엄마의 행동을 멋대로 판단하고 엄마의 행동 때문에 내가 피해자가 된 듯 여기며 살다 보니 나도 엄마와 같은 삶을 살게 됐다는 사실을 솔직하게 말씀드려요. 그리고 이제 그 문제에 대해 라이프 코칭을 받으면서 보니, 나 스스로 그런 문제를 만들어냈다는 점도 알게 됐고요.

결혼 생활을 유지했던 것 나는 엄마와 아버지가 이혼하지 않는 것에 대해서도 멋대로 판단했어요. 두 분 모두 이웃에게 잘 보이려는 생각에 사로잡혀 있고 돈 때문에, 겉으로 보이는 모습 때문에, 즉 말도 안 되는 이유로 같이 산다고 생각했어요. 가족이 외출하면 사람들 앞에서는 정말 가깝고 잘 통하는 사이처럼 굴다가 우리끼리만 있게 되면 찬바람이 부는 것처럼 느껴진 적이 몇 번 있었죠. 사람들이 있는 곳에서는 전혀 그렇게 행동하지 않다가 차에 타기만 하면 두 분 중 한 분이 아까 왜 그런 식으로 행동하고 말했느냐고 소리를 치곤 했어요.

그런 소동이 다시 일어나는 건 생각도 하기 싫었어요. 제가 그런 싸움이 일어나는 데 원인을 제공한 게 있다면 미안해요. 내가 문제의 중심에 있으면서도 그저 피해자인 것처럼 행동하면서 냉담하게 굴고 진실한 모습을 보이지 않았다는 걸 이제는 알 수 있어요.

지난 몇 년 동안 나 자신에 대해 많은 걸 배우면서, 나 자신에게 자부심을 느끼고 더는 피해자인 척 굴지 않는 나를 새로이 만들었다고 엄마에게도 알려주고 싶었어요.

친절하고 다정스럽게 대하지 않는 것 나는 엄마가 아버지의 관심을 받지 못한 것을 엄마 탓이라고 판단했어요. 엄마가 아버지를 충분히 사랑하지 않았거나 집안의 평화를 유지하지 못했기 때문이라며 엄마에게 죄를 뒤집어씌웠죠. 엄마에게 전혀 동정심을 느끼지 못했어요. 그리고 엄마가 더 관심을 받으려 할 때마다 그런 엄마를 비난하기에 급급했죠.

그런데 나중에 보니 내가 선택한 남자들이 내게 사랑을 주지 않더군요. 아버지가 엄마에게 냉담하게 대했던 것처럼요. 그래서 이 편지에서 그 사실을 고백하면서 이젠 그런 일이 다시 일어나지 않게 하려고 해요.

가장 중요한 건 내가 엄마와 아버지, 엄마와 내 관계가 틀어진 모든 원인을 엄마 잘못으로 돌렸다는 거예요. 이제는 나도 똑같다는 걸 알아요. 내가 만족할 수 없는 남자를 선택해놓고 내 마음대로 판단하거나, 아니면 내게 만족하지 못하는 남자를 선택해놓고 그들에게 사랑받지 못하는 일을 반복한다는 걸요.

더 많은 관심을 원했던 것 나는 더 많은 관심을 원하는 엄마를 안 좋게 봤어요. 이건 중요한 문제예요. 나는 엄마가 말하는 모든 것이 관심을 받기 위해 하는 것이라고 잘못 판단하고 항상 차갑게 바라봤어요.

그러다가 똑같은 행동을 하고 있는 제 자신을 발견했어요. 누구와 있든 어디에 있든 말이에요. 정말 웃긴 게 뭐냐면, 나는 직업조차 주목의 대상이 되는 일을 선택했다는 거죠. 엄마가 마음 깊은 곳에서부터 관심을 원하고 가치를 인정받고 싶어 하는 욕구를 가지고 있다는 걸 나는 받아들이지 못했고 동정심도 느끼지 못했어요. 대신에 엄마를 자기중심적인 사람이라고 생각해서 그 점에 대해 엄마에게 이야기를 하거나 묻지도 않았어요.

미안해요. 그 때문에 우리가 나눈 대화나 함께 있던 시간이 온전하지 못했어요. 그냥 엄마가 원하는 자신의 방식대로 하세요. 이제 저는 그런 엄마를 사랑하려고 해요.

나와 더 친해지고 가까워지려 했던 것 나는 나와 더 친밀감을 느끼고 싶어 하는 엄마를 매우 부정적인 시각으로 바라봤어요. 아주 예전에 내가 친밀함을 원하는 것처럼 행동한 적도 있지만 사실은 그렇지 않았어요. 엄마가 아버지에게 못되게 군다고 생각했기 때문에 마음속으로는 엄마와 친해지고 가까워진다는 건 불가능하다고 생각했어요. 엄마가 아버지에게 못되게 구니까 나도 엄마에게 냉담하게 구는 게 정당하다고 생각했어요. 엄마가 아버지에 대해 속상해하거나 불만을 터뜨릴 때도 엄마를 안아드리지 않았고요.

그리고 나 자신도 화를 잘 내고 불만 많은 거짓말쟁이였으면서도 엄마의 분노와 불만은 내 것과는 수준이 다르다고, 더 나쁜 것이라고 생각했죠. 사실 내가 친근함을 원하지 않았던 이유는 엄마와 거리를 두고 지내면서 내 분노를 엄마에게 향하는 것이, 그러면서 엄마에게 잘못을 돌리는 것이 더 쉬웠기 때문이에요. 엄마와 나의 공통점을 마주하기보다는 그게 더 쉬웠기 때문이에요. 또는 불신하기, 트집 잡기, 거리 두기에 익숙한 내 문제를 다루기보다는 엄마를 탓하는 게 더 쉬웠기 때문이겠죠. 게다가 내 본심이나 감정을 찾아내기보다는 엄마가 좋은 엄마 역할을 하지 못한다고 스스로에게 말하곤 했어요.

남 얘기 하는 것 내가 엄마에 대해서 안 좋게 생각했던 것 중 하나가 엄마가 다른 사람들에 대해 얘기하는 것이었어요. 예전에 있었던 일들이 기억나요. 엄마가 어떤 친구에 대해서 험담 비슷한 말을 늘어놓았는데, 5분 있다가 그 친구한테 전화가 오니까 엄마는 완전히 다른 사람처럼 너무 친절하게 통화를 했지요. 그런 엄마 모습이 너무 가식적이었고 내가 지금까지도 엄마를 비판하는 이유 중 하나가 그거예요. 하지만 그러면서 나도 나만의 방식으로 엄마를 따라 했던 것 같아요.

내 인생에서 비밀을 갖는다는 게 너무 좋았어요. 뭔가를 내 마음대로 할 수 있다는 생각이 들었기 때문에요. 하지만 내가 때로는 가식적이었다는 걸 알아요. 엄마에 대해 멋대로 판단해서 미안해요. 엄마를 비판하면서 내 잘못은 보지 못했어요.

돈 내가 엄마에 대해서 비판하는 점이 또 있는데, 엄마가 돈을 관리하는 방식이에요. 나는 엄마 얘기를 듣고 우리가 금전적으로 여유가 있는 집이 아니라는 걸 알았어요. 그럼에도 나는 호화로운 여행과 캠프와 아이비리그 대학을 원했고 또 그 모두를 엄마로부터 얻어내 즐겼어요. 마음속으로는 여유가 없으면서도 호화스러운 환경을 즐긴다는 것에 대해 늘 갈등을 느끼면서도 그 부끄러운 마음을 털어놓기보다는 오히려 엄마를 탓하는 이유로 삼았어요.

머릿속으로는 엄마를 가식적인 사람이라 생각했지만 사실은 내가 더 가식적이었어요. 정말 말도 안 되는 게, 엄마가 힘들어한다는 걸 알면서도 내가 원하는 모든 걸 엄마가 해주도록 내버려 두었다는 거예요. 사치를 즐기면서 그 사치를 비판했던 거죠. 그러니까 내가 이중인격자였던 셈이에요. 엄마가 내게 모든 걸 해주는 걸 당연한 것으로 받아들였어요.

이제는 엄마에게 오래전에 사과했어야 할 것들에 대해 말할게요.

좀 더 친절하게 굴지 못한 것 좀 더 친절하게 굴지 못한 것, 그리고 엄마의 말을 더 잘, 더 기꺼운 마음으로 듣지 않았던 것에 대해 사과드려요. 엄마가 생각하는 나는 최근까지도 기대만 많고 독설을 쏟아내는 딸이었겠죠. 미안해요. 엄마에 대해 잘못 생각하고 있던 부분 때문에 복수심으로 이상한 행동을 했어요. 엄마가 여전히 '진짜' 내가 어떤 사람인지 모르겠다고 생각한다는 걸 알고 있어요. 제가 아직도 사랑을 표현하지 않고 감추는 모습을 보일 때가 있지만 앞으로는 더 성장한 모습으로 엄마와 사랑을 주고받겠다고 약속해요.

다른 사람에게는 주는 '나'를 엄마에겐 주지 않은 것 나는 속으로 엄마에게 정말 이해받고 싶었는데 엄마가 나를 온전히 이해하지 못한다고 생각했어요. 미안해요. 엄마가 내게 조언을 해줄 때 엄마가 말하는 방식을 싫어한 것도 미안하게 생각해요. 나는 엄마에게 충고를 듣기보다 박수를 받고 싶었어요. 그래서 엄마가 조언을 해줄 때면 늘 무례하게 굴었어요.

나는 엄마가 내 인생에 질투심을 느낀다는 말도 안 되는 생각을 했고, 그 때문에 내 감정을 얘기하기보다 엄마와 거리를 두면서 거만하게 굴었어요. 그 점에 대해 미안하게 생각해요.

엄마가 나를 버렸다고 생각해왔던 것 나는 어렸을 때, 엄마가 나를 버렸다는 생각을 늘 했어요. 엄마가 아픈 언니를 신경 쓰는 건 당연한 일이었는데도 당시에 내가 받은 느낌은 그랬어요. 그러다가 나중에 엄마가 나와 좀 더 가까워지려고 노력하실 때, 나는 엄마가 내게 필요한 공간을 주지 않는다고 생각했죠. 특히 내가 20대 때 엄마가 좀 더 가까이 지내자고, 전화 좀 자주 하라고, 더 자주 집에 오라고 계속 말할 때 엄마가 마음대로 한다는 기분이 들었어요. 그렇게 엄마가 한심할 정도로 너무 많은 것을 요구한다고 멋대로 생각하면서, 이제 와서 우리 관계를 바로잡기에는 너무 늦었다고 단정지었어요. 그렇게 못되게 굴고, 냉담하게 비웃으며 말하고, 대들듯 행동해서 미안해요.

엄마를 믿지 못했던 것 엄마를 믿지 못할 사람으로 오해했어요. 그리고 믿지 못할 사람이니까 차갑게 굴어도 된다고 생각했죠. 엄마가 모든 게 괜찮다고 말할 때마다 나는 그 말을 믿지 않았어요. 왜냐하면 엄마가 내게 솔직한 모습을 보이기 훨씬 이전부터도 아버지 때문에 불행해하고 속에 슬픔을 담고 있다는 걸 알고 있었기 때문이에요. 난 느낄 수 있었어요.

핵심은 엄마가 어떻게 해도 내 마음을 얻을 수 없었다는 거예요. 그러니까 엄마가 아무리 좋은 말을 해도 나는 엄마와 거리를 두고 사람들 앞에서만 잘하는 척했어요. 좋지 않은 일이 있는데도 괜찮다고 말하는 엄마를 믿지 않았기 때문이에요. 내가 밖에서 엄마에게 다정하게 군 이유는 좋은 관계를 갖는 게 '좋아 보이기' 때문이었어요. 내가 그렇게 엄마를 믿지 못했고, 사람들 앞에서는 잘하다가 둘이 있을 때면 못되게 굴었던 것에 대해 미안해요. 정말, 진심으로 미안해요. 이건 중요한 문제예요. 나는 이 부분을 고쳐가고 있어요.

내가 살면서 가장 사랑했던 사람들에게 오히려 냉담했고 사랑을 주지 않았다는 걸 깨달았어요. 나는 다른 사람과 가까워지고, 그에게 필요한 사람이 되고, 내 약점을 드러내는 게 두려워서 피하기만 했어요. 그러면서 그 사람들의 구차한 점, 약점, 안 좋은 점만 지적했어요. 진실 위에서만 친밀감이 존재할 수 있으니 이제는 문제를 깨끗하게 정리하려고 해요.

나는 엄마한테만이 아니라 예전 남자 친구들에게도 그랬어요. 모든 사람을 상대로 비밀을 갖고 있었죠. 진심으로 가까워지는 분위기를 만들어내려 하지 않았어요.

이제 엄마에게 이런 얘기를 하는 이유는 엄마와 친해지고 가까워지고 싶기 때문이에요. 제 삶의 모든 영역에서 엄마와 가까워지기를 원해요. 이제는 사랑을 가둬두고 다른 사람을 탓하는 행동을 그만두려 해요.

진짜 내 모습, 약한 내 모습을 보여주지 못한 것 날 좀 도와달라고 엄마에게 한 번도 기대지 않았던 것이 미안해요. 나는 엄마보다 강해져야 한다고 마음먹었어요. 엄마가 아파서 병원에 입원했을 때 엄마를 도와주면서 내게 뭔가 비밀스러운 이상한 힘 같은 게 있다고 느꼈어요. 마침내 내가 엄마보다 더 강해졌다는, 내가 우위를 점했다는 느낌 같은 거요. 이건 말하기가 좀 뭣하지만 사실이에요. 내가 병원에 간 건 내 진심이었고, 무의식적으로 엄마를 도와주고 만지고 치료를 도와주면서 과거의 모든 순간을 치유하려 했다는 점을 알아주세요. 그리고 내가 일 때문에 자리를 뜨거나 병원에서 가끔 딴짓을 한 점에 대해서는 사과드려요. 그때는 정말 일이 너무나 많아서 정신이 없었거나 엄마를 잃을까 봐 두려워서 그랬던 거예요.

이 모든 점에 대해 진심으로 미안해요. 이제 나는 내 마음을 나누고, 비판하는 마음을 놓아버리고, 나와 다른 사람들의 장점과 능력, 경험, 행동을 받아들이기 위해 여기에 있어요.

그동안 엄마와 거리를 두고 엄마를 알아가는 데 거부감을 느꼈다는 사실이 슬프기도 하고 미안하기도 해요. 내가 엄마에게 좀 더 친절하게 대하지 못해서 미안해요. 이렇게 나를 키워준 데 대한 고마움을 당연히 표현했어야 하는데 그동안 하지 못해서 미안해요. 때로 엄마가 어떤 말을 할 때 그 이유가 무엇인지 듣지 못하고 느끼지 못해서 미안해요. 엄마가 나를 안아주려고 하는데 못 하게 해서, 나를 먹여주려고 하는데 못 하게 해서, 엄마와 함께 즐거운 시간을 보내고 싶어 하지 않아서 미안해요. 엄마가 내게 주는 사랑을 받아주지 않으면서 단지 엄마의 방식에 대해서만 비판해서 미안해요. 이제 엄마와 함께 성인이 되고, 진심을 표현하고, 모든 것을 물어보고, 엄마 곁에 있을 준비가 됐어요.

엄마, 나를 낳아줘서 고마워요. 내게 멋진 인생을 선사해줘서, 엄마가 일하고 노력하고 울고 잘 사는 모습을 지켜볼 수 있는 특권을 줘서. 나를 자랑스럽게 여기고 나를 자랑하고 나와 함께하고 용서해줘서 고마워요. 나를 알아주고 내 곁에 있어 줘서 고마워요. 그리고 내가 생각 이상으로 괜찮은 사람이라는 점을 늘 깨우쳐줘서 고마워요.

엄마를 사랑하는 딸

스테파니

다음은 스테파니가 어머니에게 편지를 읽어주면서 얻은 새로운 경험에 대해 말한 내용이다.

| 스테파니의 이야기 |

엄마에게 편지를 읽어주면서. 마치 어린 시절에 차에 탄 채로 세차기계를 통과하는 것 같은 그런 기분이 들었다. 나의 온 세계가 깨끗하게 청소됐다. 용서와 사과의 한계, 마지막 먼지 한 톨, 오랫동안 담고 있던 유치한 원한들이 모두 씻겨 사라졌다. 내가 어떤 식으로 생각하고 말했는지 고백할 때 엄마 얼굴에 믿기지 않는다는 표정이 은연중에 드러나는 걸 보는 건 잊을 수 없는 영광이었다.

부모님 두 분 모두에게 편지를 쓰고 읽어준 이후에 스테파니는 커다란 변화를 이뤘다. 30년 이상을 함께하던 내면의 속삭임과 결별하고, 진정한 사랑을 시작한 것이다.

관계를 성장시키는 편지 쓰기

오랫동안 묻혀 있던 일을 끄집어내는 일은 부모님에게 상처를 주는 일이라고 생각하는 사람이 많다. 그런데 가슴속에 있는 생각을 그렇게 오랫동안 계속해서 묻어두고 있는 게 더 가슴을 아프게 하는 것은 아닐까? 그기억을 계속 묻어둠으로 해서 연옥에 갇혀 헤어나오지 못할 수도 있다. 그러면 사랑이 넘치는 새로운 삶을 설계하려 해도 변화하지 못하고 계속 그자리에 머무를 수밖에 없다.

❶ 만약 당신이 누군가와 유지하고 있는 관계에서 친밀감이 충분히 형성되지 않는다면 이번 장에서 소개한 세탁물 목록을 작성하라.

❷ 균형을 맞추기 위해 상대방이 당신에 대해 생각하고 있을지 모르는 점들도 목록으로 작성하라. 즉, 상대방이 당신에게 가지고 있을 만한 불만에 대해 적어라.

❸ 그 사람과 함께 두 사람의 관계와 관련 있는 모든 영역을 의논하라. 각자 어떤 역할을 맡을지 정해 업무를 분담하고 책임을 나눠라.

❹ 균형 잡히고 공평하며 성숙한 내용이 담긴 편지를 어머니와 아버지에게 별도로 작성하라. 편지에는 다음 사항이 반드시 들어가야 한다. 당신이 겪은 일을 정당화하거나 방어하지 말고 가능한 한 솔직하게 적어라.

• 당신을 슬프게 했거나 화나게 했던 모든 것
• 당신이 설명하고 정리하고 사과해야 할 필요가 있는 모든 것

- 어머니나 아버지에게 감춰왔던 모든 것
- 당신이 부모로서 성장하면서 느낀 점
- 당신이 아직도 이해하지 못하는 모든 것

❺ 이번 과제를 상대방과 더 가까워지고, 상대방에게 이해받고, 상대방을 더 이해하는 기회로 활용하라. 연민과 용기와 유머 감각과 당신의 본심을 찾아내라. 당신이 부모를 선택했다는 사실을 믿어라. 당신의 자녀 역시 당신을 선택한 것이다.

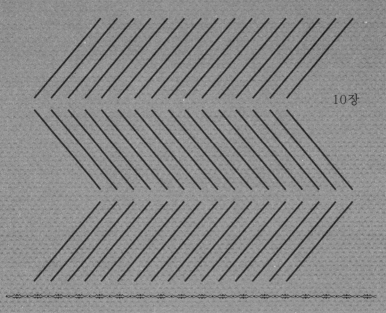

10장

가면을 벗고 되찾은 행복

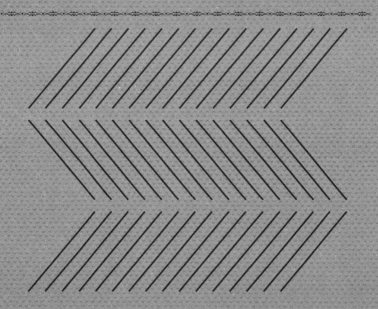

"승진, 관계, 어느 정도의 돈, 이상적인 신체 등 명확한 목표를 지니고 일정한 궤도를 그리며 가는 것이 성공의 비결이라는 사실을 당신은 알고 있다."

우리는 계속 진화하고 학습하고 창조한다

＊＊＊＊＊＊＊＊＊＊＊＊

인생 디자인은 평생에 걸쳐 이뤄지는 과정이다. 우리는 계속해서 진화하고 학습하고 만들어낸다. 지금까지 내가 제시한 여러 과제를 충실히 했다면 이제 당신은 자신의 진정한 임무가 무엇이고 전체적인 계획이 어떤 모습인지 알 수 있을 것이다. 그리고 그에 따라 당신이 현재 하는 일 또는 하기 껄끄러워하는 일에 대해 어떤 조치를 취해야 하는지도 알 것이다.

앞에서 당신은 가장 공들이고 싶은 세 가지 영역에서 꿈을 어떻게 실현할 것인지 계획을 세웠다. 자신과의 약속까지 정해놓고 그 약속들을 지키고 있다. 할 일을 죽 적어놓은 목록도 있다. 당신은 이제 현실을 직시하고 현실에 대처하고 있으며, 해야 할 일이 무엇인지도 알고 있다. 게다가 당신이 약속을 지켜갈 수 있도록 옆에서 고함치고 응원하는 나도 있다.

당신은 꿈꾸는 법을 배웠다. 당신 내면의 목소리가 지금껏 무슨 일을 꾸미고 있었는지에 대해서도 이해했다. 내면과 외면이 일치하는 삶을 사는 것이 어떤 효과를 불러오는지 스스로에게 보여주었다. 자신과 다른 사람에게 솔직해지고 도덕적 원칙을 지키고 살면서, 멋진 데이트를 세 번이나 했을 수도 있고 10킬로그램을 감량했을 수도 있으며 10년 동안 미뤄왔던 상사와의 대화를 10분 넘게 했을 수도 있다. 당신은 필요한 점을 요구할 줄 알고 그 사실에 자부심을 느끼게 됐다. 자신이 다른 사람처럼 느껴질 것이다.

얼마 전까지만 해도 도저히 이길 수 없을 것 같았던, 당신을 지배하던 존재들을 이제는 어떻게 무찌를 수 있는지 알고 있다. 당신은 자동차 엔진을 정비하듯, 1장에서 적은 꿈을 지속적으로 조율한다. 승진, 관계, 어느 정도의 돈, 이상적인 신체 등 명확한 목표를 지니고 일정한 궤도를 그리며 가는 것이 성공의 비결이라는 사실을 당신은 알고 있다. 꿈을 위한 계획을 지닐 정도로 스스로를 진지하게 대하고 있다. 이제 당신을 괴롭히는 건 내 잔소리밖에 안 남았다.

하루를 디자인하고 마무리 짓기

· · · · · · · · · · · ·

인생 디자인이 무엇인지 확실히 알게 되었으니, 이제 하루하루를 어떻게 설계해야 할지 배울 시간이다.

나는 매일 아침 '하루 설계'라는 것을 적는다. 그리고 내가 약속을 지킬 수 있도록 나를 도와주는 친한 친구들에게 그 내용을 이메일로 보낸다. 이렇게 매일 하루를 설계하는 일은 나와 친하고 내가 사랑하는 사람들과 지속적으로 연결되도록 해준다. 나아가, 내가 그저 하루하루에 반응해서 살아가는 존재가 아니라 나의 하루를 만들어가는 주체임을 확인시켜준다.

하루 설계에는 간절히 생각하고 기원하는 마음자세로, 최고의 날을 어떻게 만들어갈 것인지를 적는다. 끝내주는 데이트를 하거나, 회의에서 옳은 말을 하거나, 다른 사람들이 당신을 따라 하도록 영감을 주거나, 달성하기로 한 모든 일을 완수하거나, 교통 체증이 전혀 없거나, 장모님에게서 최고의 선물을 받거나, 체중을 1킬로그램 줄이거나 등 그것이 무엇이든 삶의 열두 가지 영역에서 당신의 꿈을 만족시켜주는 최상의 상황을 만들어가는 하나의 단위라 할 수 있다. 자신을 관리하고 자신에게 영감을 주고 약속을 지키고 삶과 대화를 나누고 삶의 방향을 제시하고 삶을 써 내려가는 주체는 당신이다. 그런 당신의 하루를 설계하는 것이다.

내가 하루 설계에 어떤 내용을 적는지 예를 들어 보여주겠다.

| 월요일 하루 설계 |

— 회의가 아주 순조롭게 진행됐다. 다음 단계에 대해서 의논하고 앞으로의 일정을 잡았다.

— 책 쓰기 작업을 끝내고 원고를 출판사에 보냈다.

— 남편과 멋진 밤을 보냈다. 우리는 서로 통했고 사랑을 주고받았
  으며 웃음을 참지 못하고 돼지처럼 드르렁거리며 두 번이나 웃
  었다.

보는 그대로, 실제 일이 일어나기 전에 당신의 하루를 만들어내는
것이다. 1장에서 꿈을 적을 때는 현재형을 썼는데, 하루 설계를 적을
때는 이미 일어난 일을 적듯이 과거 시제를 사용한다. 일과가 끝나면
당신이 아침에 작성했던 하루 설계를 다시 확인하여 '일과 종료'를
작성한다. 당신이 하려고 했던 것과 실제로 있었던 일을 대조해서 있
는 그대로 정리함으로써 당신의 하루를 마감한다. 이 역시 아침에 하
루 설계를 보냈던 친구들 모두에게 보낸다.
  일과 종료는 이런 식이 된다.

| 월요일 일과 종료 |

— 회의가 아주 순조롭게 진행됐다. 다음 단계에 대해서 의논하고
  앞으로의 일정을 잡았다. 그렇다.
— 책 쓰기 작업을 끝내고 원고를 출판사에 보냈다. 아니다. 보시다
  시피 아직 10장을 쓰고 있다.
— 남편과 멋진 밤을 보냈다. 우리는 서로 통했고 사랑을 주고받았
  으며 웃음을 참지 못하고 돼지처럼 드르렁거리며 두 번이나 웃
  었다. 그렇다. 다만 돼지처럼 드르렁거리며 세 번이나 웃었다.

내 인생의 집필자로서 나는 나의 하루를 힘차게 마무리한다.

나는 내가 한 일과 하지 못한 일이 무엇인지 알고 있으므로 다음 날을 준비할 수 있다. 내 하루 설계를 읽은 사람이라면 누구나 내가 한 일을 정확히 알 수 있다. 나도 그 사람들이 무엇을 했는지 정확히 알게 된다. 내 인생에서 함께하는 사람들과 늘 의사소통을 하고 일상을 공유하며 연결되어 있다. 결국 우리 모두 한배를 탄 셈이니 말이다. 아름답지 않은가?

누구에게나 이상한 점이 있다

· · · · · · · · · · · ·

당신은 지금까지 자신을 변화시키는 여러 과정을 완수했다. 스스로에 대해 자부심을 느끼고, 더욱 가벼워진 느낌이 들 것이다. 당신의 상위 자아와도 훨씬 더 가까워졌으며, 기운 없이 웅크리고 있는 하위 자아를 보고 웃어줄 정도로 여유가 생겼다. 이토록 존재감을 느낀 적이 없었다.

그런데 한 가지, 변하지 않는 어떤 것들이 있다. 바꿀 능력이 없어서 그런 건지 아니면 원래 바꿀 생각이 없어서 그런 건지 모르겠지만, 당신은 여전히 지각을 하거나 지나치게 계획적이거나 손으로 음식을 집어 먹는다. 이런 점들이 스스로 보기에도 괴상하고 웃기기도 하고 짜증 나기도 하지만 사라지질 않는다.

당신에게는 자신만의 특성, 버릇, 스타일 등 온전히 '당신'이라는 사람을 보여주는 것들이 있다. 이런 특이한 점들, 당신만의 독특하고 별난 방식이 다른 사람들에게는 괴롭고 귀찮은 일이 될 수 있다. 나는 이것을 '괴짜 깃발'이라 부른다. 괴짜 깃발을 휘날리며 걷다가 걸려 넘어지는 사람이 있고 반대로 아예 숨기고 다니는 사람도 있다. 괴짜 깃발은 반만 휘날리거나 반만 숨기고 다닐 수가 없다. 맘껏 휘날리거나, 아니면 완전히 접어버려야 한다.

모든 사람이 자신의 괴짜 특성 또는 진정한 자아를 드러내고 다니는 걸 자유롭고 자랑스럽게 느끼는 세상을 상상할 수 있겠는가? 문제는, 대부분 사람이 진짜 바꿀 것도 아니면서 바꾸려고 하는 척한다는 점이다. 자신은 괴짜 특성을 숨기고 다녔는데, 막상 드러내도 다른 사람들이 그에 대해 아무 말하지 않기도 한다.

괴짜 깃발을 휘날린다는 말은 당신이라는 사람에 대해 스스로에게 그리고 다른 사람들에게 진실하고 솔직해진다는 뜻이다. 당신이 사랑하는 것, 사랑하지 않는 것, 그리고 당신이 자신에 대해 바꿀 것과 바꾸지 않을 것에 대해 책임 있는 행동을 한다는 것이다. 자신에 대해 거짓말하거나 나쁘게 생각하지 않고 양면성을 끝낸다는 말이다. 그리고 당신의 괴짜 특성을 그리 마음에 들어 하지 않는 주위 사람들까지 돌봐준다는 뜻이다.

당신의 괴짜 깃발은 무엇인가? 일반적으로 괴짜 깃발이란 당신이 자랑스럽게 느끼지 않는 어떤 것, 어떤 습관, 언젠가는 바꾸리라 생각하면서도 하도 오래 그렇게 살다 보니 금방 바꾸기가 힘들다는 것을 자신도 알고 있는 특이한 어떤 것이다. 여기서 '금방'이라는 건 사실 '평생'을 뜻한다.

괴짜 깃발을 다스리는 방법은 딱 두 가지다. 솔직하게 털어놓고 변명을 그만두거나, 아니면 확실히 없애버리겠다고 결정하는 것이다. 어영부영하면서 힘들어하기보다는, 고치겠다고 마음먹든 아니면 고치지 않겠다고 마음먹든 한 가지 방법을 선택해야 한다. 만약 고치지 않겠다고 마음먹었다면, 누구와 관계를 구축하든 초반부터 괴짜 깃발을 자랑스럽게 휘날려야 한다. 처음부터 자신의 괴짜 특성을 솔직하게 보여주고, 그 특성을 받아들일지 말지 상대가 선택하게 하는 것으로 관계가 시작돼야 한다.

타인의 괴짜스러움 엿보기

. . . .

내 괴짜 깃발을 무엇인지 소개하겠다. 몇 년 전에 나는 내면 깊이 숨겨져 있던 나만의 괴짜 깃발을 발견했다.

버닝맨 축제가 열리기 며칠 전이었다. 버닝맨은 네바다사막에서 열리는 예술 축제인데, 나는 축제 기간에 거기서 라이프 코칭 캠프를 운영한다. 출발하기 전에 우리 일행은 털실을 꼬아 레게머리를 하고 반짝이 리본과 구슬을 다는 등 머리에 온갖 짓을 했다.

한껏 들뜬 나는 깃털로 머리를 장식했다. 너무 마음에 들었다. 심지어, 웬만해선 만족시키기 힘든 내 남편도 아주 마음에 들어 했다. 나는 달라진 내 모습에 한참 기분 좋아하다가 문득 친구의 50세 생일파티가 있고 내가 깃털로 장식한 머리를 하고 그 파티에 참석해야 한다는 사실이 갑자기 떠올랐다. 그 파티는 정장을 입어야 할 정도로 고상한 사람들이 모이는 자리였고, 참석자들 대부분이 내가 모르는 사람들이었다. 갑자기 걱정이 됐다. 쭈뼛거리던 고등학교 시절로 돌아간 것 같았다.

다른 사람의 시선이 너무 신경쓰여 생일파티에 가지 말아야겠다고 생각했다. 그렇게 생각은 했지만, 나는 당연히 파티에 갔다. 그리고 밤새 사람들에게 버닝맨 축제와 내 머리를 장식한 깃털에 대해 설명했다. 그런데 사실은 파티에 온 사람들이 내게 그 머리가 도대체 뭐냐고 물어봐서 설명을 한 게 아니었다. 어떤 사람도 나에게 머리 장식에 대해 물어보지 않았다. 내 머리의 깃털에 대해 신경 쓰고 있는 사람은 나 혼자뿐이었다. 내 괴짜 깃발에 기겁한 사람이 나밖에 없다는 걸 깨닫고 나자 마음이 가벼워졌고 사람들과 즐거운 시간을 보낼 수 있었다.

그다음 얘기가 더 재미있다. 버닝맨 축제에서 돌아온 후에, 내 머리에 깃털을 장식해준 사람이 와서 깃털을 뽑아주기로 했다. 그런데 5일을 기다려야 한다는 것이었다. 그 5일 동안, 자그마치 120시간 동안, 나는 다른 사람들이 나를 어떻게 생각할까 걱정해야 했다. 하지만 결국엔 이겨냈다. 그리고 엄마의 특성을 받아들였다. 우리 엄마는 다른 사람들이 자신에 대해 어떻게 생각하는지를 오히려 자신의 스타일 꾸미기에 활용하는 사람이다. 나 역시 그 일을 계기로 머릿속에서 떠드는 목소리를 잠재우고, 원래의 솔직한 내 모습 그리고 내가 되고 싶었던 별나고 엉뚱한 괴짜가 되어갔다.

괴짜 깃발에는 여러 형태가 있다. 내 것처럼 이상한 것도 있고, 그냥 봐줄 만한 것도 있다. 비즈니스 영역에서는 대부분 사람이 자신의 괴짜 깃발을 숨기고 영원히 보여주지 않는 쪽을 택하기도 한다. 놀라는 사람들도 있겠지만, 나는 내 괴짜 깃발을 드러내고 휘날린다. 내가 지닌 가장 큰 괴짜 깃발은 이메일을 읽지 않는다는 것이다.

내가 이메일을 읽지 않는다니, 당신은 아마도 깜짝 놀랄 것이다. 물론 라이프 코칭을 진행중인 사람이 보낸 이메일과 과제 이메일은 확인한다. 그 외에는 전혀 열어보지 않는다. 나와 이야기를 나누고 싶다면 전화하거나 직접 찾아오면 된다.

나의 이런 특성은 아버지한테 영향을 받은 것이다. 우리 아버지는 여든 살이 된 지금도 여전히 기업 변호사로 활동하시는데, '요즘' 사람들이 너무 쉽게 메일 보내기 버튼을 클릭하면서 빨리빨리 응답을 기대하는 것에 몹시 못마땅해하신다. 나의 또 다른 괴짜 깃발인 말투, 최신 기술과 거리가 먼 업무 스타일, 으르렁대는 성격, 고집 등도 아버지한테서 온 것이다.

나는 사람들과 함께 있을 때, 그들을 짜증 나게 할 가능성이 있는 이런 나의 괴짜 특성을 바로 솔직하게 털어놓는다. 그렇게 솔직하게 괴짜 깃발을 흔들기 때문에 나는 자유로워질 수 있다. 진실하고 온전한 나를 보여줄 수 있다. 게다가 나와 함께 일하는 사람들은 거의 다 나의 이런 점을 이해해주며, 심지어 사랑스러운 특성이라고 말해주는 사람도 있다.

괴짜 깃발을 흔들면 시간도 절약되고 짜증도 덜해진다. 내 안의 괴짜 기질에 대해 상심하고 걱정하느니 차라리 나는 털어놓는다. 그리고 내 삶에서 함께하는 사람들과 그 특성을 관리해나간다. 나는 단 한 순간도 숨기지 않는다. 내 괴짜 기질에 대해 거리낌이 없고 솔직하며 책임지는 행동을 한다. 책임지는 행동이란, 예컨대 나와 연락하려면 어떻게 해야 하는지 분명하게 알려준다는 말이다. 혹시 상대방이 기분 나빠하거나 깜짝 놀라는 경우에는 내가 이런 사람이고 이런 이상한 면이 있다고 설명한다. 할 말이 있으면 전화나 문자로 연락해서 솔직하게 말해달라고 부탁한다. 그리고 미안하다고, 이게 나라고 양해를 구한다.

자신의 괴짜 깃발을 드러내는 방법을 알려주겠다.

— 자신에 관해 절대 바뀌지 않을 것들을 적은 목록을 만들어라.
— 자신의 괴짜 깃발을 받아들여라. 그 괴짜 깃발과 평화를 유지하라. 재미있는 시각으로 바라보라. 만약 당신의 괴짜 깃발을 자신은 물론 다른 사람들도 도저히 이해할 수 없다면 바꾸는 수밖에

없다. 선택에 따라 고통은 사라질 수 있다.

— 자신의 괴짜 깃발을 계속해서 지니고 있다면 모두에게 그것에 대해 말하라. 공개적으로 보여주라. 그리고 그 괴짜 깃발을 주위 사람들과 관리할 필요가 있다면 그렇게 하라. 자신의 괴짜 깃발을 휘날리되 다른 사람의 얼굴에 대고 펄럭이지는 마라.

— 자신의 괴짜 깃발을 파악한 후에는 다른 사람들의 괴짜 깃발에 대해 당신이 갖고 있는 불만사항 중에서 당신이 받아들여야 할 점들을 목록으로 작성하라. 다른 사람들의 괴짜다움을 받아들일 수 없다면, 그 점에 대해서도 솔직해져라. 이때는 자신의 평가가 편파적이진 않은지를 따져봐라.

타인의 선언서 엿보기

· · · · · · · · · · · ·

지금까지 당신은 모든 것을 배웠고, 모든 점을 연결했으며, 내면의 속삭임을 잠재웠고, 오랫동안 괴롭히던 기억들이 사실이 아니었음을 밝혀냈으며, 암호를 풀어냈다. 이 모든 것을 고려할 때, 이제 당신은 자기 삶이 과거에 그리고 현재 정말로 어떤 모습인지 써 내려갈 수 있다. 당신의 자서전에 어떤 내용이 들어갈지에 대해 책임을 질 수 있게 됐다.

결국, 당신이 스스로 '나는 어떤 사람'이라고 말할 때 당신은 그 사람이 된다. 이제부터 자신에 관해 무엇이 진실인지를 증명하는 일은 당신에게 달렸다. 이제 당신은 충분한 준비가 되어 있다. 종이에 적을 내용을 바꿀 준비, 당신의 새로운 이상들을 증명하는 일에 착수함으로써 당신의 현재 상태에서 새로이 설계한 상태로 옮겨갈 준비, 당신만의 진정한 이상과 비전을 존중할 만큼 자신에 대해서 신경 쓸 준비가 되어 있다.

당신은 이제 어떤 사람이 될지 그리고 어떻게 그런 사람이 될지에 대해 적을 수 있다. 1장에서 자신에게 꿈꾸기를 허락했을 때처럼, 용감하게 시도하고 능력을 최대한 발휘하며 스스로 겁이 날 정도의 내용을 적도록 한다. 단, 이번에는 자신만의 개인적인 선언서, 자신에 대한 맹세를 적는 것이다. 선언서를 적을 때는 어떤 형식으로든 다음 사항을 포함시켜라.

— 나는 누구인가?

— 내가 끝내려 하는 것은 무엇인가?

— 내가 받아들이기를 거부하는 것은 무엇인가?

— 내가 책임지려는 것은 무엇인가?

— 나는 인생이 어떻게 되기를 원하는가?

— 내가 지지하고 실천하려는 것은 무엇인가?

— 내가 다음에 떠맡을 책임은 무엇인가?

— 내가 약속하는 것은 무엇인가?

선언서를 작성하는 방법에 대해서는 구체적인 지시사항을 제시하지 않으려 한다. 선언서 작성은 당신이 자신만의 기품과 우아함을 드러낼 수 있는, 자신만의 형식으로 이야기를 적을 기회이기 때문이다. 선언서는 근본적으로 당신이 스스로에게 영감을 주고, 약점을 드러내고, 솔직해지고, 자신이 실천하려는 것에 흠뻑 빠져들기 위한 것이다. 멋지게 작성해보라. 내면의 목소리가 지금 이 순간 무슨 말로 당신을 꼬드겨도 포기하지 마라.

다른 사람들이 작성한 선언서 견본들을 보면 도움이 될지도 모르겠다. 먼저 이선의 선언서다.

| **이선의 선언서** |

나는 무대감독이다. 그리고 무대에서는 나의 삶, 나의 가족, 나 자신이라는 세 가지 쇼가 동시에 벌어진다. 나는 세 가지 모두에 책임을 맡고 있다. 비정상적인 어린 시절에 대해 더는 탓하거나 화내지도 않고, 시무룩하게 고개를 숙이지도 않는다. 내가 그 모든 것을 선택했고 거기서 마법을 이뤄냈다.

내게는 두려움이 없으며, 옴짝달싹 못 하고 견디는 게 아니라 하루하루 재미있게 살아간다. 나는 아내 레지나와 연애 중이다. 우리는 매주 촛불을 켠 낭만적인 분위기에서 식사하고 함께 거품 목욕을 한다. 매주 시간을 내서 애들과 함께하고 장모님과 같이 그림도 열심히 그린다. 승진도 했고 급여도 인상됐으므로 더는 조바심 낼 일도 없다. 나는 스스로에게 최고를 요구하고 최고를 추구하며 다른 사람들도 최고에 다다를 수 있도록 도와준다.

지구상에서 가장 바쁜 사람, 못된 인간으로 살던 예전의 나는 사라지고 그 대신에 사랑, 인내, 즐거움, 영감이 많은 사람이 되었다. 나는 내 주위와 내면의 혼란, 광기, 두려움, 슬픔, 노력을 즐거운 마음으로 받아들여 생동감 넘치며 두려움 없는 재미로 변환시킨다. 내 삶은 즐거움이 넘쳐나고 아름다우며 놀랍다. 나는 엄청난 사랑과 관심과 존중하는 마음으로 나 자신 그리고 나와 함께하는 사람들을 대우하며, 우리 모두 그 점을 느끼고 있다. 나는 사람들을 즐겁게 해주고 이끌며 웃게 하고 사람들도 내게 웃어준다. 모든 쇼가 원활하게 진행되며 그 책임 또한 나의 몫이다. 변명하거나, 다른 사람을 탓하거나, 숨거나, 비열하게 굴지 않는다. 나는 가족, 친구들과의 관계에서 새로운 수준에 도달했고 업무 달성 수준도 단계가 올라가며 내 커리어에 놀라운 결과들을 가져왔다. 넘쳐나는 긍정적인 마음과 놀라운 유머 감각을 갖추고, 나를 두고 하는 농담도 여유있게 받아들이며 끝없는 인내심을 지니게 됐다.

보다시피 이선은 멋진 선언서를 작성해냈다. 과연 처음의 이선과 같은 사람인지 의심이 들 정도다. 드디어 자신이 원하는 것을 정확히 잡아내고 부족했던 열정을 채워 넣으면서 올바른 길로 나서게 됐다.

그렇다면 도나는 어떨까? 도나는 올해의 선언서로 선정해도 좋을 만한 작품을 만들어냈다.

| 도나의 선언서 |

모든 것을 억누르고 참는 순교자 역할을 하면서 나 자신이 엉망이 될 때까지 다음을 기약하는 것은 작년이 마지막이었다. 올해는 움츠리고 지내던 도나가 내 삶의 왕으로 우뚝 서는 해다. 올해부터 나는 맨발로 앞서가는 사람, 속 편한 사람, 유머를 지닌 사람, 섹시한 사람, 모든 것을 표현하고 엄청난 즐거움을 누리는 사람이 된다.

우리 가족의 저녁은 건강한 밥상으로 차려져 있으며 오가는 웃음과 이야기로 가득하다. 걷거나 책을 읽거나 글을 쓰거나 명상하는 나만의 즐거운 시간, 남편과 함께 걷거나 이야기를 나누는 낭만적인 시간, 아이들과 함께 자전거를 타거나 수상 스포츠를 즐기거나 탐험을 하는 모험의 시간, 이렇게 세 가지 가운데서 나는 균형을 유지한다.

올해는 내가 친구들에게 더 잘해주는 해다. 그리고 내가 나의 가장 친한 친구가 되는 해다! 나는 나 자신의 가장 좋은 코치이자 교사, 응원단, 친구다. 올해는 아침마다 가장 친한 친구, 바로 나 자신과 함께 보낼 시간을 생각하며 들뜬 기분으로 눈을 뜬다. 나는 나 자신을 사랑한다는 점이 자랑스럽다. 나는 너그러운 마음과 유머로 나 자신을 사랑하고 품어준다. 나는 매일 즐거운 마음으로 '나를 위한 세 가지' 게임을 한다. 터무니없을 정도의 자부심과 끔찍할 정도의 행복을 느낄 수 있으려면 나 자신에게 어떤 멋진 일을 해주어야 하는지 찾는 것이다.

나는 나를 사랑한다. 나는 모든 것을 이야기하는 사람이다. 정염과 열정이 담긴 진심을 털어놓음으로써 자기 남자를 미치게 하는 사람이다. 내가 마음속 이야기를 속삭일 때면 내 몸은 라틴계 매력을 발산한다. 남편은 나와 열정적인 사랑에 빠졌다.

이제 도나가 결혼 생활이라는 배의 키를 잡고 있다는 것이, 그리고 올바른 싸움을 벌이며 자신의 목소리를 찾고 친밀함과 솔직함을 표현하려 한다는 것이 보이는가? 도나가 결혼 생활에서 자신이 담당해야 할 올바른 부서를 찾았다는 것, 양육 부서에서 침실 부서까지 담당하려 한다는 것이 보이는가? 그게 전부가 아니다. 도나는 거짓말하기, 쇼핑하기, 투덜대기 증세를 모두 극복했다. 그리고 더 중요하게, 과민성 대장 증후군 증세도 호전됐다. 정말 축하한다.

이제 스테파니의 선언서를 살펴보자.

| 스테파니의 선언서 |

나는 관대하고 배려할 줄 아는 다정한 리더다. 나는 세상을 더 화끈한 곳으로 만들기 위해 내 스타일과 노하우, 매력, 지식을 사용한다. 그동안 빠져 지내던 나만의 생각에서 벗어나 다시 일어서면서 더 용감해지고 더 친절해졌다.

나는 착한 사람들과 상처받은 사람들을 존중한다. 나는 내가 속한 지역 공동체, 비즈니스 그룹, 가족 안에서 리더다. 가족의 치유를 도왔고, 언니에 대한 사랑에 다시 불을 밝혔다. 나는 편한 마음으로 나 자신과 다른 사람들을 용서한다. 나는 사람이나 상황에 대해 마음대로 판단하고

악의를 품고 투덜거릴 권리가 내게 있다는 생각을 더는 하지 않는다. 나는 즐거운 마음으로 '세 가지 투덜대기 규칙'을 따르며, 24시간 이내에 해결할 수 없는 일이면 아예 투덜거리지도 않는다. 나는 맹세코 다시는 나 자신과 다른 사람을 얕잡아보지 않을 것이며, 다른 사람들이 내미는 도움의 손길을 거부하지 않을 것이다.

나의 기쁨과 관대함은 모든 곳에서 넘쳐나며 내 신체와 커리어도 매우 만족스럽다. 나는 사람들에게 인기가 많고, 내 일과 삶의 균형은 놀라울 정도로 잘 유지된다. 나는 내 시간뿐만 아니라 다른 사람의 시간도 소중하게 생각하고 존중한다. 내가 해야 하는 모든 일을 해낼 수 있고, 열심히 일하는 만큼이나 열심히 놀 수 있다.

나는 매년 신나는 휴가를 보내고 종종 긴 주말 연휴를 보낸다. 엄마와는 일주일에 한 번씩 이야기를 나누며, 엄마와 깊은 대화를 나눈다는 사실이 자랑스럽다. 엄마는 내 사랑을 느끼고 나는 엄마의 사랑을 느낀다.

남편 제프와 나는 욕망의 충족에서 오는 유쾌하고 즐거운 감정을 공유하며 서로를 영웅 대하듯 바라본다. 내년에 출산 예정인, 새로 태어나는 딸을 미친 듯이 사랑해줄 것이다. 집에서 누군가와 이렇게 행복하게 지내리라고는 한 번도 생각해본 적이 없었지만, 이제 집만 한 곳이 없다는 걸 안다. 굳이 마법도 필요치 않다.

자신의 나르시시스트적인 면을 직시하고, 피해자를 자처하는 자신에 대처하며, 가족에 대한 사랑을 발견함으로써 스테파니의 얼었던 심장이 다시 살아난 듯하다. 스테파니는 진정한 사랑을 찾았다. 진짜 사랑하는 남자를 만나 약혼했다. 내가 아는 한, 스테파니에게 가장 큰 행복이 아닌가 싶다!

이제는 케이티 차례다.

| 케이티의 선언서 |

나는 내 삶에서 그리고 이 세상에서 행복하고 건강하고 자신감 넘치며 마음에 숨기는 것 없는 특급 존재다. 나는 내 심장과 깊이 연결돼 있고, 자유로우며, 이야기를 통해 더 나은 지구를 만들어야 한다는 임무를 수행한다. 나는 주위 사람들에게 영감을 주고, 다른 사람들이 자신의 목소리를 찾고 건강해지고 자신의 이야기를 할 수 있도록 도와준다.

나는 나 자신을 온전히 표현하고 모든 영역에서 솔직하고 균형 잡힌 삶을 산다. 진정한 나를 받아들이면서, 숨기고 거짓말하고 자신을 파괴하는 행동을 끝냈다. 더는 피해자나 순교자처럼 굴지 않으며, 내가 믿는 것을 말하거나 지지하기를 두려워하지 않는다.

나는 내 인생의 주인공이자 삶의 이야기를 써내려가는 집필가다. 나는 내가 한 약속들을 소중히 여기며 그 약속들이 내 행복의 근원임을 믿는다. 아버지에게도 편지를 써서 읽어주었고 이제는 매주 아버지와 대화를 나눈다. 정말 좋다. 나는 내 안의 버릇없는 아이를 꽉 잡아두고 있다. 음주와 식습관 역시 항상, 영원히 관리할 것이다.

나는 가족, 친구, 동료들과 정이 넘치고 재미있고 솔직한 관계를 유지한다. 나는 일주일 내내 사랑할 수 있는 사람을 찾았고 그녀와 깊은 사랑에 빠졌다. 우리는 언제나 서로를 지지하고 존중하며 더 나은 사람이 되도록 서로를 사랑하는 마음으로 밀어준다. 그리고 서로 마음을 터놓고 얘기한다. 우리의 사랑 이야기는 다른 사람들에게도 자신의 모습을 자유로이 내보일 수 있도록 영감을 준다.

나는 이성적으로 그리고 감성적으로 자유로우며 내가 동성애자라는 사실이, 그리고 내 삶의 진실을 이만큼 사랑하고 있다는 사실이 자랑스럽다. 나는 내 삶의 이야기를 공유하고, 다른 사람들에게 긍정적인 롤모델이 되며, 다음 세대를 위해 세상을 더 나은 곳으로 만들어가며 여생을 보낼 것이다.

도나와 마찬가지로, 케이티 역시 올바른 전쟁을 벌이고 있다. 평생을 사랑에 대해 신경 쓰지 않고 살던 케이티는 첫 데이트에서 마음에 드는 사람을 만났다. 그리고 미친 듯이 사랑에 빠졌다. 대담하게 자신의 소신을 밝힌 것이다.

케이티는 36킬로그램을 감량했을 뿐만 아니라 처음으로 자기 명의의 주택을 구입했다. 또한 자서전을 집필 중이며 다른 사람들에게 자신의 이야기를 쓰는 방법을 가르치고 있다. 그녀는 삶을 변화시키는 데 온 힘을 다하고 있으며, 고민하는 대신 입을 열고 말하게 함으로써 사람들이 건강해지도록 돕고 있다.

케이티와 그녀의 전남편 숀이 이혼하던 당시의 상황을 기억하는 사람들은 많이 놀라기도 하지만, 두 사람은 친구 사이로 지낸다. 케이티가 숀에게 모든 것을 있는 그대로 솔직하게 털어놓은 이후에 숀은 그녀에게 이런 이메일을 보냈다.

| 숀의 이메일 |

케이티에게

최근 당신 생각을 많이 했어. 이제 당신은 새로운 세상에서 살고 있겠지. 어떤 일이 펼쳐질지 모르는 새로운 세상에서 흥분도 되고 무섭기도 할 거야. 틀림없이 당신은 두려움에 차 있고 마음 한구석에는 뭔가 석연치 않은 것도 남아 있겠지. 새로운 미래가 어떤 모습으로 펼쳐질지, 당신의 선택이 어떤 결과를 불러올지 궁금해하고 있을지도 모르겠군.

당신은 인생에서 확실한 것은 아무것도 없다는 사실을 알고 있지. 그러면서도 당신은 이제 당신만의 삶을 살 준비가 되어 있고, 그렇게 살고 싶어 하며, 앞으로 무슨 일이 있든 삶이 다가오는 대로 받아들일 수 있을 거야. 이리저리 헤매기도 하겠지만 이번에는 당신이 올바른 방향을 바라보고 있다고 믿어. 분명히 영혼의 평화를 느낄 수 있을 거라 생각해.

당신과 나누고 싶은 이야기가 있어서 메일을 쓰고 있어. 이건 온전히 내 문제로 당신에게 부담을 주고 싶은 마음은 전혀 없다는 걸 알아주길. 당신과 관계있는 이야기이긴 하지만 당신이 책임을 지거나 관여할 일은 아니야. 그저 나 자신에 관한 부분을 인간 대 인간으로 함께 나누고 싶은 것뿐이야.

먼저, 고맙다는 말을 하는 걸로 시작할게. 당신이 내 삶에 가져다준 모든 것, 사랑과 눈물, 즐거움과 고통, 모두 고마워. 당신과 이혼하고 가슴이 무너졌지만 그마저도 고맙게 생각해. 그 모든 것이 오늘날의 나를 만드는 데 도움을 줬어. 그 모든 일을 겪지 않았다면 지금의 나는 존재하지 않았을 거야. 그리고 내가 겪은 모든 일과 내가 얻은 인생의 경험 한가운데서 케이티 당신이 중요한 역할을 했어. 그 점에 대해서 영원히 진정으로 고맙게 생각해.

나는 당신이 인간적으로 얼마나 강한 사람인지, 내게 얼마나 영향력 있는 사람이었는지, 현재 내 삶에 얼마나 많은 기여를 했는지 스스로 알았으면 좋겠어. 그 때문에라도 당신은 내 인생의 여정에서 만났던 가장 놀라운 사람이라 할 수 있을 거야. 당신만큼 내게 많은 영향을 준 사람은 없었어. 그래서 내가 당신을 깊이 사랑했다는 사실을 알아줬으면 해. 이 사랑은 있는 그대로 당신을 사랑하는, 아무 사심 없는, 대가를 바라지 않는 사랑이야.

당신을 사랑해, 케이티. 비록 우리가 예전과는 달리 멀리 떨어져 있지만 당신은 내게 주어진, 내 마음에서 한 번도 떠난 적 없는 선물이었어. 그러니 새로운 세상에서 여행 잘 하길. 당신이 어떤 길을 만나든, 얘기하고 싶거나 돌아가고 싶은 친구가 필요할 때는 내가 당신 곁에 있을게.

내가 지구상에 존재하는 한 당신은 절대 혼자가 아니라는 걸 기억해줘.

사랑을 담아

숀

두 사람이 전혀 숨김없이 모든 걸 고백하고 나자, 그동안 입으로는 외쳐댔지만 자신만의 생활에 몰입해서 실현하지 못했던 친밀감과 교감이 생겨났다. 케이티는 40년이라는 세월이 지난 후에야 모든 것을 솔직하게 얘기할 수 있었다. 음주 습관에서부터 숨기기, 기억의 망령, 자신의 특성, 성적 지향성에 이르기까지 모든 것에 대해 사실대로 얘기하고 대처하고 나자 진정으로 자기 자신이 되었다.

8가지 핵심을 담은 선언서 작성하기

드디어 당신이 마지막 과제를 수행할 시간이다. 우리가 함께한 여정에서 당신은 많은 변화를 이뤘으리라 믿는다.

이제 목적지에 도착했다.

❶ 자신에 대해 바꾸지 않을 것들, 즉 괴짜 깃발의 목록을 작성하라. 다 적은 후에는 깃발을 휘날리고 모든 이들에게 그에 대해 말할 것인지, 아니면 없앨 것인지 선택하라. 깃발을 휘날리든 없애든, 더는 괴로워하지 마라.

❷ 자신만의 선언서를 작성하라. 형식은 자유롭게 하되, 다음 질문에 대한 답을 반드시 포함시켜라.

• 나는 누구인가?
• 내가 끝내려 하는 것은 무엇인가?
• 내가 받아들이기를 거부하는 것은 무엇인가?
• 내가 책임지려는 것은 무엇인가?
• 나는 인생이 어떻게 되기를 원하는가?
• 내가 지지하고 실천하려는 것은 무엇인가?
• 내가 다음에 떠맡을 책임은 무엇인가?
• 내가 약속하는 것은 무엇인가?

❸ 선언서를 멋지게 작성한 다음에는 가장 믿을 만한 친구에게 읽어주어라.

옮긴이 김인수

미국 웨스턴일리노이대학교 경영대학원과 제주대학교 통번역대학원을 졸업했다. 2002년 월드컵 제주 서귀포경기장 언론 담당관으로 활약했다. 글밥아카데미 수료 후 현재 바른번역의 회원으로 활동하고 있다. 옮긴 책으로는 『죽어라 일만 하는 사람은 절대 모르는 스마트한 성공들』『당근과 채찍』『승부의 신』『부품사회』『승자의 본질』『콘텐츠의 미래』 등이 있다.

있는 그대로의 나를 인정하는 기술

어떻게 나로 살 것인가

초판 1쇄 발행 2018년 3월 12일
초판 2쇄 발행 2018년 3월 26일

지은이 로렌 헨델 젠더
옮긴이 김인수
펴낸이 김선식

경영총괄 김은영
책임편집 양예주 **디자인** 황정민 **책임마케터** 최혜령, 이승민
콘텐츠개발4팀장 윤성훈 **콘텐츠개발4팀** 황정민, 양예주, 임경진, 김대한, 임소연
마케팅본부 이주화, 정명찬, 최혜령, 이고은, 김선욱, 김은지, 이수인, 유미정, 배시영, 기명리
전략기획팀 김상윤
저작권팀 최하나, 추숙영
경영관리팀 허대우, 권송이, 윤이경, 임해랑, 김재경, 한유현
외주스태프 교정교열 공순례

펴낸곳 다산북스 **출판등록** 2005년 12월 23일 제313-2005-00277호
주소 경기도 파주시 회동길 357, 3층
전화 02-702-1724(기획편집) 02-6217-1726(마케팅) 02-704-1724(경영지원)
팩스 02-703-2219 **이메일** dasanbooks@dasanbooks.com
홈페이지 www.dasanbooks.com **블로그** blog.naver.com/dasan_books
종이 (주)한솔피앤에스 **출력·인쇄** 민언프린텍 **후가공** 평창P&G **제본** 정문바인텍

ISBN 979-11-306-1614-8 (03190)

다산북스(DASANBOOKS)는 독자 여러분의 책에 관한 아이디어와 원고 투고를 기쁜 마음으로 기다리고 있습니다.
책 출간을 원하는 아이디어가 있으신 분은 이메일 dasanbooks@dasanbooks.com 또는 다산북스 홈페이지 '투고원고'란으로
간단한 개요와 취지, 연락처 등을 보내주세요. 머뭇거리지 말고 문을 두드리세요.